무당과 유생의 대결

무당과 유생의 대결

초판 1쇄 발행 2021년 1월 27일
초판 2쇄 발행 2021년 8월 17일

지은이	한승훈
펴낸이	문채원
편집	오효순
디자인	이음

펴낸곳	도서출판 사우
출판등록	2014-000017호
주소	서울시 양천구 목동동로 50, 1223-508
전화	02-2642-6420
팩스	0504-156-6085
전자우편	sawoopub@gmail.com

ISBN 979-11-87332-61-9 93910

- "이 저서는 2017년 대한민국 교육부와 한국연구재단의 지원을 받아 수행된 연구임 (NRF-2017S1A6A3A02079082)"
- "이 도서는 한국출판문화산업진흥원의 '2020년 출판콘텐츠 창작 지원 사업'의 일환으로 국민체육진흥기금을 지원받아 제작되었습니다."

무당과 유생의 대결

조선의 성상파괴와 종교개혁

한승훈 지음

사우

머리말

1566년 조선, 100~200명의 유생이 개성 송악산에 올랐다. 그곳에는 일곱 개의 신당이 있었다. 신당에는 신을 묘사한 신상들이 세워져 있었다. 무당들은 그 앞에서 굿을 하고 길을 가득 메운 남녀는 아낌없이 공물을 바쳤다. 유생들은 사당에 돌을 던지고 불을 질렀다. 그들은 신상을 끌어내어 절벽 아래로 던져버렸다. 국가에서 중단할 것을 명했지만 유생들의 파괴 행위는 계속되었다.

1574년, 왕은 개성의 옛 성균관에 있던 공자와 열 제자의 상을 철거하라고 지시했다. 고을의 유생과 노인들이 상소해서 중지해달라고 사정했지만 상들은 철거되었다. 상을 끌어내리던 날, 가림막도 하지 않아 상들이 바닥에 쓰러지는 모습이 그대로 노출되었다. 결국 공자상은 땅에 묻혔다.

허균(許筠)이 유배지의 성황당에 들렀다가 한 무당을 만났다. 무당은 비바람을 일으키는 신들의 분노를 잠재우기 위해 신상을 단장해주고 있다고 말했다. 허균은 향을 사르고 하늘에 신들을 탄핵하는 축문을 올렸다. 그러자 하늘에서 붉은 옷을 입은 신장이 내려와 무당이 거짓말을 하고 있다고 폭로했다. 재앙의 원인은 백성들이 무당을 믿기 때문이라는 것이었다.

남원부사 송상인(宋象仁)은 부임하자마자 고을의 무당을 모두 추방하고 무당이 발각되면 즉시 죽이라는 명을 내렸다. 그런데 한 여성이 무당 복장을 하고는 말을 탄 채 그 앞에 나타났다. 그녀는 얼마 전에 죽은 송상인의 친구를 자신의 몸에 빙의시켰다. 자신과 친구만이 알고 있는 내밀한 이야기를 무당이 하나하나 말하자, 송상인은 통곡하며 다시는 무당을 배척하지 않겠다고 맹세했다.

이 네 편의 이야기는 모두 조선시대 기록에 등장하는 장면이다. 여기에는 내가 이 책에서 말하려고 하는 두 가지 주제에 대한 상반된 관점이 드러나 있다. 유생들은 무당이 모시는 신상을 파괴했다. 그런데 얼마 후 유생들이 모시던 지고의 성인인 공자의 상이 끌어내려져 땅에 묻혔다. 허균은 하늘에 제를 올리며 무당이 모시는 신을 탄핵했다. 그런데 송상인은 무당이 불러낸 친구의 영혼을 만나 통곡했다.

이 책은 두 가지 주제를 중심으로 조선시대 종교사를 훑어볼 것이다. 하나는 '성상파괴와 성상숭배'로, 신성한 존재를 흙이나 나무, 돌, 금속, 그림 등으로 표현하는 일에 대한 태도의 문제다. 다른 하나는 '민속종교에 대한 탄압과 그에 대한 저항'이다. 그 중심에는 무속과 무당에 대한 배제와 추방의 문제가 있다. 이들은 모두 '유교화'라고 하는 거시적이고 장기적인 종교개혁 운동과 관련되어 있었다. 일반적으로 말하면, 유교 지배체제는 신을 이미지로 표현하는 행위를 점차 거부하려 했고, 문화 내에서 무속과 무당을 억제하려고 했다. 그러나 여기에는 만만찮은 반동과 저항이 있었다.

만약 현대의 한국인이 조선시대 신당에 들어가게 된다면, 그 이국적이고 기괴한 느낌에 압도될 것이다. 고려의 왕도(王都) 개성의 송악산에는 성황신(城隍神)을 모신 사당이 있었다. 이 신에게는 가족도 있었다. 성황사에는 흙으로 빚어 만든 성황신 가족의 상이 놓여 있었고, 화려한 향로와 제기는 은으로 만들어졌다. 봄가을 제사 때가 되면 제물을 가득 올리고 풍악을 울렸다. 신의 거처는 화려하고 떠들썩했다.

역성혁명에 성공한 조선 왕조는 1393년(태조 2) 이 신에게 '진국공(鎭國公)'이라는 작위를 내렸다. 같은 시기에 화령, 안변, 완산 등의 성황은 '계국백(啓國伯)'에, 지리산, 무등산, 금성산, 계룡산, 감악산, 삼각산, 백악산 등의 산신은 '호국백(護國伯)'에 봉해졌다.[1] 이것은 새로 건설된 나라를 위해 신들의 지지를 바라는 조치였다. 송악산의 성황은 수도의 수호신이었기 때문에 더욱 특별한 존재였다[2](1393년은 아직 한양 천도가 이루어지기 전이다). 그래서 다른 신들보다 한 단계 높은 작위인 '공(公)'으로 봉해진 것이었다. 심지어 '진국공'이 된 송악의 성황신은 녹봉도 받았다.[3]

물론 이것은 고려 왕조 이래의, 나아가 중세 동아시아의 종교적 관행을 반복한 일이었다. 유명한 산과 큰 강, 성채와 도시, 바다의 섬은 신의 영역이었다. 신이 그 영험으로 국가와 왕조를 보호해줄 것이라 믿었다. 당연하게도 신은 인격화되어 있었다. 특별히 중요한 신은 인간 제후와 마찬가지로 작호(爵號)나 덕호(德號)를 받기도 했다. 신들에게는 구체적인 이미지도 있었다. 많은 산신이나 성황신은 진흙이나 나무, 금속으로 된 신상의 형태로 모셔졌다. 때로는 신의 가족도 상으로 만들어져 함께 제사를 받기도 했다. 그런 신을 모신 사당이 전국 곳곳에 산재해 있었다.

그러나 오늘날 한국에서 이런 장소, 이런 의례는 거의 찾아볼 수 없게 되었다. 왜, 언제부터였는지가 이 책의 물음이다. 조선 왕조를 거치면서 이미지로 가득했던 신들의 거처는 파괴되거나, 다른 것으로 대체되었다. 단번에 이루어진 일은 아니었다. 송악 성황의 경우, 처음에는 진국공이라는 작호를 빼앗겼고, 그다음에는 국가에서 관리하는 별도의 성황사가 생기면서 신상을 모신 기존의 사당은 비공식적인 공간이 되었다. 이 사당은 1566년(명종 21)에 유생들에 의해 불태워지면서 완전히 소멸되었다.

지금까지 이런 현상은 조선 사회의 유교화와 그에 따른 음사(淫祀) 철폐라는 관점에서 이해되었다. 음사는 정당하지 않은 제사, 더 구체적으로는 국가의 의례 매뉴얼인 사전(祀典)에 실리지 않고 무당과 향리 등에 의해 이루어지는 비공식적인 제사를 말한다. 그러나 기존의 종교문화를 뜯어고치는 데에는 제도적인 변화만이 아니라 물질적인 실천이 필요했다. 다시 말해 기존의 신당과 제사를 없애기 위해서는 국가의 금지만으로는 충분하지 않았다. 누군가는 사당을 불태우고, 신상을 파괴해야 했다.

인간이 신이나 정령과 같은 성스러운 대상을 표현하는 데에는 두 가지 방식이 있다. 첫째는 그림이나 상과 같은 이미지로 만들어 구체성을 확보하는 것이고, 다른 하나는 그런 구체적인 형체 속에 신성성이 온전히 담길 수 없다고 보아 추상적인 상징물로 대체하는 것이다. 이 가운데 대중적인 종교성에 쉽게 호소하는 방법은 이미지를 활용하는 것이다. 그러나 이미지를 거부하는 사상이 공식적인 교의로 자리 잡으면 적극적으로 형상을 거부하거나 심지어 파괴하는 운동이 일어나기도 한다.

종교사적으로 그런 유형의 실천을 '형상에 대한 파괴', 즉 아이코노클래즘(iconoclasm)이라고 부른다. 이 단어는 상당히 뉘앙스가 다른 두 개의 한국어로 번역된다. '우상파괴'와 '성상파괴'가 그것이다. 일반적으로 행위자 입장에서 다른 종교의 신상을 부수는 것을 우상파괴, 자기 종교의 신성한 이미지를 스스로 없애는 것을 성상파괴라고 부를 수 있을 것이다. 고대의 기록 가운데 본격적인 우상파괴의 대표적인 예는 유다 왕국의 요시아 왕이 행한 종교개혁이다. 그는 예루살렘의 성전과 전국의 사당에 있는 신들의 상을 모두 부정한 것이라 선언하며 "석상은 깨트리고, 아세라 목상은 토막토막 자르고, 그곳을 죽은 사람의 뼈로 가득 채웠다."[4] 이것은 유대교 이후 그리스도교, 이슬람교 등이 다른 종교를 몰아내기 위해 끊임없이 반복한 일이었다.

성상파괴에 해당하는 대표적인 사례도 그리스도교 역사에서 발견할 수 있다. 8~9세기 비잔티움 제국의 성상파괴주의자들은 다른 종교만이 아니라 그리스도교 자신의 성상과 성화까지 파괴했다. 비슷한 시도는 서유럽의 종교개혁기에도 있었다. 칼뱅(Calvin)과 츠빙글리

(Zwingli)의 가르침을 따르는 프로테스탄트들은 성당을 장식한 성스러운 이미지를 파괴했다. 이 성상파괴의 폭풍(Beeldenstorm)은 가톨릭 전통과의 단절과 개신교의 교의적 철저함을 과시하기 위한 의식이었다.

흥미롭게도 우상파괴가 아닌 성상파괴에 해당하는 실천이 동아시아 종교사에서도 나타난다. 그것은 1574년(선조 7), 지난날 유생들이 대규모 우상파괴를 행했던 개성에서 일어났다. 이곳의 국학(國學)에 있던 공자와 열 제자의 상은 국가에 의해 철거되어 땅에 묻혔고 그 자리는 나무로 된 신위판(神位版)으로 대체되었다. 이번에는 유생들 측에서 반대하는 상소를 올렸지만 받아들여지지 않았다.

음사로 비난받던 산신이나 성황만이 아니라 유교 전통에서 지고의 성인으로 받드는 공자의 상마저 철거하게 된 동기는 무엇이었을까? 여기에는 당시의 종교사상만이 아니라 명을 중심으로 한 보편적 동아시아 세계질서의 수립이라는 상황이 개입되어 있다. 명은 홍무제(洪武帝)와 가정제(嘉靖帝) 두 시기에 서로 다른 목적으로 대규모 의례 개혁을 단행했다. 이것은 조선에도 제도적인 압력으로 다가왔다. 일련의 성상파괴는 그 일환이었다.

그러나 이 의례 개혁은 정작 명에서도 철저하게 이루어지지 않았고, 조선에서도 문자 그대로 실행되지는 않았다. 그럼에도 불구하고 그 결과로 만들어진 종교적 경관은 중국보다 한반도에서 더욱 영구적인 흔적을 남겼다. 오늘날 면류관을 쓰고 제왕의 복식을 갖춘 중국 곡부(曲阜)의 화려한 공자상과 같은 것을 한국에서는 찾아볼 수 없다. 중국식 신묘(神廟)를 채우고 있는 화려한 신상들은 한국의 전통적인 종교 공간에서는 발견하기 어렵다. 근세 동아시아 세계체제의 변방에 있던 조선이 그 중심부보다 더욱 철저하게 성상파괴를 실천했다고밖에 볼 수 없다. 어떻게 이런 일이 가능했을까?

이런 의문에 답하기 위해서는 조선 왕조에서 진행된 유교화가 의례적·실천적·물질적 차원에서는 어떤 방식으로 이루어졌는지를 치밀하게 살펴볼 필요가 있다. 그리고 그 반대 방향에서 진행된 성상파괴적 유교화에 대한 저항에도 주목할 필요가 있다. 그 저항은 엘리트 계층 내부에서도, 그리고 민중문화 차원에서도 발견할 수 있다. 한쪽에서는 공자의 이미지마저 나무 위패로 대체되고 있을 때, 다른 한쪽에서는 새로운 신들의 이미지가 제작되고 있었다. 공식적인 국가 의례 영역에서 추방된 신들의 거처에서는 국왕이 보낸 제관(祭官)이 아닌 민속종교 전문가들이 의례를 이어가고 있었다. 그 대표적인 존재가 바로 무당이었다.

오늘날 전통적 한국 종교에서 신들의 형상은 완전히 소멸하지 않았다. 이미지의 피난처에는 크게 두 부류가 있다. 하나는 비교적 공식적인 것으로, 불교 사찰에 있는 산신(山神), 칠성(七星), 독각(獨覺) 등의 삼성(三聖)이 대표적이다. 물론 이들은 각자 불교 전통 내의 기원이 있지만, 실제로는 상당 부분 민속신앙의 연속선상에 있다. 다른 하나는 전적으로 비공식적인, 무당의 신당을 가득 채우고 있는 신들의 형상이다. 성상파괴의 폭풍을 주도한 것이 유교화의 직접적인 행위자인 유생이었다면, 민간의 종교 전문가인 무당은 이미지의 종교를 수호하는 행위자였다.

이 책의 제목은 결코 과장이 아니다. 얼핏 보기에 무당과 유생 사이에는 결코 역전할 수 없는 권력의 불균형이 존재하는 것처럼 보인다. 실제로 유교는 제도적 권력을 바탕으로 공식종교 영역에서 무속적인 요소를 말끔히 제거하려고 했다. 유교 국가를 지향했던 조선은 도성에서 무당을 추방했지만, 가뭄과 같은 위기가 닥치면 여전히 국가 차원에서 기우제의 절차 상당 부분을 무당에게 의지해야 했다. 제도적 영역에서조차 무속의 완전한 배제에는 지난한 과정이 필요했다. 그럼에도 불구하고 조선 후기에 이르면 공식종교에서 무속적인 요소는 대부분 소멸된다.[5]

그러나 유교화를 중심으로 한 조선의 종교개혁 과정에는 또 하나의 무대가 있었다. 그것은 한양 도성 밖, 절대 다수의 인민이 살고 있던 광범위한 지역의 민속문화였다. 국가의 직접적인 문화적 통제가 미치지 않는 이 영역에서의 유교화는 지방관과 재지사족(在地士族)의 몫이었다. 그 반대편에는 기존의 문화적 관성 속에 살고 있는 다수의 대중, 그리고 무당이나 술사(術士)와 같은 민간의 종교 전문가들이 있었다. 이런 상황에서 유자(儒者)의 '교화(敎化)'에는 명백한 한계가 있었다. 유교적 가례(家禮)가 자리를 잡아가는 과정에서도 무당은 여전히 신과 조상을 청배(請拜)했다.

그런 의미에서 조선의 유교화는 유럽의 기독교화와 비슷한 맥락에서 이해될 수 있다. 중세와 르네상스 유럽의 대중은 그리스도교의 지배를 받았지만, 그것을 문화적으로 온전히 받아들이지는 않았다. 여전히 그리스도교 이전의 관습과 신앙은 형태를 바꾸어가며 살아남았고, 민간 주술사와 민속적 의례 또한 중단되지 않았다. 민속종교의 이교적 요소를 제거하기 위해서는 종교재판, 마녀사냥, 종교개혁과 대항종교개혁(counter-reformation), 최종적으로는 근대 사상이 필요했다.[6] 더구나 그리스도교 이전의 이교(heresy)는 근대 민족주의와 신종교의 문화적 자원으로 부활하기까지 했다.

한반도의 유교화 과정에서 무속의 역할 또한 이와 대단히 유사했다. 공식적인 엘리트 문화인 유교적 세계관과 의례 체계는 지방 구석구석까지 침투했지만, 토착적인 민속종교는 독자적인 영역을 유지해나갔다. 특히 지역민들의 의뢰를 받아 공동체와 가정, 개인의 종교적 수요를 채워주고 있던 무당은 그런 문화적 저항의 주역이었다. 지방관들은 무당을 배제하고 추방하는 중앙의 제도를 지역에도 이식하려고 시도했고, 현지의 유생들은 무속을 비난하는 문장을 썼다. 그러나 민중의 생활 영역에서 무속은 여전히 유교적 양식으로는 대체할 수 없는 종교적 기능을 담당하고 있었다. 이것이 한국 종교 내에서 유교와 무속의 이중구조라는 독특한 구도를 만들어냈다.[7]

근대 이후 무속의 역할에도 유럽의 이교문화와 비슷한 면이 있다. 식민지 및 해방 이후 한국에서 무속은 제도종교에 밀려 미신으로 천시되었다. 그러나 한편으로는 고대 이래의 민족문화를 불완전하게나마 계승하고 있는 전통으로 주목받았으며, 대중 신앙의 차원에서 여전히 지속되었다. 유교화의 압력 속에서 어떻게 변변한 조직이나 제도적 권위도 부여받지 못한 무속이 이렇게 살아남을 수 있었는가가 이 책의 마지막 질문이다.

따라서 이 책은 다음과 같은 두 부분으로 구성되어 있다. 1부 '조선의 성상숭배와 성상파괴'에서는 어떻게 풍부한 이미지를 사용하던 고려시대 이전의 종교가 유교화의 국면 속에서 성상파괴적 종교문화로 바뀌게 되었는지를 다룬다. 2부 '무당과 유생'은 민속종교의 현장 속에서 유교화와 무속 배제가 어떤 방식으로 이루어졌는지를 다룰 것이다.[8] 전자가 유교의 일방적인 침투에 대한 이야기라면, 후자는 유교와 무속 사이의 경쟁 구도에 대한 것이다. 유자는 민속종교 내에서 신들과 죽은 자들을 위한 의례에 대해 독점적 지위를 누리고 있던 무당의 역할을 대체하려고 도전했다. 그러나 이 시도는 충분하지 못했기 때문에 무속의 독자적인 영역은 근대 이후에도 여전히 남아 있게 되었다.

'성상파괴'와 '신과 망자를 둘러싼 경쟁'이라는 키워드를 통해 조선의 유교화는 사상사만이 아니라 신앙과 의례, 민속의 차원을 두루 포함하는 종교사의 주제가 된다. 나는 이 논의에서 조선의 지배 이데올로기를 성리학이라 부르는 것을 가능한 한 거부한다. 성리학은 유교의 교의적 요소 가운데 일부로 조선의 지배 종교를 이루고 있던 신유교(Neo Confucianism)의 중요한 구성 요소이지만 그 자체는 아니다.

종교로서의 유교에는 교의적 차원만이 아니라 의례적·제도적·공동체적 차원도 포함되어 있다. 그것은 특정한 사상체계만으로 완전히 설명할 수 없는 담론과 실천의 복합체다. 또 거기에는 고대 신앙의 잔존물로부터 토착적 전통과의 접촉을 통해 일어나는 변형, 개별 행위자의 차이에 이르는 중층적이고 현실적인 차원이 있다. 스스로가 생산해낸 문화적 질서로 사회 전체를 잠식하려는 유교의 압력과 그것을 끈질기게 거부하는 기존 문화의 저항. 이것이 이 책이 그리고자 하는 '유교화'의 밑그림이다.

이 책을 쓰기 위해 많은 지적 도움을 받았다. 내가 조선시대 종교사와 한국 무속에 대해 알고 있는 대부분은 석·박사 과정의 지도교수이자 스승인 최종성 선생님께 배운 것이다. 이 책에 뭔가 새로운 성과가 있다면 그것은 선생님의 연구를 통해 얻은 통찰을 아주 조금 발전시킨 것일 뿐이다. 종교로서의 유교에 대한 문제의식은 공부를 시작하던 20대 초반 이래, 서울대학교 이연승 선생님의 강의와 세미나에 꾸준히 참여하면서 다듬어졌다. 유교가 얼마나 재미있는 종교 전통인지 깨달은 것은 전적으로 선생님 덕이다.

여러 해 동안 이어오고 있는 온라인 독서 모임의 동료들은 내가 전공 분야의 한정된 시야에 갇히지 않고 다양한 지적 자극에 민감하게 반응할 수 있도록 도와주었다. 특히 연세대학교 박사과정에 있는 역사학자 이상민 선생은 한국사 전반에 대한 탁월한 지식과 비평적 시각으로 연구 아이디어에서부터 세부적인 참고문헌과 자료에 이르기까지 많은 조언을 해주었다.

집필 과정에서 가족들에게 가장 큰 도움을 받았다. 아내 손정란과 딸 은서, 은조는 가장 가까운 친구이자 든든한 후원자였다. 어머니와 장인, 장모께도 많은 지지와 도움을 받았다. 그리고 누구보다도 아들의 다음 책을 기다리다 먼저 세상을 뜨신 아버지 한영조 님의 영전에 이 책을 바친다.

한승훈

2부

무당과 유생

1

조선의 성상숭배와 성상파괴

1
산 위의 성상들

종교 부재와 종교 과잉

1885년, 서울을 방문한 성공회 선교사 J. R. 울프(J. R. Wolfe)는 한국의 종교에 대해 다음과 같은 인상적인 기록을 남겼다. 이것은 근대 이전 한국의 종교 상황에 대한 이방인 관찰자의 중요한 증언인 동시에, 여러 의미에서 기이한 이야기이기도 하다.

> 나는 이 나라 어디에도, 혹은 서울 내의 어디에도 우상이나 우상을 모신 사원을 볼 수 없다는 사실이 흥미로웠고 놀라웠다. 사람들은 우상에 대한 애정을 갖고 있지 않은 것 같았고 신들을 위한 사원을 세우지 않는 것 같았다. 도시 전체에 사원이 없었다. 한국인에겐 실질적으로 종교 체계가 전혀 없다.[9]

놀랍게도 그는 한국에 "종교가 없다"고 주장하고 있다. 한국인에게는 당혹스러운 이야기다. 한국은 고대부터 대승불교가 전파되어 지속적으로 발달한 나라다. 조선시대 이후 유교는 국가 의례와 민간의 조상 제사에 이르기까지 속속들이 퍼져 있었다. 무엇보다 무속, 점복 등의 민속종교가 광범위하게 영향력을 미치고 있었다. 비록 금지되고 탄압받기는 했지만 천주교 공동체 또한 존재했다.

20세기 이후로 눈을 돌려보면 한국인이 비종교적이라는 말은 더욱 말이 안 된다고 여겨진다. 한국은 근대 이후 개신교 인구가 가장 폭발적으로 성장한 지역 가운데 하나다. 가톨릭 인구와 신심 또한 탄탄하다. 불교는 해방 이후 대두한 조계종을 중심으로 상당한 문화적 영향력을 발휘하고 있다. 무엇보다 한국은 동학계, 증산계, 기독교계 등 수많은 근대 신종교의 고향이기도 하다. 급속한 근대화 과정을 겪었음에도 불구하고, 한국인의 절반은 자신이 특정한 종교에 속해 있다고 말한다. 특별한 종교 소속이 없는 사람들도 강한 종교성을 갖고 있다. 특히 '유교적인 의식'과 '무속적인 기복신앙'은 한국 문화의 대표적인 특징으로 지목되고 있다.

19세기의 상황은 지금과 얼마나 달랐을까? 선교사 울프만이 한국의 '종교 없음'을 말한 것은 아니다. 당시 한국을 방문한 외국인 선교사들은 일반적으로 한국인은 "종교가 없는 민족"이기 때문에 자신들이 종교를 가져다주어야 한다고 믿었다.[10] 그렇다면 오늘날 풍부한 한국의 종교문화는 근대 기독교 선교의 결과인 것일까? 불과 100여 년 만에, 그것도 급속한 근대화 상황에서 '종교 부재' 사회가 '종교 과잉' 사회로 돌변하는 것이 가능한 일일까? 다음에 이어지는 울프의 기록에 따르면, 당시 한국에 부재했던 것은 종교 일반이 아니라 특정한 형태의 종교였다.

> 불교는 왕국의 멀고 격리된 지역 이곳저곳에 흔적이 남아 있긴 하지만 금지된 종교이다. 지난 500년간 지배 왕조는 불교를 폭력적이고도 성공적으로 억압해서 사람들의 마음과 동정에서 불교를 완전히 제거했다. 유교는 종교 체계는 아니지만 사계층과 관료들의 지지를 받는다. 그러나 대중에게는 영향력이 거의 없다. 그러나 한국인들은 매우 미신적이고 귀신을 무서워하는 사람들이다. 그들은 죽은 영웅이나 사회적 은인을 신격화하여 숭배하며, 죽은 조상에 대한 숭배는 전국적으로 행해진다.

울프를 비롯한 당시 선교사들의 종교 개념은 대단히 협소했다. 한국 곳곳에 절이 있지만, 불교는 체제로부터 억압받고 있었으며 불교 신자라 할 만한 사람을 찾기는 쉽지 않았다. 유교는 엘리트의 광범위한 지지를 받고 있었지만 그것은 종교가 아니었다. 한국인들은 과거의 영웅과 위인을 신격화하며, 조상을 열심히 숭배하지만 그것을 종교라고 부를 수 없었다. 그들에게 종교란, 성문화된 교리와 명확히 구분되는 성직 제도, 그리고 배타적 소속감을 가진 신자들을 거느린 근대적 제도종교에 한정된 개념이었다.

그러나 그런 의미에서의 종교는 인류사에서 대단히 제한된 지역, 특정한 시기에만 발견된다. 근대 이전의 종교는 일반적으로 여타 사회제도와 엄밀하게 구분되지 않았다. 따라서 특정한 종교에 '소속'된다는 것은 낯선 개념이었다. 이른바 '신앙의 시대'라고 하는 유럽

중세에도 정기적으로 교회에 출석하는 사람은 극소수에 불과했다. 평민들이 주로 거주하는 시골 지역에는 교회 자체가 없었고, 비교적 신실한 귀족들마저 행운을 빌기 위해 사제를 불러 침대에 누운 채로 미사를 지내기도 했다. 심지어는 수도승 신분이면서도 교회에 잘 나가지 않는 사람들이 허다했다. 이런 관점에 따르면 유럽의 '기독교화'는 중세가 아니라 종교개혁 시대 이후에야 이루어진 것이었다. 그마저도 완전하지는 않았다. 1800년 당시 영국에서는 국민의 12퍼센트만이 특정한 종교 집단에 속해 있었다고 한다.[11]

개종과 가입을 요구하는 종교는 예외적이고 특수하다. 극히 최근까지도 대부분의 인류는 이름 없는 지역적 종교의 세계 속에 살고 있었다. 집단적인 종교 의례는 샤먼, 주술사, 마을의 장로 등 파트타임 사제가 주관했다. 그마저도 중요한 행사가 있을 경우의 얘기다. 일상적인 의례는 가정 단위에서 이루어지는 일도 흔했다. 한국의 경우 20세기까지도 삼신할머니나 성주신, 조왕신 등 가신(家神)에 대한 의례는 주부들의 몫이었다. 이런 현상이 종교의 범주에 들어온 것은 민속종교, 원시종교 등의 개념이 발명된 이후의 일이다.

동아시아의 상황은 여러모로 특별하다. 이 지역에는 고대 이래로 지역적인 민속종교 이외에 유교, 불교, 도교라는 제도종교 또한 발전해 있었다. 그러나 이들 종교는 핵심적인 엘리트나 사제 이외에는 개종이나 가입을 통한 배타적인 소속을 요구하지 않았다. 따라서 한국, 중국, 일본, 베트남 등에서는 사람들이 유교식으로 조상 제사를 지내면서, 특별한 일이 있을 때 절에 가서 기도를 하고, 개인적으로는 신선을 믿으며 수행하는 것을 전혀 이상한 일로 여기지 않았다.

한국 종교의 '프로테스탄트적' 경관

19세기 선교사들이 한국의 '종교 없음'을 지적한 것은 여전히 기이하다. 왜냐하면 같은 시기 중국이나 일본에 대해서는 그런 주장을 좀처럼 하지 않았기 때문이다. 종교학자 방원일에 따르면 그것은 당시 한국, 특히 서울에는 눈에 띄는 종교 시설이 없었기 때문이다. 산속의 불교 사찰은 초라했고, 마을의 사당은 그냥 초가집이었다. 무엇보다 그 안에서는 '이방 종교'의 전형적인 특징인 '우상'이 좀처럼 보이지 않았다. 즉 "'거대한 신상에 절하는 이교도'의 이미지는 서양인의 인식 속에서 상상된 전형인데, 한국에서는 그 이미지에 부합하는 모습을 찾지 못한 것이다."[12]

　이런 당혹감은 오늘날의 우리도 충분히 공감할 수 있다. 전국에 퍼져 있는 서원과 향교 등에는 예외 없이 공자와 제자들, 중국과 한국의 유학자들을 모시는 사당이 있다. 그러나 거기에는 그들의 이름을 새긴 위패(位牌)만이 놓여 있을 뿐이다. 유교라는 전통에 특별히 종교성이 없어서 그런 것은 아니다. 중국 산동성에 있는 공자의 고향 곡부의 대성전(大成殿)에는 면류관을 쓰고 용포를 입은, 화려한 제왕의 형상을 한 공자의 신상이 놓여 있다. 공자에게는 '대성지성문선왕(大成至聖文宣王)'이라는 화려한 시호가 부여되어 있다. 생전에 왕이 아니었던 사람을 이런 방식으로 모시는 것은 관제(關帝), 마조(媽祖) 등 도교 계통에서 신격화된 다른 인물을 숭배하는 방식과 다르지 않다. 일본의 경우도 비슷하다. 도쿄의 유시마성당(湯島聖堂), 사가현의 다쿠성묘(多久聖廟) 등 공자를 모신 사당은 마치 신사(神社)와 같이 꾸며

져 있고, 새전(賽錢)을 바치는 상자, 소원을 비는 에마(繪馬), 때로는 운세를 점치는 오미쿠지(おみくじ)까지 갖추어져 있다.

전통적인 한국 종교 공간의 '심심함'은 여기에서 그치지 않는다. 조선 왕실의 선조를 모시는 국가 제사의 중심지였던 종묘에서도 우리가 발견할 수 있는 것은 평범한 기와집과 위패들뿐이다. 땅과 곡식의 신을 모시는 사직단 또한 썰렁하기는 마찬가지다. 돌로 쌓은 단 이외에는 탁 트인 공간뿐이다. 비슷한 기능을 하는 북경의 태묘(太廟), 원구단(圜丘壇), 사직단(社稷壇)의 웅장함과 화려함에는 비할 바가 못 된다. 일본 국가신토(國家神道)의 거대한 신사들과도 비교하기 힘들다.

민간의 종교 시설 역시 마찬가지다. 한국의 전통 사찰이 오늘날과 같은 완성된 가람 배치를 갖춘 것은 조선 후기에서 최근에 이르는 여러 차례의 증축을 거친 결과다. 19세기까지도 삼국시대로 연원이 거슬러 올라가는 고찰이 터만 남아 있거나 지어진 지 얼마 안 된 건물 몇 채만 있는 경우가 흔했다. 불국사와 같은 사찰마저도 1970년대 국가 주도의 대규모 복원 사업이 이루어지기 전에는 조선 후기에 재건된 건물 몇 채만 남아 있었을 뿐이다.

지역 단위의 제사가 이루어진 성황사나 산신당 또한 마찬가지였다. 이들은 국왕이 하사한 향과 축문으로 제사를 지내는 중요한 의례 공간이었지만, 신상과 같은 이미지화된 신격은 존재하지 않았다. 오히려 비공식적인 마을 제사가 이루어지던 서낭당에는 신성한 나무와 오색 천, 돌기둥 등이 세워져 있어 '종교적'인 냄새가 더 진했다. 한국 종교의 '신들'이 어떻게 생겼는지 보려면 무당의 개인적인 신당을 방문할 수밖에 없다. 한국 종교 전반의 '이미지 부재'와는 달리 무속은 신들의 자리를 화려한 색채의 화상과 무당 자신이 착용하는 복장을 통해 표현한다.

우상을 좀처럼 모시지 않는 한국 종교의 이러한 풍경은 마치 고대 히브리 예언자들과 개신교 종교개혁가들이 꿈꿨던 이상을 실현한 것처럼 보이기도 한다. 유럽과 비교해본다면 전근대 한국 종교의 모습은 화려한 성화와 성인들의 상으로 가득한 남유럽의 가톨릭 성당보다는 소박하고 단순한 북유럽의 개신교 교회와 닮았다. 문제는 이런 '프로테스탄트적' 경관이 언제부터, 어떤 이유로 출현했는가 하는 것이다. 한국에서도 유럽의 종교개혁과 같은 '우상타파' 운동이 일어나기라도 했단 말인가? 답은 "그렇다"이다.

이미지의 고려 종교

19세기 말 서양 선교사들은 한국의 도시에서 종교의 흔적을 찾기 어려웠다. 그러나 1123년에 고려를 방문한 송나라 사신 서긍(徐兢)이 관찰한 모습은 아주 다르다. 그가 남긴 『고려도경(高麗圖經)』에는 조선시대 이후 한국 종교에서는 보기 힘든 경관이 묘사되어 있다. 도성 안팎에는 크고 작은 불교 사찰이 가득했다. 한양 도성에 승려의 출입조차 제한했던 조선시대에는 상상하기 힘든 모습이다. 왕궁 북쪽에 있는 복원관(福源觀)이라는 사원에는 도교의 핵심적인 신들인 삼청(三淸)이 모셔져 있었다.

도교와 불교만이 아니라 토착 신들의 사당도 있었다. 개성 북쪽

인근에는 숭산신(崧山神)의 사당이 있었다. 거란이 개성을 공격했을 때 이 신은 밤중에 소나무 수만 그루로 변해서 사람 소리를 냈다고 한다. 적군은 원군이 있는 줄 알고 물러났다. 이런 공덕 때문에 이 산의 신은 신상으로 모셔지게 되었다. 성안에는 고구려의 시조 주몽의 어머니인 동신성모(東神聖母)를 모신 사당이 있었다. 이 사당에는 나무로 만든 여신상이 있었는데 장막으로 가려서 사람들이 볼 수 없게 할 정도로 신성하게 여겨졌다.[13]

개성만이 아니었다. 각 지역에는 지방세력이 섬기는 신들의 신당이 있었다. 그 가운데에는 지역의 영험한 산신도 있었고, 실존했던 장군이나 과거의 저명한 호족과 같은 인물신도 있었다. 특히 그런 신이 나라에 공을 세웠을 경우에는 국가 차원의 제사 대상이 되기도 했다. 경기도의 감악산신(紺嶽山神)은 개성의 숭산신과 마찬가지로 거란이 침입해왔을 때 눈보라를 일으키고 군사들이 서 있는 것 같은 모습을 보여 적군을 두려움에 떨게 했다. 1011년(현종 2)에 이 이야기를 들은 조정에서는 사당을 수리하고 제사를 지냈다. 이 신은 당나라 장수 설인귀(薛仁貴)라고 알려졌다.[14]

오늘날의 전남 장흥인 정안현(定安縣)에는 남해의 용신을 모시는 사당이 있었다. 1025년(현종 16)에 정안현에서 귀한 산호수(珊瑚樹)를 두 번이나 바치자 조정에서는 그 신을 국가의 사전(祀典)에 기재해주었다. 이처럼 각 지역의 신들은 지역 세력과 밀접하게 연결되어 있었다. 국가에서 신을 높여주는 것은 그 지역에 영예가 되었다.

삼별초가 제주도에서 마지막 항전을 할 때 그 토벌에 협력했던 지역의 신들에게도 상이 내려졌다. 1273년(원종 14)에 광주 무등산신에게는 삼별초 토벌을 도와줬다는 이유로 봉작이 내려졌다. 한편 1277년(충렬왕 3)에는 나주 금성산신이 무당에게 내려 말했다. "진도(珍島)와 탐라(耽羅)의 정벌[삼별초 진압]에는 내가 힘을 썼는데 장군과 군사들에게는 상을 주면서 나에게는 아무것도 주지 않으니 어떻게 된 건가?" 이 말이 조정에 전해지자 왕은 금성산신을 정녕공(定寧公)에 봉하고 그 사당에 쌀 5석의 녹봉까지 내렸다.[15]

이런 신들은 인격화되어 있었고, 흔히 그림이나 상으로 모셔졌다. 지역민들은 무당을 중심으로 해서 이들 신을 숭배했고, 국가에서도 그 신들에게 제사를 지내거나 칭호를 부여하기도 했다. 이들 칭호에는 '공(公)', '후(侯)' 같은 작호(爵號)도 있었고, '인성(仁聖)', '제민(濟民)' 같은 덕호도 있었다. 신들은 마치 봉건 제후가 신성한 세계를 분할해서 다스리고 있는 것처럼 다루어졌다. 국가에 전란이 있거나 왕이 아프면 관리가 파견되어 신들에게 기원했다.

무당이 주도하는 지역적인 의례는 국가에 의한 공식적인 형태의 제사와 충돌하지 않았다. 앞서 언급한 개성 숭산신에 대한 숭배에서 이런 이중적인 의례를 확인할 수 있다. 백성들은 재난이나 질병이 있으면 옷이나 좋은 말을 바치면서 기도를 했다. 일반적으로 이런 기도는 산 위쪽에 있는 사당에서 이루어졌고, 그것을 주도하는 사제는 무당이었다. 그러나 국가 제사는 산 중턱에서 이루어졌다. 관원들은 사당까지 가지 않고 산 중턱에 제단을 설치해 술과 음식을 차리고 유교식 제사를 올렸다.[16]

이처럼 신들에게는 인간과 같은 칭호가 붙었고, 흙·나무·금속·그림 등으로 된 형상이 부여되었으며, 무당이 기도를 올리는 대상이 되었다. 무당은 신들을 개별적인 인격체처럼 다루었다. 때로는 금성산신의 사례에서처럼 신이 무당의 몸에 내려 특정한 요구를 하기도 했다. 이것이 고려 종교가 신들을 인식하는 방법이었다.

신으로 섬기던 왕건상

1992년, 북한 개성에서는 고려 태조 왕건의 무덤인 현릉(顯陵)의 보수 공사가 이루어지고 있었다. 땅을 파던 인부들은 1미터가량 되는 사람 형상의 동상 하나를 발견했다. 불상이라고 하기에는 기이한 모습이었다. 머리에 관을 쓰고 있었고, 벌거벗은 몸체에는 피부색 안료가 칠해진 흔적이 남아 있었다. 몸에는 다 해어진 비단 천 조각이 붙어 있었고, 옥으로 만든 허리띠 조각도 발견되었다. 원래는 옷을 입고 있었다는 의미다. 성기 부분은 아주 작게 묘사되어 있었다.

  왜 이런 상이 왕건 무덤에서 발견된 것일까? 연구자들은 이것이 바로 태조 왕건 자신의 상이었다는 결론을 내렸다. 1427년(세종 9), 조선 조정에서는 네 명의 고려 왕 신상이 훼손되어 손이 부러진 것도 있고, 깨진 것도 있다는 사실을 파악했다. 이전 왕조에 대한 제사는 중요한 문제였으니 복원을 해야 했지만, 이미 고려가 망한 지 오랜 세월이 흘러 원래 형태를 알 수 없었다. 무엇보다 큰 문제는 당시 조선에서는 국가 제사의 대상이 되는 모든 신의 상과 초상을 제거하고 나무 위패로 대체하고 있었다. 따라서 상을 고치는 대신 새로 위패를 만드는 것으로 결론이 났다. 그러나 신의 상을 함부로 처분할 수는 없었다. 고심 끝에 예조에서 태조와 2대 혜종(惠宗)의 상과 초상을 각자의 무덤 곁에 묻도록 건의했다. 이때 종묘에 모셔지던 공신의 초상도 본인의 무덤에 묻혔다. 이어서 1433년(세종 15)에는 나머지 고려 왕 열여덟 명의 초상을 땅에 묻었다.[17]

그로부터 500여 년이 지나 발굴된 왕건상은 채색도 모두 벗겨져 있었고, 입고 있던 옷도 사라졌지만 신상으로 사용된 흔적이 여전히 남아 있었다. 머리에 쓴 관은 황제가 쓰는 통천관(通天冠)이었고, 해와 달을 상징하는 둥근 판이 달려 있었다. 작은 성기는 불교와 도교에서 성인의 신체적 특징으로 여겨지던 것이었다.[18]

우리의 주제와 관련하여, 왕건상의 발견은 몇 가지 의문을 던져준다. 고려시대에는 적어도 네 명의 선왕을 신상 형태로 만들어 모셨다. 그런데 조선에서는 왜 그런 풍습이 사라졌는가? 이것은 조선과 고려의 종교문화 사이에 모종의 단절이 일어났음을 암시한다.

의례에서 신위(神位)는 인간과 소통하는 신성한 대상의 자리다. 그것은 특정한 방위일 수도 있고, 자연물일 수도 있고, 특정한 물건일 수도 있고, 인간 자신의 내면에 존재할 수도 있다. 그러나 많은 경우 신위는 인공적으로 제작된 이미지의 형태를 취한다. 국가 의례에서 신위로 모셔진 대상에는 시(尸), 소상(塑像), 화상(畵像), 신주(神主) 등이 있다. 상고시대 문헌에 주로 등장하는 시(尸)는 신의 역할을 대신하는 사람, 주로 어린아이였던 시동(尸童)을 신위로 삼는 것이다. 이후로는 흙 등으로 빚은 소상, 진영(眞影)을 그린 화상, 나무에 신의 이름을 쓴 신주 등이 사용되었다.

이 가운데 가장 구체적이고 물질적인 형태를 띠고 있는 소상은

'가시적' 세계에 가장 인접해 있다. 그에 비해 이미지를 극소화한 형태인 신주는 '비가시적' 세계에 가까이 있다. 그리고 구체적이고 가시적인 이미지인 소상이나 화상은 의례에서 소통의 대상이 되는 신을 가장 직관적이고 감각적으로 표현해준다. 반면 신주는 고도로 추상적인 상징이다. 이 가운데 신유교의 이상에 가장 잘 들어맞는 것은 신에 대한 이미지화를 거부하는 신주, 즉 위패였다. 이념적으로는 이것이 신에 대한 성리학적 관점에 잘 들어맞기 때문이었고, 물론 스스로를 불교나 도교와 구별 지으려는 욕망도 반영되었을 것이다.

중국 송대의 대표적인 신유학자 정이천(程伊川)은 제사에서 사용되는 이미지에 대해 다음과 같이 말했다. "요즘 사람들은 영정을 모시고 제사를 지낸다. 그러나 수염이나 머리털 하나라도 같지 않다면 모시고 제사하는 건 딴사람이니 바람직하지 못하다."[19] 이 유교적인 성상 반대론에 따르면 죽은 자의 신을 이미지로 만들 수 없는 이유는 상이 실물과 닮지 않았을 우려 때문이다. 하물며 조상이 아닌 아무도 본 적이 없는 신의 모습을 그리거나 만든다는 것은 어림없는 일이다.

다행히 유교식 국가 제사의 대상이었던 많은 신은 애초에 상으로 만들어지지 않았으니 문제가 없었다. 문제는 과거부터 소상이나 화상으로 만들어져 있던 신들이었다. 이론적으로야 어쨌든 상은 신이 머무는 자리였다. 이미 멸망한 고려 왕들의 상과 영정조차 대단히 조심스럽게 처분되었다. 심지어 상을 땅에 묻을 때조차 공신의 초상은 왕과 구분된 곳에 따로 묻히도록 배려할 정도였다.

이것은 성상파괴가 가지는 보편적인 딜레마다. 이교의 신인 우상을 파괴하기는 비교적 쉽다. 그러나 자신들이 모시는 신이라면 이야기가 다르다. 이미지를 반대하는 교리적인 이유로 성상을 파괴할 때도 신중하게, 그리고 조심스럽게 처리되어야 했다. 그리스도교의 역사를 보더라도 성상 제거는 동서 교회, 그리고 가톨릭과 개신교 사이의 첨예한 갈등을 일으켰다. 따라서 대규모 성상파괴에는 무엇보다 시행자의 결단과 의지가 중요했다.

천자가 보낸 도사

이미지를 가진 인격신이 가득했던 고려에서 마치 '종교가 없는' 것처럼 보이는 조선으로의 변화는 어떻게 시작된 것일까? 최종석은 그 중요한 기점을 1370년(공민왕 19)으로 보았다. 이해는 명의 홍무(洪武) 3년으로, 태조 주원장(朱元璋)은 훗날 『홍무예제』로 정리되는 새로운 의례 체계를 조공국에까지 적용하려는 시도를 한다.[20] 같은 해 4월에 황제는 조천궁(朝天宮) 도사(道士) 서사호(徐師昊)를 고려에 보내 산천(山川)에 제사를 지냈다. 그 축문은 다음과 같았다.

> 황제가 조천궁 도사인 서사호를 파견하여 고려의 으뜸가는 산[首山] 및 여러 산의 신(神), 으뜸가는 물[首水] 및 여러 물의 신에게 제사를 지내노라. 고려라는 나라는 바다 동쪽에 위치하여 산세가 드높고 물의 기운[水德]이 넓고 크다. 실로 모든 신령스러운 기운이 모여 있는 곳이므로 국토가 안녕할 수가 있고 나라의 임금은 대대로 부귀를 누릴 수 있었다. 중국을 존경하고 사모함으로써 삶을 영위하는 민[生民]들을 보호

하고 신(神)의 공덕은 커졌도다. 짐은 평민의 신분[布衣]으로부터 일어나 지금 천하를 하나로 아우름으로써 정통(正統)을 계승했다. 최근 고려가 표문(票文)을 바치고 신하임을 칭하니, 짐은 그 성의에 대해 기뻐하며 이미 왕의 작위로 책봉했다. 고전을 상고해보면, 천자는 산천의 제사에 있어서 통하지 않는 바가 없다고 하였으니, 이 때문에 사신을 파견하여 공경을 다하여 희생과 예물을 가지고 그 제사를 지냄으로써 신령에게 보답하려고 하니 신령은 살펴주소서.[21]

이 제사는 황제가 명의 실질적인 영역만이 아니라 천하 모든 지역의 지배자임을 선포하려는 의도에서 이루어졌다. 그뿐만 아니라 서사호는 명에서 큰 비석을 싣고 와서는 개성 남쪽의 양릉정(陽陵井)에 세웠다. 이 비문에는 고려에서 산천 제사를 지낸 명의 의도가 더욱 명확하게 드러난다.

홍무(洪武) 3년(1370) 봄 정월 3일 계사일에 황제께서 봉천전(奉天殿)에 거둥하시어 군신(群臣)의 조회를 받으시고 말씀하시기를, '짐은 천지와 조종(祖宗)께서 보살펴 도와준 것에 힘입어 신민(臣民)의 위에 자리하게 되었으니 교묘(郊廟)와 사직(社稷)으로부터 악진(岳鎭)과 해독(海瀆)의 제사에 이르기까지 공경하게 하지 않을 수 없다. 최근에 고려에서 사신을 보내 표문을 올려 신하임을 칭하였으며 짐이 이미 그 왕을 책봉하여 고려 국왕으로 삼았으니, 그 나라 영토 안의 산천도 이미 우리의 관할 안[職方]으로 귀속되었다. 여러 고전을 상고해보건대 천자의 망제(望祭)는 비록 통하지 않는 곳이 없다고 하였으나, 실제 예를 행하여 그 공경을 다했다는 것은 듣지 못했다. 지금 마땅히 희생과 예물을 갖추어 조천궁의 도사인 서사호를 파견하여 먼저 가게 해서 신령들에게 보답하고자 한다'라고 하셨습니다. 예부상서(禮部尙書)인 신(臣) 최량(崔亮)은 황제폐하의 뜻[上旨]을 공경히 잘 받들고 조심하면서 신 서사호에게 정성을 다하여 몸을 깨끗이 하고 기다리라고 하였습니다. 그리하여 황제께서 7일 동안 목욕재계하시고 몸소 축문을 지으셨으며, 10일 경자일에 이르러 황제께서 조회에 나오셔서 신 서사호에게 향을 주시고 명하여 가라고 하셨습니다. 신 서사호는 4월 22일 고려에 도착하여 성의 남쪽에 제단을 설치하였으며, 5월 정유일에 고려의 으뜸가는 산[首山]인 대화악(大華嶽)의 신 및 여러 산의 신, 으뜸가는 물[首水]인 대남해(大南海)의 신 및 여러 물의 신에게 경건하게 제사를 행하여, 예를 사용하여 완성을 알리는 바입니다. 신 서사호가 듣기에, 제왕이 민(民)을 다스리기에 부지런하면 반드시 신(神)에게도 공경을 다한다고 합니다. 공경하게 생각하건대, 황상께서는 하늘의 밝은 명을 받아 정통을 크게 계승하여 사해(四海)의 안과 밖이 모두 신하로서 복종하였으니, 넓은 하늘 아래 함께 아무 걱정 없이 편안한 다스림을 함께 향유하시기를 생각하시어 신(臣) 서사호를 파견하시어 신에게 제사 지내게 하셨습니다. 신께서 감응하시게 되면 반드시 고려 국왕에게 도움을 주어 대대로 그 영토를 보전하게 해줄 것이며, 비와 바람이 때에 맞추어 내려주심으로써 해마다 곡식도 풍년이 들어 민서(民庶)들도 편안한 다스림을 얻게 될 것입니다. 성스러운 천자께서 모두를 평등하게 똑같이 사랑하시는 뜻을 전부 다 드러내기 위하여 이와 같이 돌에 글자를 새겨 영원토록 전하며 보이도록 하려고 합니다. 신 서사호가 삼가 적습니다.[22]

이어서 7월에는 좀 더 직접적인 지시가 황제의 조서(詔書) 형태로 전달되었다. 사신으로 온 사람은 비서감직장(秘書監直長) 하상봉(夏祥鳳)이었다. 조서는 먼저 "통치를 하는 도리는 반드시 예(禮)에 근본을 두어야 한다"라고 하며 국가 의례의 중요성을 강조하고 있다. 문제가 되는 것은 천하의 중요한 수호신인 오악(五嶽), 오진(五鎭), 사해(四海), 사독(四瀆) 등에 부여된 칭호였다. 신을 책봉하는 전통은 고대부터 이어져 오던 일이었지만, 황제는 이것이 잘못된 일이라고 주장한다. "대체로 악·진·해·독은 모두 높은 산이나 넓은 물이므로, 천지가 개벽한 뒤부터 지금에 이르기까지 영령(英靈)한 기운이 모여 신령한 존재가 된 것이다. 필시 모두 상제(上帝)로부터 천명을 받아 그 심오함을 헤아릴 수 없는데, 어찌 국가가 봉호(封號)를 더할 수 있겠는가?"[23]

국가가 지고신인 상제에게 천명을 받은 신들을 책봉하는 것은 예의 질서를 어지럽히는 불경한 일이라는 말이다. 이를테면 당시 동악(東嶽)인 태산(泰山)의 신은 제천대생인성제(齊天大生仁聖帝)라고 불리고 있었는데 이후로는 그냥 태산지신(泰山之神)이 되었다. 광덕영회왕(廣德靈會王)이었던 동해의 신 역시 단순히 동해지신(東海之神)으로 불리게 되었다.

화려한 칭호가 붙은 것은 충신이나 열사와 같은 인물신도 마찬가지였다. 위의 논리를 따르더라도 이들은 자연신과는 달리 국가가 봉호를 내리는 데 문제가 없었다. 그러나 홍무제는 이들에 대해서도 처음 봉호를 내렸을 당시의 이름으로 되돌리고 나중에 덧붙인 미사여구를 모두 없애라고 지시했다. 이 조치 때문에 피해를 본 대표적인 신이 바로 제(齊)의 시조인 강태공(姜太公)이다. 그에게는 소열무성왕

(昭烈武成王)이라는 왕호가 붙어 있었다. 역대 왕조에서는 그를 공자의 문묘(文廟)에 비견될 만한 무묘(武廟)의 신으로 모시고 있었다. 그러나 명에서는 제후의 신분이었던 그에게 부여된 왕의 칭호를 없애고 그 사당까지 철폐해버렸다.[24]

여기에서 유일한 예외는 공자였다. 중국 역대 왕조는 공자에게 여러 봉호를 부여했다. 처음에는 공(公)이었는데 당 개원 27년(739)에 문선왕(文宣王)이 되었다. 명 건국 당시 공자의 칭호는 원 무종 카이산이 봉한 '대성지성문선왕(大成至聖文宣王)'이었다. 홍무제가 제시한 기준에 따르면 공자는 왕도 아니었고, 이후에 나머지 칭호도 후대에 덧붙인 것이니 모두 없애야 마땅했다. 그러나 조서는 이렇게 말하고 있다. "공자는 선왕들의 중요한 가르침을 잘 밝힘으로써 천하의 스승이 되어 후세 사람들을 구제하였으니, 한 방면이나 한 시대에만 공로가 있는 사람들과 비교할 수 없으므로, 봉작을 예전 그대로 하는 것이 마땅하다."[25] 여기까지만 보면 이 조서에는 고려와 직접 연관이 있는 요소가 그다지 없었다. 고려에서는 산천의 신을 '오악'과 같은 중앙 집권적인 범주로 관리하고 있지 않았다. 신들은 각 지역에서 개별적으로 모셔졌다. 홍무제의 조서는 어디까지나 새로 정한 중국의 산천과 바다신의 이름을 발표한 것이었다. 고려의 산이나 강의 신 이름을 어떻게 하라는 지시는 없었던 것이다. 인물신의 경우도 고려와는 별 상관이 없었다. 신으로 섬겨지는 과거의 인물을 책봉하는 것은 주로 중국의 전통이었기 때문이다.

고려 입장에서 볼 때, 홍무제의 조서에서 문제가 될 가능성이 있는 것은 다음의 두 조항이었다.

1. 각 지역의 주(州)·부(府)·현(縣)의 성황은 모부(某府)의 성황지신(城隍之神), 모주(某州)의 성황지신, 모현(某縣)의 성황지신이라 일컫는다.
1. 천하의 신사(神祠) 가운데 민(民)들에게 아무 공로도 없어 사전에 올리는 게 마땅하지 않은 것은 바로 음사에 해당하니 유사(有司)는 제사 지내지 마라.[26]

이것도 어디까지나 중국 내에서의 의례 제도 변화를 공표하는 의미였겠지만, 문제는 고려에도 지역별로 독자적인 성황신이 있었으며, 대부분의 지역적 제사가 국가의 사전에 올라가 있지 않았다는 것이다. 이를 충실하게 따를 경우, 지역 의례 대부분은 철폐되어야 하고 신들은 자기 이름을 잃게 될 것이다.

교황이자 카이저가 되고자 한 주원장

조서에서 말하는 '각 지역'이라거나 '천하'에 고려가 포함된다는 것은 의심할 여지가 없었다. 실제로 황제는 도사 서사호를 보내 고려 산천에 제사를 지내지 않았던가? 이 같은 '의례의 내정 간섭'은 몽골 지배자들도 좀처럼 하지 않던 일이었다. 이런 대규모의, 그리고 국제적인 의례 개혁 시도에는 뭔가 중대한 의미가 있을 터였다.

주원장이 남경(南京)에서 황제를 칭하며 명을 세운 것은 서사호와 하상봉이 고려에 오기 2년 전인 1368년의 일이었다. 쟁쟁한 다른 한족 군벌들을 제압하고 중국 남부 지역을 차지한 주원장은 그해 북벌을 단행하여, 원(元)을 먼 북방으로 몰아내고 대도(大都: 북경)를 장악하는 데 성공한다. 이것은 중세 유라시아 최대의 세계제국을 몰아내고 얻은 승리였다. 한족 지배자가 즉위했다는 것만으로 환영을 받을 만큼 민족주의가 발달했던 시대가 아니었다. 이런 경우 새로운 세계 체제의 지배자가 택할 수 있는 전략은 정치적·군사적 패권을 쥐는 것만이 아니라 문화적 상징을 창안하고 자신이 그 정점에 서는 일이었다.

다소 거칠게 비유하자면 명의 천자(天子)는 유럽 세계로 치면 로마의 교황(Pope)과 신성로마제국의 카이저(Kaiser)에 해당하는 지위를 겸할 필요가 있었다. 정치적 세계에서는 조공책봉 체제에서 사대외교의 중심이 되어야 했고, 동시에 종교적 세계에서는 상제(上帝)의 지상 대리자로서 동아시아 의례 질서의 핵심이 되어야 했다. 그러기 위해서는 몽골의 카간이 아닌 중국의 황제가 정치적·종교적 권위를 동시에 가지고 동아시아 세계를 다스리던 시절로 복귀할 필요가 있었다. 만약 그런 시대가 현실에 존재하지 않았다면 만들어내야 했다.

따라서 홍무제가 고려에 도사를 보내 산천 제사를 하고, 새로운 의례 체계를 발표한 것은 동아시아의 새로운 종교적 질서를 선언하는 작업이었다. 여기에는 별다른 강제성이 없었다. 고려에서도 별다른 반응이 없었다. 어느 쪽인가 하면 적극적으로 무시했다. 신들에게 호를 붙이지 말라는 조서가 내려온 지 1년 뒤인 1371년(공민왕 20), 왕은 오히려 교서를 내려 사전에 등재되어 있는 명산대천에 덕호를 더해준다.[27] 도사 서사호가 세운 비석은 1383년(우왕 9)에 헐어버렸다. 비석을 세운 후에 전쟁과 기상이변이 계속 일어났기 때문이다. 2년

후 명의 사신이 그 비석에 대해 묻자 급히 다시 세우려는 소동이 일어나기까지 했다.[28]

명이 선언한 새로운 종교적 질서는 고려에서 종교개혁으로 이어지지 않았다. 만약 그럴 의지가 있었다면, 명을 종주국으로 하여 건국된 조선 왕조의 성립은 기존의 국가 의례 체계를 뿌리에서부터 뜯어고칠 수 있는 절호의 기회였다. 실제로 조선이 건국된 1392년에 예조전서 조박(趙璞)은 대단히 급진적인 의례 개혁을 청하는 글을 올렸다. 그는 천자가 하늘에 제사를 지내는 원구단은 제후국의 격에 맞지 않으니 폐지하자고 주장했다. 또 각 지역의 성황신은 그 칭호와 상을 모두 없애고 "○○주(州)", 혹은 "○○군(郡) 성황의 신"이라고만 부르자고도 했다.[29]

그러나 이 건의는 받아들여지지 않았다. 원구단이 사라지는 데에는 이후로도 한 세기 가까운 시간이 필요했다. 새로운 왕조를 세운 이성계는 고려의 왕들이 그랬듯이 산천신과 성황신에게 작호를 주었다. 이것이 철폐되는 데도 상당한 시간이 필요했다. 동아시아의 종교적 질서를 새롭게 구성하려는 명의 요구는 왜 조선에서 곧바로 받아들여지지 않았을까? 당대인의 입장에서 생각해보면 그다지 어렵지 않은 문제다.

새로운 세계질서는 아직 고도로 불안정했다. 고려는 100년의 세월을 몽골제국의 속령으로 지냈다. 명에 의해 밀려난 북원(北元)이 다시 동아시아의 패권을 회복할 가능성은 희박했지만, 명이 계속해서 중국의 지배자가 될 수 있을지도 확언할 수 없는 상태였다. 조선 초 몇 차례 북벌 논의에서 볼 수 있듯이 요동 공격, 즉 명과의 전쟁은 여전히 유효한 카드였다. 이런 상황에서 명의 종교적 종주권을 완전하게 받아들이는 의례 개혁은 그다지 시급한 문제가 아니었다.

신들에게 가족은 있는가

신들의 칭호와 신상 설치 문제가 본격적으로 논의된 것은 국내외 정세가 비교적 안정되기 시작한 태종 대의 일이었다. 1413년(태종 13) 예조에서는 사전 개정 작업에 대한 보고를 올린다.[30] 그 요지는 홍무제의 조서와 크게 다르지 않았다. 예조의 조사에 따르면 산천의 신들에게 작위를 봉해준 것은 측천무후 때를 기원으로 했다. 그리고 태산(泰山), 화산(華山), 형산(衡山), 항산(恒山), 숭산(崇山) 등의 오악(五岳)을 제(帝)로 삼고 각각의 후(后)를 봉했다. 오악의 산신에게 황제와 비견될 만한 최고 지위를 주고 그 아내의 존재까지 인정하면서 신들은 고도의 인격성을 가지게 되었다.

예조에서는 이런 전통에 대해 남송의 학자 진순(陳淳, 1159~1223)의 입을 빌려 반론을 제기한다.[31] "제(帝)는 오직 하나의 상제(上帝)가 있을 뿐이다. 어찌 산을 제라고 부를 수 있겠는가? 또 후전(后殿)을 그 뒤에 세운다니 모르긴 몰라도 어느 산이 그 배필로 부부가 되겠는가?" 의도한 것인지는 분명하지 않으나, 예조가 인용한 진순의 말에는 우리의 논의에서 중요한 한 구절이 생략되어 있다. "지금 사당이 엄숙하게 세워져 있고 인형이 제왕의 복장을 하고는 앉아 있다."[32] 신을 인격화하고 이미지로 표현하는 것에 대한 반대 논의가 송의 신유학(新儒學)에서 이미 등장하고 있었음을 알 수 있다.

또 하나의 중요한 근거는 명의 의례 체계를 정리해 공식적으로 발표된 『홍무예제(洪武禮制)』였다. 물론 여기에서는 산과 강, 바다의 신을 "○○산의 신", "○○바다의 신"이라고만 규정해놓았지, 작호를 부여하지는 않았다. 이 시점이 되면 고려 말에 홍무제가 보낸 조서는 전혀 언급되지 않는다. 이제는 체계화된 매뉴얼에 따라 명을 중심으로 하는 종교적 질서를 조선의 현실에 어떻게 적용할지가 논의되고 있는 것이다.

예조에서는 태조 때 건의했던 작호 제거를 다시 한번 주장하는 한편, 신상 제거를 강조했다. 고려의 산천신은 고도로 인격화, 형상화되어 있었다. 신들은 "처첩, 자녀, 생질" 등의 가족을 거느리고 있었다. 이들은 모두 신상으로 빚어져서 제사를 받았다. 예조에서는 신들의 칭호를 모두 제거하고 신상도 전부 없앤 후 나무 신주 하나만을 남기는 대단히 급진적인 성상파괴적 제안을 한다. 신주에는 화려한 수식을 모두 없애고 "어느 주의 성황신", "어느 바다의 신" 같은 무미건조한 이름만을 남기라는 것이었다. 칭호도, 가족도, 신상도 사라진 신은 비인격적이고 추상적인 존재로 경험될 터였다.

이 건의에 따르면 흙이나 나무, 금속으로 만들어진 신상은 이제 더 이상 신을 표현하고 있지 않다. 따라서 신상에 새로 옷을 해 입히거나, 사당에 모셔놓고 음식을 바치거나, 무당을 통해 소통을 시도하는 것은 이제 불법적인, 적어도 비공식적인 일이 되었다. 새로운 의례 체계에서 각각의 신을 상징하게 된 것은 나무로 만든 위판이었다.

신상이 신을 표현하는 주된 수단이었을 때 위패는 단순히 신의 이름을 표시하는 명패 기능 정도를 했다. 그러나 이제 신주는 신의 몸 그 자체가 되었다. 그래서 신위판을 모시는 규정도 새로 마련되어야 했다. 이전까지는 위판이 아예 없는 사당도 있었고, 있다고 해도 보관할 장소가 마땅치 않아 평소에는 제기와 함께 개별 관리자의 집에 두는 일이 흔했던 모양이다. 새로 지어지는 신의 사당에는 제물을 만드는 신주(神廚), 제사용구를 두는 제기고(祭器庫), 제관(祭官)이 머물며 치재(致齋)를 하는 재소(齋所)를 설치하게 되었다. 신상을 없애고 위패를 설치한 국가 의례의 공간은 이런 식으로 규격화되었다.

그러나 전국에 산재해 있는 신의 거처가 한꺼번에 이런 방식으로 재편된 것은 아니었다. 이 시점에서는 표준적인 사당의 양식이 만들어지고 주요 의례 장소, 특히 새로 건설된 한양 도성의 제사 공간을 중심으로 적용하는 것이 한계였다. 각 지역의 영험한 성황신, 산천의 신에게 여전히 '신상'이 있었다는 것은 이후의 기록에서도 계속해서 확인된다. 새로 만들어지는 의례 공간을 매뉴얼에 충실하게 조성하는 것은 어렵지 않다. 그러나 오래전부터 그 자리에 있으면서 사람들의 기도를 받아온 신들의 이름을 바꾸고 상을 없애는 것은 부담스러운 일이었다.

이런 '대중적'인 신심은 민중만의 것이 아니었다. 조선 초에 가장 체계적으로 성상파괴를 계획, 실시한 왕은 세종이었다. 그러나 그 역시 즉위 초에 어머니 원경왕후 민씨가 학질에 걸리자, 그야말로 접근 가능한 모든 신에게 기도를 올렸다. 1420년(세종 2) 6월에 왕은 청평부원군 이백강(李伯剛)을 개경사(開慶寺)에 보내 약사여래에게 기도하게 했다. 또 태종의 사위인 길창군(吉昌君) 권규(權跬)를 도교 사원인 소격전에 보내 북두칠성에 초제(醮祭)를 올리게 했다. 왕 자신도 저녁에 눈이 먼 승려 일곱 명을 불러 낙천정에서 삼십품도량(三十品道場)을 차리게 했다. 세종은 음식도 거부하고 침소에도 들지 않은 채 밤새 기도를 올렸다고 한다. 불교나 도교가 대표적인 '이단'이라는 사실은 위급한 상황에서는 중요하지 않았다.

또 세종은 송악산, 백악산, 감악산, 양주 성황 등 산신과 성황신에게도 기도를 올리게 했다. 상왕인 태종 또한 며느리인 공비(恭妃)에게 산신과 양주 성황신에게 기도하게 했다. 이 기도는 환관들에 의해 이루어졌다. 그래도 차도가 없자 대비 민씨는 무당을 시켜 별에게 제사를 지내게 했다.[33] 이처럼 산신과 성황신은 민간만이 아니라 왕실의 주요 인물에게도 중요한 제사 대상이었다. 이들의 작위를 빼앗고 신상을 없애는 것은 그야말로 '찝찝한' 일이었음을 쉽게 짐작할 수 있다.

그러나 세종 자신은 신상 파괴와 작호 박탈에 대한 강한 의지를 가졌던 것으로 보인다. 상왕 부부가 세상을 떠난 지 몇 해 지나지 않은 1424년(세종 6), 세종은 태종이 시작했으나 본격적으로 추진하지는 않은 오랜 숙제를 수행하기 시작한다.[34] 그는 먼저 여러 곳의 성황과 산신을 태왕, 태후, 태자, 태손, 비 등으로 부르는 것에 대해 문제를 제기했다. 신의 가족을 신상으로 모시고 제사를 지내는 것에 대한 금지 조치를 재확인한 것이다. 심지어 그는 인격화된 신들의 가족을 "요사한 귀신"이라고 불렀다.

세종이 제기한 또 다른 문제는 산신당이 산 위에 있다는 사실이었다. 유교식 산천제에서는 단을 산 아래에 설치하는데, 민간의 사당은 산 위에 있으니 "산을 밟으며 그 신에게 제사를 지내는" 셈이라는 것이다. 이런 불경은 제사의 주체와도 관련되어 있었다. 산천에 대한 제사는 국왕만이 할 수 있는 것인데, 서인(庶人)들도 아무나 제사를 지내는 것은 부적절하다는 것이다. 세종은 이런 불경한 제사가 모두 "옛날과는 다르다"라고 주장하고 있으나 근거가 없는 말이다. 한국 종교사에서 세종이 이상적으로 제시하고 있는 바와 같은 유교식 제사가 완벽하게 이루어진 '옛날' 같은 것은 존재하지 않았기 때문이다. 전통은 새롭게 만들어져야 했다.

세종이 제시하는 새로운 전통이란 산 밑에만 단을 설치하고 제사를 국가가 독점하는 것이었다. 신과 그 가족들의 상은 존재할 필요가 없었다. 산의 신령에게 부여된 화려한 수식도 모두 없애고 나무로 된 신판 하나만을 두어야 했다. 이것은 이미 명의 예제와 태종 시대의 논의에서 주장된 것과 다를 바가 없었다. 그러나 그것을 실제로 실행하는 데에는 저항이 있었다. 세종의 명을 받고 옛 제도를 조사한 이직(李稷), 변계량(卞季良), 허조(許稠), 신상(申商) 등은 반대 의견을 분명히 했다. 산에 봉작을 하는 풍습은 최근에 갑자기 생긴 것이 아니라 당·송대에 시작된 것이었다. 또 산 위에 사당을 세워서 무당 등이 주도한 민간 제사를 지내고, 산 아래에서는 단을 설치해 국가 제사를 지내는 이른바 상하통제(上下通祭)의 전통 또한 오래되었다는 것이다.

분명 산의 위아래에서 서로 다른 제사를 지내는 상하통제는 그 연원이 깊은 것으로 보인다. 앞서 살펴보았듯이, 서긍의 『고려도경』에 묘사된 개성 숭산신에 대한 제사에서도 백성들이 옷과 말을 바치며 기원을 하는 산 위의 사당과, 국가에서 관원을 보내 제사를 지내는 산 중턱의 단이 분리되어 있었다. 아마도 세종은 예전에는 올바른 방식의 유교적 산천 제사만이 이루어졌는데, 모종의 타락을 통해 상하 통제와 같은 기형적인 제사가 이루어지고 있다고 짐작했던 것으로 보인다. 그런데 신하들은 그런 황금시대는 없었다고 말하고 있는 것이다.[35]

이직, 변계량 등은 또 한 가지 흥미로운 주장을 한다. 왕은 신의 가족을 상으로 모시는 것을 보고 "요사한 신"이라고 불렀지만, 그들은 "귀신에게 짝이 있는지 없는지는 알기 어렵다"라며 예전 형식을 유지해야 한다고 했다. 이 시기 유학자 관료들은 신의 인격성과 구체성을 제거하고 추상적인 대상으로만 인식해야 한다는 성상파괴적 사상에 그다지 동의하지 않았던 것이다.

표준화된 신들

세종의 의지가 정책에 반영되기 시작한 것은 1430년(세종 12)에 이르러서였다. 이해에 국왕은 예조에 '각도산천단묘순심별감(各道山川壇廟巡審別監)'이라는 위원회를 설치하여 각 지역의 산천신과 성황신 사당을 조사하고 그 개혁안을 제출하게 한다. 이 보고서는 조사된 각 지역 신들의 신상과 위패 현황과 그에 대한 순심별감의 조치 건의, 그리고 이를 종합한 예조의 의견으로 구성되어 있다. 우리가 조선 전기 지역 신이 어떤 방식으로 숭배되었는지 살펴보기에 최적의 자료인 셈이다.

먼저 전주의 성황신은 위판에 '전주부성황지신(全州府城隍之神)'이라고 되어 있고 그 뒤로 다섯 신상이 있었다.[36] 영흥의 성황신은 위판에 '성황계국백지신(城隍啓國伯之神)'이라고 되어 있고 나무로 된 남녀 신상이 여섯 개 있었다. 함흥의 성황은 '함흥성황호국백신(咸興城隍護國伯神)'이었다. 수많은 산신, 성황 가운데 이들 세 지역이 가장 먼저 언급된 것은 이들이 조선 왕가와 관련이 깊었기 때문일 것이다. 전주는 왕가의 본관이었고 영흥과 함흥은 이성계가 태어나서 주로 활동했던 지역이다. 그런데 이들 신상을 모두 철거하고 유교식 제사로 대체하기로 결정되었다.

이 조치는 즉각 이루어지지는 않았던 모양이다. 전주의 지방지인 『완산지(完山誌)』에 따르면 전주 성황의 신상이 완전히 없어지고 위패로 대체된 것은 성황당이 다른 곳으로 이전된 1518년의 일이었다.[37] 아마 다른 지역에서도 신상은 상당 기간 유지되었을 것이다.

산신의 경우에는 위판이 아예 없는 경우도 많았다. 고려시대부터 중요시된 감악산신(紺岳山神)은 주신 부부, 아들신 부부 등 6위의 신상이 흙으로 빚어져 있었다. 강원도 회양(淮陽)의 진산(鎭山)인 의관령(義館嶺)의 신은 나무로 만든 여신이었다. 개성 송악산 성황에도 위판이 없이 흙으로 빚은 신상 4위만이 있었다. 흥미롭게도 예조에서는 신상을 없애야 한다는 순심별감의 건의에도 불구하고 이들 신상에 대해서는 철거하지 않기로 결정했다. 임강(臨江)의 용호산(龍虎山)에도 승려의 모습을 한 신상이 있었지만, 위패를 설치했을 뿐 신상은 철거되지 않았다. 그 이유는 명확하게 드러나지 않지만, 이들 신상과 신당은 그대로 유지된 채 국가 제사를 위한 공간이 따로 마련되었다. 앞서 이야기한 상하통제가 공식화된 것이다.

반면 개성의 대황당(大皇堂)과 국사당(國師堂)은 신상만이 아니라 당 자체를 철거하게 되었다. 이들은 성황이나 산신의 범주에 들어가지 않는 신들이었기 때문으로 보인다. 대황당에는 위판 없이 흙으로 만든 소상(塑像) 4위가 있었고, 국사당에는 법사존자(法師尊者)라는 신을 모시고 있었다고 한다. 이들 사당에는 각각 네 명의 당지기가 있었는데 사당이 없어지면서 이들도 모두 군역을 지게 되었다.

한편 개성의 대정신(大井神)도 위판이 없이 네 개의 신상이 세워져 있었는데, 이들 신상은 철거하지 않기로 결정되었다. 대황당이나 국사당의 예를 생각해보면 기준이 모호하다. 대정은 고려 태조의 할아버지 작제건(作帝建)이 용왕의 딸과 결혼한 후 은그릇으로 땅을 파서 만든 우물이라고 전해진다. 우물물이 붉게 흐려지면 전쟁이 일어난다는 전승도 있었다.[38] 왕조의 시조와 관련된 곳이니만큼 고려 왕조에서는 정기적인 제사를 지냈으며, 조선 왕조에서도 무당을 동원하여 이 신에게 기우제나 별기은(別祈恩) 등을 올리곤 했다. 이 시기의 성상파괴는 일부 '영험한' 신들에 대해서는 그다지 철저하게 이루어지지 않았다.

신상만이 아니라 제사를 지내는 방식이 문제가 된 사례도 있다. 이를테면 전국적으로 널리 퍼져 있는 국사(國師) 신앙에서는 고기 제물 대신 두부를 쓰고 있었다. 불교 계통의 신에게 고기 제물을 올리지 않는 것은 오늘날의 무속에서도 종종 나타나는 규칙이다. 그런데 이때 국가에서는 두부 제물을 쓰며 국사신을 섬기는 황해도 장연(長淵)의 장산곶(長山串), 서흥(瑞興)의 나장산(羅帳山) 등의 제사에서도 고기 제물을 쓰게 했다. 유교식 의례 체계에서 신의 채식주의는 인정되지 않았다.

이런 조치는 신의 개별적 인격성을 가능한 한 배제하고 제사 방식을 표준화하는 데 목적이 있었다. 이전까지 각 지역의 신당에서는 은, 나무, 도자기 등으로 만들어진 다양한 제기를 사용하고 있었는데, 이 또한 중앙에서 내려보내는 규격에 따라 통일되었다. 안주(安州) 청천강(淸川江)의 신은 지전(紙錢)을 사용해 제사를 했는데 이 또한 폐지되었다.

신상에서 신주로

신상이 철거되거나 제사의 중심에서 벗어난 대신 그 자리를 대신한 것은 신위판이었다. 이전까지는 위패를 사용하지 않는 사당도 많이 있었고, 있다고 해도 규격이 제각각이었다. 소나무, 밤나무, 각종 잡목 등 재질도 통일되어 있지 않았고, 길이·너비·두께 등도 정해져 있지 않았다. 붉거나 검은 칠을 해서 화려하게 꾸미기도 했다. 의주에 있는 압록강신의 당과 같이 종이 지방을 쓰는 경우도 있었다. 모든 위패 형태를 통일하고 그것을 보관하기 위한 위판실을 설치하는 것이 이 개혁의 핵심이었다.

새로운 위판의 규격은 여러 문헌을 참고하여 정해졌다. 재질은 밤나무로 하고, 흰 바탕에 검은 글씨였다. 글씨를 쓰고 난 위패는 광칠(光漆)을 해서 반들거리게 만들었다. 위패에 기재된 신의 이름 표기 또한 『홍무예제』의 규정에 따라 통일되었다. 신의 이름에 붙어 있던

'호국(護國)', '대왕(大王)' 등의 칭호나 공, 후, 백 등의 작호도 이때에 이르러 완전히 삭제되었다. 이를테면 단군과 기자에게 붙어 있던 '조선후(朝鮮侯)'라는 작호도 없어졌다.[39]

이 시기의 의례 개혁은 조선에서 신상 철거가 공식적, 실제적으로 이루어진 첫 번째 사례로서 주목할 필요가 있다. 그러나 이미 살펴본 바와 같이 그다지 철저하지 않았다. 신상이나 사당이 실제로 철폐된 것은 소수에 불과했다. 대개는 국가 의례를 행하는 공간을 신상이 놓여 있는 기존의 신당과 분리하는 방식이었다. 따라서 국가 사전에 실려서 공식적인 제사의 대상이 되지 않는 사당에 대해서는 아무런 조치도 취해지지 않았다. 일례로 세조 12년(1466)에는 제주의 복승리(卜承利)가 '천외당(川外堂)'에 노산군(단종) 화상을 걸어놓고 제사를 지냈다는 혐의로 조사를 받은 사건이 있었다. 이것은 고발자 강우문(姜遇文)의 무고로 밝혀졌는데, 이때 강우문은 증거를 없애기 위해 천외당 신의 화상을 불태워버렸다. 왕은 당을 복구하고 예전 그대로 제사할 것을 명했다.[40]

천외당이란 제주도 용담동에 1882년까지 존재했던 '내왓당'을 말한다. 현재 이 당은 남아 있지 않지만, 총 열두 개의 신위가 모셔져 있었다고 하며 신들을 그린 무신도(巫神圖) 10폭이 전해지고 있다.[41] 이런 지역적인 사당은 현지인에게는 중요한 의미를 지닌 종교적 장소였지만, 중앙정부의 관심사에서는 멀었다. 사건이 없었더라면 공식적인 기록에 남기도 어려웠을 것이다. 따라서 이들은 의례 개혁의 대상에서 벗어나 있었다.

반면 국가의 사전 체계에 포함되어 있는 신들은 비교적 엄밀하게 관리되고 있었다. 1484년(성종 15)에 목멱산사(木覓山祠)를 관리하던 차을중(車乙仲)이 나무로 신상을 만들어 사당에 둔 혐의로 의금부의 추국을 받았다. 신상 하나는 장군 형상이었고, 다른 하나는 승려 형상이었는데, 차을중은 감악산신이 이곳으로 옮겨왔다고 주장했다고 한다. 의금부에서는 "요언혹중(妖言惑衆)"의 죄로 사형에 처할 것을 건의했지만 정상참작이 되어 사형은 면할 수 있었다.[42]

　감악산과 목멱산은 모두 국가 제사의 대상이었으므로 여기에 새로운 신상을 설치하는 것은 중죄로 취급되었던 것이다. 국가의 사전 체계 정비나 성상파괴론과는 전면적으로 배치되는 이런 '프랜차이즈' 시도는 산악 의례를 둘러싼 다양한 요구 사이의 충돌을 보여준다. 산신에 대한 대중적인 수요는 그것이 얼마나 '올바른' 제사인가가 아니라, 얼마나 '영험한' 제사인가에 달려 있었다. 만약 이런 시도가 조기에 발각되어 처벌받지 않았다면, 산에 대한 국가의 의례 체계는 심각하게 교란되었을 것이다.

　문제는 국가에서 제사를 지내는 명산대천은 전국적으로 알려진 민간의 성스러운 장소이기도 했다는 점이다. 나주 금성산의 경우 국가의 제사 대상이기도 했지만 지역민들의 일상적인 의례 장소이기도 했다. 전라도 백성들은 추수 후에 금성산에 가서 제사를 하지 않으면 그해에 병에 걸린다고 믿었기에 남녀노소의 발길이 끊이지 않았다. 먼 길을 갈 때는 금성산 신당에 여행길의 안전을 비는 원장(願狀)을 바쳤다. 또 딸을 시집보내기 전에는 산신을 모신 신당에 먼저 시집을 보내는 풍습도 있었다. 국가에서는 이런 풍속에 대한 문제의식을 가지고 있었지만 완전히 금지하는 것은 역부족이었다. 이후 중종 대에도 금성산 의례의 '음란함'과 퇴미(退米) 징수가 문제시되었다.[43] 즉 국가의 통제 시도에도 불구하고 금성산의 '음사'는 사라지지 않았던 것이다.

유생들의 성상파괴운동

조선 중기에 이르러서는 마침내 국가의 사전 체계에 속하지 않는 사당의 제사에 대해서도 문제 제기가 나오기 시작한다. 1517년(중종 12), 정병(正兵) 최숙징(崔淑澄)이 나라의 여러 폐단에 대해서 상소를 올렸는데, 그중에는 종교적 풍속에 관한 것도 있었다. 그는 무당이 혹세무민하면서 성황과 여러 사당에 신위를 설치해 공양하는 것을 모두 헐어버려야 한다고 주장했다. 기존에 모시는 여러 신을 없애버리고 후직(后稷)의 신위로 통일해야 한다는 것이었다.[44]

양반 관료가 아닌 인물까지 민속적인 종교 행위에 대한 반감을 표현했다는 점에서 이 시대의 분위기를 읽을 수 있다. 이 시기 정계에 진출한 사림은 이전 시대의 지배층에 비해서 한층 더 근본주의적으로 유자(儒者) 정체성을 내세워 자신들을 차별화했다. 이들은 이단과 음사에 대한 국가의 미온적인 대책에 만족하지 못했다. 이들은 제도적 차원보다 훨씬 급진적이고 과격한 방식으로 민간의 신에 대한 공격을 시도했다.

가장 적극적인 행동에 나선 것은 개성의 유생들이었다. 앞서 조선 전기에 이루어진 몇 차례의 의례 개혁에도 불구하고 개성 지역의 사당들에는 한양에 비해 옛 고려시대의 종교 풍습이 훨씬 강하게 남아 있었다. 1566년(명종 21), 100여 명의 유생은 송악산의 유서 깊은 기도처인 성황당(城隍堂), 월정당(月井堂), 개성당(開城堂), 대국당(大國堂) 등을 불태워버렸다. 그들은 이에 그치지 않고 나라에서 세운 국사당(國祀堂)까지 공격해 지붕의 기와를 깨뜨렸다. 뿐만 아니라 최영 장군신을 모시는 덕적당(德積堂)을 내관이 조사하러 온다는 말을 듣고 다시 집회를 열었다. 개성 유수(留守)의 설득에도 불구하고 그들은 덕적당까지 불태웠다.

후대의 기록인 김육(金堉, 1580~1658)의 『잠곡필담(潛谷筆談)』에는 당시의 상황이 좀 더 자세히 기록되어 있다. 이 사건을 주도한 사람은 김이도(金履道)와 박성림(朴成林)이라는 두 유생이었다. 그들은 사람들이 병에 걸려도 약을 구하지 않고 무당을 찾아가 기도만을 일삼는 데에 분노했다. 송악(松岳), 대정(大井), 대곡(大谷), 덕물(德物) 등 일곱 곳의 신사(神祀) 앞은 왕족에서 백성에 이르는 사람들이 진수성찬을 지거나 싣고 가느라 북적였다.

"저것들을 태워버리지 않는다면 어떻게 밝은 세상에 우리 성현의 도를 밝힐 수 있겠으며, 긴긴밤에 요사한 기운을 없앨 수 있겠는가?" 분개한 두 사람은 생도 200명(공식 기록에 나온 규모의 두 배다)을 이끌고 송악에 올라가 신당을 불태웠다. 그리고 대왕(大王)과 대부인(大夫人)이라는 두 나무 신상을 끌어내어 깨부수고는 천길 낭떠러지 아래로 밀어 떨어뜨렸다. 그런 방식으로 일곱 개의 사당을 모두 불태웠다고 한다.

이 보고를 들은 왕은 분노했다. 그러나 무당이 섬기는 신상을 부쉈다는 것 때문에 그들을 처벌할 수는 없었다. 왕이 문제 삼은 것은 이 파괴 행위가 일어난 곳 일대가 왕조의 선왕(先王)과 선후(先后)가 잠든 곳이라는 부분이었다. 개성에는 태조의 정비(正妃)로 왕조의 직계 조상인 신의왕후 한씨의 제릉(齊陵)과 태조의 어진을 모신 목청전(穆淸殿)이 있었다. 이 시기에 이곳은 이미 옛 왕조의 수도로서가 아니라, 왕조가 발흥한 성지 가운데 하나로 여겨지고 있었던 것이다. 그런 곳에서 유생들이 대비전(大妃殿)의 명을 받은 지방관의 권고를 무시하고 "예부터 내려오던 영산의 기도처를 모두 소각"했던 것이다. 왕은 이들의 불경함을 문제 삼아 모두 처벌할 것을 명했다.

이 시기에 특별히 개성에서의 음사가 문제가 된 것은 궁중에서 활발하게 기도를 행했기 때문이다. 1563년에 유일한 왕자였던 순회세자가 13세의 나이로 요절하자 왕가의 혈통이 끊길 위기에 처했다. 왕의 모후인 문정왕후는 예부터 내려오는 영험한 기도처가 집중되어 있는 개성의 신당들에 보물을 보내 왕자의 탄생을 빌었다. 사당에 있는 토상(土像)이나 목상(木像)에 왕의 관을 씌우고 옷을 입혀서 기도를 하기도 했다.

『명종실록』의 사관은 왕실의 이런 행태 때문에 사대부와 일반 백성들까지도 이를 본받아 가산을 탕진하고 있다고 비판한다. 이에 따르면 개성만이 아니라 서울 사람들까지 송악산에 가서 복을 빌었다고 한다. 특히 사림의 주적이었던 척신(戚臣)들이 주된 비판 대상이 되었다. 대표적으로 문정왕후의 남동생인 세도가 윤원형(尹元衡)은 송악산에 흙으로 만든 수백 구의 신상에 무늬 있는 비단옷을 입히고 기도를 올렸다고 한다. 그는 이 사당을 사적으로 운영하면서 신자들이 바친 재물을 차지해 막대한 이익을 올렸다. 그는 자신의 집 뒤에도 집한 채를 지어 웅장한 신상 세 개를 설치해놓고 아침마다 향불을 피우고 절을 했다.[45]

심지어 윤원형은 문정왕후 사후에 자신을 사형에 처하라는 삼사(三司)의 탄핵이 빗발치자, 송악산에 성대한 제물을 가지고 가서 신의 힘을 빌려 정적들을 살해하려 했다고도 한다. 이런 고발이 어디까지 사실인지는 분명하지 않으나, 신상을 만들어 기도하는 일을 사악한 권력자의 술책으로 여기는 인식이 있었음은 분명하다. 즉 그는 "예를 무너뜨리고 풍속을 어지럽혀 우리 동방 200년 문명의 다스림을 폐지시키고 오랑캐의 교(敎)로 만들어버린" 죄악을 저질렀다는 것이다.[46]

이때 개성의 유생들이 벌인 대대적인 성상파괴운동에는 다분히 정치적인 배경이 있었다. 사실 문정왕후와 윤원형은 이미 지난해인 1565년에 죽었기 때문에 당시 송악의 음사와는 직접적인 관련이 없었다. 권력자인 윤씨 일가 때문에 "동방 200년 문명"이 폐지되었다는 것도 과장이다. 송악산의 신들을 숭배한 것은 이들이 처음이 아니었다. 그들은 과거부터 전해 내려오는 영험한 기도처를 찾았을 뿐이다. 그러나 승리자인 사림은 바로 윤씨 일가 때문에 백성들이 신을 섬기지 않으면 저주를 받을까 봐 두려워하고 있었다고 주장했다. 그리고 유생들이 신상을 불태웠으므로 백성들 또한 걱정 없이 생업에 종사할 수 있게 되었다며 기뻐했다는 것이다.

그러나 국왕은 이런 명분에 동의하지 않았다. 그는 성상파괴에 참여한 유생들을 "광견(狂猖)한 무리"라고 부르며, "음사는 저절로 없어질 것"인데 어떻게 예전부터 전해 내려오는 성소들을 파괴할 수 있느냐고 반박했다. 심지어 자신이 명을 내린 이후에도 파괴 행위를 멈추지 않았다는 것에 분노했다. 왕에게 있어 이 행위는 국가를 경멸하는 것이나 다름없었다.[47]

왕의 분노가 가라앉지 않자 홍문관 부제학 윤의중(尹毅中)이 나섰다. 먼저 그는 산꼭대기나 물가에 사당을 지어놓고, 흙과 나무로 신상을 만들며, 사람들이 몰려들어 재물을 바치며 귀신을 섬기는 세태를 비판한다. 이것은 왕이 교화해야 하고, 유자들도 배격해야 마땅한 풍습이라는 것이다. 이어서 그는 유생들의 행동이 과격하긴 했지만 사악한 것을 배척하려는 충심에서 나온 것이라며 국왕의 선처를 요청했다.

그는 두 가지 역사적 사례를 들어 유생들의 행동을 옹호했다. 첫 번째는 성종 때 한 미치광이가 나인이 지은 신의 사당을 때려 부순 일이다. 이 사건에 대해서는 기록이 분명하지 않으나 당시 조정에서는 그를 벌하기는커녕 오히려 칭찬했다고 한다. 다른 하나는 당(唐)의 적인걸(狄仁傑)이 오(吳), 초(楚) 지역의 신당 1700개를 헐어버린 사건이다.[48] 이 역시 음사를 타파한 모범으로 평가받는 사건이다.

유생들을 처벌하면서 왕이 내세운 명분은 선왕과 선후의 능이 있는 개성에서 이런 파괴 행위가 일어났다는 사실이다. 여기에 대해서도 윤의중은 그런 성스러운 땅에 음사가 세워져 있는 것이야말로 불경이라고 주장했다. 또 유생들이 명을 어긴 일도 오해에서 비롯한 것이니 용서해주자고 청했다. 그리고 유생들이 다른 비공식적인 신당은 모두 불태웠지만, 국가의 공식적인 의례가 이루어지는 사당은 남겨둔 것 또한 참작의 여지가 있다고 건의했다.[49]

그럼에도 불구하고 왕은 입장을 바꾸지 않았다. 송악산의 신당과 신상들 역시 수리되었다. 그러나 각계에서 반대 상소가 올라오면서 결국 유생들은 처벌을 면했다. 주모자들이 서울에 도착하자 각 관청에서는 "이번에 여러 군자가 기풍을 바로잡아주었다"라고 치하하며 음식을 차려 대접하기까지 했다.[50]

이렇게 조선의 성상파괴주의자들은 기념할 만한 승리를 거두었다. 그러나 그것은 지난한 과정의 결과였다. 신상이 없는 추상적인 의례 공간이라는 이상은 명의 예제를 통해 동아시아의 표준적인 모델로 제시되었다. 적어도 국가 의례가 이루어지는 공간에서는 조선 전기에 이미 제도적 개혁이 이루어졌다. 그러나 그것이 신상 일반을 거부하는 종교적 심성으로 이어지기까지는 조선 건국 후 200년이라는 시간이 필요했다.

승려가 파괴한 성모상

16세기의 승려 천연(天然)은 지리산 천왕봉의 신당을 불태워버리고 그 안에 있던 성모상(聖母像)을 파괴했다. 이것은 승려에 의한 성상파괴 중에서도 가장 유명한 사건이다. 천연의 생몰년이나 속명(俗名), 정확한 사건의 시점 등은 확인하기 어렵지만, 그는 기대승(奇大升), 허균의 형 허성(許筬), 양사언(楊士彦), 박순(朴淳) 등과 교분이 있었으며, 이황(李滉), 조식(曹植) 등과도 동시대 인물이었다. 이 시대는 앞서 언급한 1566년 유생들에 의한 송악산 신당 파괴, 그리고 뒤에서 다룰

1574년 공자상 철폐 등이 일어난, 성상파괴의 열기가 가장 고조되던 시기이기도 하다.

천연이 파괴한 지리산의 성모는 어떤 신상이었는가? 지리산은 신라 국가 제사의 대상이었던 오악(五岳) 중 남악(南岳)으로 고대부터 신령한 산으로 여겨졌다. 이 신은 성모(聖母), 천왕(天王) 등으로 불렸으며, 고려 때에도 도선(道詵)에게 송악의 명당을 계시해주었다고 해서 중요시되었다. 1187년(고려 명종 17)에는 이 신상의 머리가 잘려 사라진 사실이 기록되어 있다. 왕은 중사(中使)를 보내 수색하게 했고, 수개월이 지나서야 되찾았다고 한다. 국왕이 나서서 사라진 신상의 머리를 찾을 것을 명한 데에서도 당시에 성모상이 얼마나 중시되었는지를 알 수 있다. 고려 말에는 황산전투에서 이성계에게 패배한 왜구가 지리산으로 숨어들었다가 성모상의 이마를 칼로 쳤다는 전설도 있다. 15세기에 지리산에 간 김종직(金宗直)은 분으로 화장을 한 석상의 이마에 금이 가 있는 것을 봤다고 한다.[51]

성모상은 천연이 철거한 이후에도 몇 번이나 다시 만들어지고 분실되고 복원되는 일을 반복했던 것으로 보인다. 17세기 이후 문인들의 글에도 성모상에 대한 언급이 꾸준하게 등장하기 때문이다.[52] 오늘날 성모상은 지리산 천왕사에 모셔져 있다. 전해지는 말에 따르면, 이 상은 원래 천왕봉에 있었는데 식민지 시대에 내원사(內院寺) 주지가 자기 토굴로 가져다놓았다고 한다. 현재 이 여신상은 머리와 몸이 분리되어 있는데, 운반 과정에서 떨어뜨려 부서졌다고 한다.

이후 지리산 일대에 심한 가뭄이 들자, 주민들 사이에는 성모상이 사라졌기 때문이라는 소문이 돌았다. 결국 관청에서 수색한 끝에 성모상은 제자리로 돌아오게 되었다. 성모상은 1973년에도 사라졌다가 1987년에 천왕사 주지가 꿈에 계시를 받고 찾아내어 오늘날의 위치에 놓았다고 한다.[53] 숱한 수난을 겪은 성모상은 두 번이나 승려에 의해 파괴되었으나 결국은 절에서 불공을 받고 있다.

천연이 유자들과 친분이 있었던 것은 그 자신도 양반의 후예였기 때문인 것으로 보인다. 기대승은 자신의 시에서 그의 출신에 대해 다음과 같이 말하고 있다.

> 잠영을 계승한 계통이요/ 궁마를 일삼은 벌족이었는데/ 참소에 몸이 빠져들어/ 박부의 죄를 씻지 못했소/ 머리를 깎고 산림에 몸을 맡겨/ 마음만 부질없이 괴로워했소/ 펴치 못한 마음으로 떠돌다 보니 / 세월은 흘러 흘러 순간이었소.[54]

이 시에 따르면 그는 무반 출신의 양반가 자손이었으나 정치적인 문제로 집안이 몰락하여 승려가 된 것으로 보인다. 기대승은 그와 만난 과정에 대해 다음과 같이 쓰고 있다.

> 내가 두류산으로 가다가/ 중로에서 이상한 말을 들었노라/ 높은 꼭대기에 신묘가 있는데/ 요망한 귀신 문기둥에 의지하고서 산다나/ 화복을 마음 내키는 대로 하니/ 속인들이 다투어 아첨을 하고/ 분분한 무당들이/ 간특을 꾀해 재앙을 저질렀건만/ 몇백 년을 지나도록/ 두려워서 감히 철폐하지 못했다는데/ 무너뜨린 승려 어디서 왔는지/ 한 번에 쓸어버리자/ 돌의 잔해 흩어진 채/ 음침한 귀신 영원히 끊어졌다네/ 그

이야기 듣고 존경스러워/ 보고픈 마음 간절했다오/ 칠불암을 찾아서 지팡이로 오르니/ 선당에 당도하자 해는 저물어/ 늠연한 어떤 사람 만나고 보니/ 그인 줄을 알고는 반가워했네.[55]

천연에 따르면 성모상은 무당에 의해 관리되고 있었고, 나중에는 가섭(迦葉)의 상도 세워서 함께 모셨다고 한다. 그러자 연주창 환자와 장애인들이 와서 정성을 바쳤다. 천연은 의분에 차서 성모상을 부수려 했지만 신자들의 저항에 부딪혀 뜻을 이루지 못했다. 음식을 넘기지 못할 정도로 분해하던 천연은 인적이 없는 때를 틈타 성모상을 철거하러 갔다. 천연 자신의 증언에 따르면 '괴이한 요괴[怪魅]'가 방해를 했지만 천연이 "똑바로 쏘아보고 용맹을 떨치니 연기처럼 소멸되었다."

천연이 어떤 방식으로 성모상을 파괴했는지는 분명하지 않다. 천연 자신이 기대승에게 말한 바에 따르면 "부수어서 구덩이 속에 처넣었다"라고만 되어 있다. 그러나 이 이야기는 전승 과정에서 천연이 "주먹으로" 성모상을 부수었다고 알려지게 되었다. 그 기적적인 성상파괴에 "기세가 꺾인 무당들은 다시는 백성들을 속이지 못했다."[56]

유교에 의해 이단으로 지목되어 있던 불교 승려가 성상파괴의 주체가 되어 유자들의 찬양을 받았다는 사실이 놀랍다. 그러나 불교와 불상은 성상파괴의 대상이기도 했다. 다음 장에서는 조선시대에 전개되었던 불상에 대한 논의를 살펴보겠다.

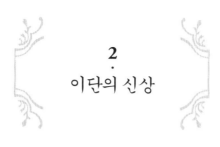

2.
이단의 신상

왕가의 불교 신앙

명종 대 유생들의 성상파괴에 대한 태도에서 볼 수 있듯이, 일반적으로 왕실은 유자들보다 성상파괴에 미온적이었다. 분명 조선은 유교 국가를 지향했지만, 왕실의 종교문화는 이전 시대의 감각을 유지하고 있었다. 적어도 규범적인 차원에서 조선의 지배계층은 유교적인 종교 질서를 옹호했다. 그들에게 불교나 도교, 무속 등은 당장은 없애지 못하더라도 언젠가는 사라져야 할 문화였다.

그러나 불교는 고대부터 왕가를 수호하는 종교로서의 역할을 해왔다. 왕은 개인적인 신념에 따라 자신도 유자임을 자임하기도 했지만, 때로는 불교에 대한 옹호를 숨기지 않았다. 산신과 성황을 모신 신당의 신상을 제거하는 것에 대한 명종의 반감은 이런 문화적 배경과도 관련되어 있었다.

왕실 불교의 핵심은 왕가와 능묘(陵墓)를 수호하고 왕실 조상의 명복을 비는 사찰, 즉 원당(願堂)이었다. 조선 왕가의 재산을 관리하는 내수사에서는 직접 불상을 제작하여 원찰에 두기도 했다. 일례로 1400년(정종 2)에는 석가와 오백나한상을 만들어 개성 화장사(華藏寺)에 설치했다.[57]

화장사는 인도 출신의 고승 지공(指空)이 머물렀던 절이다. 여기에는 태조의 명으로 세워진 지공의 부도(浮屠)가 있었고, 이색(李穡, 1328~1396)이 명문을 쓴 부도비도 있었다. 정종이 이곳에 불상을 세운 것은 이곳을 자신의 원당으로 삼기 위해서였다. 그는 화장사로 잠행을 해 새로 만들어진 석가삼존상과 오백나한상을 구경했고, 상왕이 된 이후에는 거리낌 없이 자신이 만들어 보낸 오백나한상에 나한재(羅漢齋)를 베풀기도 했다. 심지어 자신의 병이 낫지 않자 자기 도장[印寶]을 화장사에 시주하려 하다가 동생 태종의 만류로 그만두기도 했다.[58]

그러나 조선 전기의 공식적인 지향은 분명 불교 억제였다. 그 대표적인 상징인 불상 역시 파괴의 대상이었다. 1401년(태종 1)에 승려를 추방하고 불교의 오교(五敎), 양종(兩宗)을 철폐하자고 주장한 유관(柳觀)의 상소에는 이런 구절이 등장한다. "당나라 무종(武宗)이 중들의 머리를 기르게 하고, 절을 헐고, 종경(鍾磬)과 불상을 모두 녹이어 돈을 만드니, 수천 년 성도(聖道)의 해충(害蟲)이 하루아침에 다 없어졌는데, 아깝게도 대를 이은 임금이 갑자기 그 방침을 고친 것입니다."[59] 이것은 당의 폐불(廢佛)에 버금가는 급진적인 불교 탄압을 실현하자는 주장이었다.

불상에 절할 수 없다

문제는 의외의 곳에서 발생했다. 1406년(태종 6) 조선에 대한 '갑질'로 악명 높은 사신 황엄(黃儼)이 영락제(永樂帝)의 칙서를 가지고 왔다. 그 내용은 황제가 선황 부부를 추모하는 제전(祭典)을 열려고 하니 탐라(제주도)의 구리 불상을 몇 개 갖다 달라는 것이었다. 뜬금없는 요청이었다. 일부러 사신을 보내서 불상을 달라고 하는 것도 이례적이지만 왜 하필 제주도에 있는 불상이어야 하는가.

　사신을 맞이하는 술자리에서 황엄이 취해서 먼저 들어가자, 동행한 한첩목아(韓帖木兒)가 불상에 대한 얘기를 꺼냈다. 제주도 법화사(法華寺)에 있는 아미타삼존상은 원이 만든 것이니 자신들이 가져가야 한다는 것이었다. 왕은 웃으며 답했다. "당연히 그래야지. 그런데 부처 귀에 물이 들어갈까 걱정이로군." 일동은 화기애애하게 웃었다. 그러나 한편으로 조정에서는 명 황제가 불상을 핑계로 황엄을 제주도로 보내서 염탐하려는 것이 아닌가 의심했다. 그래서 신하들을 먼저 제주로 보내 법화사의 아미타삼존 동불상을 먼저 나주로 가져오게 했다. 그러면 중국 사신들이 제주로 들어가는 것을 막을 수 있으리라는 계산이었다.

　황엄이 전라도로 떠나는 날, 왕은 황희에게 명해 배웅하게 했다. 그러나 황엄은 왕이 직접 전송하러 나오지 않았다고 불만을 표시하며 새벽녘에 말을 타고 출발해버렸다. 황엄은 그다지 서두르지는 않았다. 4월에 떠난 일행은 7월이 되어서야 한양으로 돌아왔다. 그동안에도 몇 가지 사건이 있었다. 한번은 황엄이 남원 승련사(勝蓮寺)에서 놀다가 말에서 떨어져 팔을 다쳤다. 전라도 진원현(珍原縣: 현재의 장성군)을 지날 때는 사람들이 성스럽게 여기는 '백지수(百枝樹)'라는 큰 나무에 몰래 구리 못을 박았다. 사람들은 황엄이 무슨 주술[壓勝之術]을 쓰는 게 아닌가 하고 수군거렸다.

마침내 황엄이 나주에 도착했지만, 날씨가 좋지 않아 제주도에서 불상을 싣고 출발한 배가 아직 도착하지 않은 상태였다. 황엄은 나주에서 40일을 기다리면서 전라도 관찰사를 닦달해 불상을 운반할 화려한 자재를 만들게 했다. 상자 열다섯 개에 불상, 화광(火光), 연대(蓮臺), 좌구(坐具)를 나누어 담고 모란, 작약, 황규(黃葵) 같은 꽃을 심게 했다. 또 따로 잡꽃을 담을 상자 10여 개를 만들게 했다. 판자, 철, 삼베, 종이, 면화 등 막대한 양의 물자가 소요되었다. 운반하는 짐꾼도 수천 명이 필요했다. 주로 승려들이 동원되었다. 불상을 운반하면서 황엄의 횡포는 더욱 심해졌다. 가는 곳마다 물자를 요구하고, 관청이 작다고 하면서 옆에 새 청사를 짓게 했다. 요구를 들어주지 않으면 수령을 매질하기도 했다.

그러는 사이 조정에서는 불상을 가지고 돌아오는 황엄 일행을 맞이하는 의전 문제로 골머리를 앓고 있었다. 사신이 현지의 불상을 가지고 돌아오는 전례가 있을 리가 없었다. 어떻게 하면 괴팍한 사신의 심기를 건드리지 않으면서 국가의 위신도 지킬 수 있을 것인가?

예조판서 이문화(李文和)는 말했다. "얼마 전에 서역의 한 중이 명의 왕도에 이르렀는데, 황제가 생불(生佛)이라고 하여, 천관(千官)을 거느리고 관대를 하고 교외까지 마중하였습니다. 이로 보면 흠차관 등이 탐라의 동불을 받들고 서울로 들어오는 날, 전하도 또한 백관을 거느리고 조복(朝服)을 갖추고 교외까지 마중하여, 천자를 위해 존경하는 뜻을 보이는 것이 마땅합니다."

그러자 대언(代言) 윤사수(尹思修)가 반박했다. "전하께서 흠차관을 도성 문밖까지 마중하실 수는 있지만, 동불을 맞이하기 위해서라면 안 됩니다." 사실 태종은 이번 사건에 대해 불만이 많았다. 그는 "황제가 사신을 보내 칙서를 가지고 불상을 구하는 것은 부처에게 아부하는 짓"이라며 분통을 터뜨렸다. 그럼에도 불구하고 이문화는 "전하께서 이 부처를 높이는 체하며, 사람을 보내어 향을 피우게" 하자고 주장했다. 그러나 윤사수는 황엄은 이미 왕이 불교를 숭상하지 않는 것을 알고 있으니 치향(致香)하지 않아도 된다고 반론했다. 결국 태종은 판내시부사(判內侍府事) 이광(李匡)을 시켜 향을 보냈다.

왕이 향을 보내는 것은 국가 의례를 할 때 왕이 직접 참여하지 않고 관리들을 보내는 절차와 같았다. 즉 왕이 불상에 직접 절을 하는 장면을 연출하지 않으면서도 예를 갖출 수 있는 절충안이었다. 그러나 황엄은 여기에 만족하지 못했다. 그는 왕이 교외까지 마중 나오지 않은데 불쾌감을 표하며, 왕이 불상에 오배삼고두(五拜三叩頭), 즉 다섯 번 절하고 세 번 머리를 조아리는 예를 표할 것을 요구했다. 이것은 훗날 병자전쟁 때 인조가 숭덕제(홍타이지)에게 행했던 삼배구고두(三拜九叩頭)에 해당하는 명의 예법이었다. 조선 국왕에게 자신이 제주도에서 가져온 아미타상을 황제를 대하는 예로 맞이하라고 요구한 것이다.

당연히 태종은 분노했다. 왕은 황엄이 자신을 모욕했으니(이것은 사실이었다), 그가 불상을 운반하는 과정에서 사람을 때려죽인 일을(이 것은 다른 기록에서 확인되지 않는다) 천자에게 상주(上奏)할 것이라고 선언했다. 대언(代言)들이 나서서 말린 다음에야 왕은 겨우 화를 가라앉히고 불상에 절할 것인지를 논의하게 했다. 황엄에게는 일단 병이 있어서 왕이 직접 마중 나오지 못했다고 전했다. 황엄은 왕이 직접 오지 않는 것에 불만을 표하며 대신들의 예도 받지 않고, 연회도 거부했다.

　마침내 황엄이 한양에 도착한 지 이틀이 지나서 태종은 그가 머물고 있는 태평관으로 갔다. 황엄은 왕에게 먼저 불상 앞에 가서 예를 올리라고 요구했다. 태종은 말했다. "내가 온 것은 천자의 사신을 위한 것이지 동상을 위한 게 아니오. 그 불상이 중국에서 왔으면 내가 절해서 공경하는 뜻을 표해야겠지만 그런 것도 아니니 어찌 절할 필요가 있겠소?" 그러나 신하들은 황제가 불교를 믿어서 불상을 구하러 온 것이니 일단 "임기응변[權道]"으로 예불을 하라고 권했다. 태종은 대단히 서운해하며 말했다.

　"내가 정승들을 믿고 절하지 않으려고 했는데, 다들 '절해야 한다'고 하니 이게 무슨 일인가? 내 신하 중에 의(義)를 지키는 사람이 하나도 없는 걸 알겠다. 신하들이 황엄을 이렇게 두려워하는데 의를 지켜 왕이 어려울 때 구할 수 있겠는가? 전 왕조 때 충혜왕이 원에 잡혀 있을 때 온 나라의 신하 중에서 구하러 오는 사람이 하나도 없었다는데 아마 내가 위험해져도 그럴 것이다. 임금은 함부로 거동을 할 수 없는데, 내가 만약 불상에 절하면 예(禮)가 어떻게 되겠는가?"

결국 태종은 다음과 같은 메시지를 전했다. "제후국의 화복(禍福)은 천자의 손에 달린 것이지 구리 부처에 있는 것이 아니다. 천자의 사신을 먼저 보아야지 내 나라 불상에 절할 수 없다." 불상에 절할 것을 강요하는 것은 황제를 모욕하는 것이라는 논리였다. 왕이 이렇게까지 나오면 황엄도 어쩔 수 없었다. 그는 "한참 동안 하늘을 우러러보다가" 일단 왕을 만나기로 했다.

왕은 황엄과 함께 불상 앞에서 차를 마시며 다례를 했지만, 끝내 불상에는 절하지 않았다. 어색한 상황이었지만 태종은 이렇게 말하며 자리를 옮기는 데 성공했다. "여기서 술자리를 하고 싶은 마음이 간절하지만 불상이 있어서 함부로 할 수 없소. 궁으로 갑시다." 황엄은 어쩔 수 없이 그러자고 했지만 왕이 환궁한 후에 아무리 기다려도 오지 않았다. 결국 태종이 좋은 말을 선물해주자 그제야 마음을 풀고 창덕궁 광연루에 와서 연회에 참석했다.[60]

불교를 좋아한 양무제와 영락제

이 사건은 한편으로는 사대관계를 이용한 명 사신 황엄의 횡포를 보여주지만, 다른 한편으로는 명과 조선의 불교에 대한 인식 차이를 보여준다. 태종 이방원은 그 자신이 유자의 정체성을 가지고 있었던 인물로 불교에 대한 반감을 숨기지 않았다. 그가 불사를 열도록 명령한 것은 불교 신앙을 가지고 있던 태상왕(太上王) 이성계의 병 치유를 위한 법회를 열 때 정도였다. 그러나 비슷한 시기에 제위에 오른 영락제는 달랐다. 앞에서 언급된 '서역의 승려' 갈니마(葛尼摩)가 남경에 오자 황제는 그를 생불이라 부르며 영곡사에 머물게 했다. 황제는 그를 기념해 직접 찬불시를 짓기도 했다.[61]

조선의 왕이 "천자의 사신을 두고 불상에 절할 수 없다"며 버티고 있을 때, 정작 천자인 명 황제는 서역의 승려를 성심껏 모시고 있었던 것이다. 분명 조선의 강경한 불교 배척은 당시 동아시아의 기준에서도 유별난 것이었다. 이는 이후로도 몇 차례 크고 작은 외교 문제를 일으키는 원인이 되었다. 태종이 아들 세종에게 양위하고 '두 임금[兩上]' 체제의 통치가 이루어지고 있던 1419년(세종 1)의 일이다. 이때 조선 승려 30명이 명으로 도망가는 일이 있었다. 태종은 거처인 수강궁에 촛불을 켜놓고 세종과 핵심 신하들만을 모아놓고 이 사건에 대한 비밀 회의를 했다.

상왕 태종은 영락제가 부처를 신봉하는 것이 "양무제(梁武帝)보다 더 심하다"라고 평했다. 양무제는 아마도 동아시아 역사상 가장 유명한 호불(好佛) 군주 가운데 한 사람일 것이다. 한편으로 그는 불교를 공격하는 유자들의 단골 공격 대상이었다. 정도전의 이야기를 들어 보자.

양무제는 중대통(中大通) 원년(529) 9월에 동태사(同泰寺)에 나아가 사부(四部) 대중을 모아 무차대회(無遮大會)를 열고 어복(御服)을 벗고 법의(法衣)를 걸친 후 청정대사(淸淨大捨)를 행했다. 모든 신하가 돈 1억만을 가지고 삼보(三寶) 앞에 빌었고 황제는 몸을 굽혀 속죄하는데, 중들은 그대로 절을 받으면서 말 한마디 없었고, 임금은 궁궐로 돌아왔다. 무제가 천감(天監) 연간으로부터 석씨(釋氏)의 법을 써서 오래도록 재계하여 고기를 먹지 않고 하루에 한 끼니만 먹는 것도 나물국에 거친 밥뿐이요, 탑을 많이 쌓아 공사(公私) 간에 비용을 많이 소비했다.

이때 왕후(王侯)와 그의 자제들이 교만하고 음란하여 법을 지키지 않는 사람들이 많았으나 임금은 늙어서 정치에 권태를 느끼고 또 부처의 계율에만 오로지 정신을 써서, 매양 중죄(重罪)를 처단할 때는 종일토록 괴로워하였고, 혹은 반역을 꾀하는 일이 발각되어도 역시 울면서 용서해주었다. 이로 말미암아 왕후(王侯)들은 더욱 횡포(橫暴)하여 혹은 대낮에 도시의 거리에서 사람을 죽이기도 하고, 혹은 어두운 밤에 공공연히 약탈을 자행하기도 하며, 죄가 있어 망명하기 위해 공주의 집에 숨어 있으면 관리들이 감히 수사하여 잡지를 못하였으니, 임금은 그 폐단을 잘 알면서도 자애에 빠져 금하지 못했다.

중대동(中大同) 원년(546) 3월 경술(庚戌)에 임금이 동태사에 나아가 절집에 머물면서 『삼혜경(三慧經)』을 강(講)하기 시작하여 4월 병술(丙戌)에야 강을 끝마쳤다. 그런데 이날 밤에 동태사 탑이 화재를 당하자 임금이 말하기를,

"이것은 마귀 때문이니, 마땅히 불사를 크게 하리라."

하고, 이에 조서(詔書)를 내려 이르기를,

"도(道)가 높을수록 마귀가 성(盛)하고, 선(善)을 행함에는 장애가 생기나니, 마땅히 토목공사를 크게 하여 전날의 배로 증가시키리라."

하고, 드디어 12층 탑을 기공하여 완성되어갈 무렵에 후경(侯景)의 난(亂)을 만나 중지되었다.

대성(臺城)이 함락됨에 이르러서 임금을 동태사에 가두어두었는데, 임

금이 목이 말라 그 절 중에게 꿀물을 요구했으나 얻지 못하고 마침내 굶어 죽었다.[62]

양무제는 이처럼 깊이 불교를 믿으며 대규모 불사를 벌이는가 하면 스스로의 몸을 절에 바치기까지 했다. 그러나 그는 원하는 복을 얻지도 못했고, 정치는 엉망진창이었으며, 결국 비참한 최후를 맞이했다. 군주가 불교를 숭배하지 못하게 하는 데 이보다 좋은 예화가 어디 있겠는가.

조선은 정확히 반대의 길을 가고 있었다. 태종은 사원의 노비를 없애고 토지를 몰수했다. 그는 이 부분에 있어서 과거의 정적이었던 정도전의 제안을 가장 충실히 실현한 군주였다. 문제는 조선에서 희망을 잃은 승려들이 황제가 불교를 숭상한다는 이야기를 듣고 명으로 도망가고 있었다는 것이다. 조선이 두려워한 것은 승려들의 도망 자체보다 그들의 불만이 황제의 귀에 들어가는 일이었다.

이에 대해 태종이 제안한 해법은 기발한 것이었다. 그는 명의 사신이 왕래하는 평안도, 황해도 등의 승려와 노인들에게 영락제가 하사한 『명칭가곡(名稱歌曲)』, 『위선음즐(爲善陰騭)』과 같은 불교 신앙 서적을 읽고 외우게 했다. 그뿐만 아니라 사신들을 접대하는 기생들에게 황제가 불교를 믿어 복을 얻은 일을 찬양하는 시와 노래를 가르치게 했다. 또 한편으로는 평안도 승려들의 생계를 위한 땅을 내어주어 그들의 불만을 잠재우는 조치도 취하게 했다.

황엄 사건 당시 불상에 절하기를 끝까지 거부했던 것과 비교하면 상당히 유연한 태도다. 상왕 태종은 이렇게 변명했다. "이것은 과인

이 불씨의 화복설을 겁내서가 아니다. 또 우리가 불교를 배척한다고 해서 천자가 갑자기 우리나라를 치기야 하겠는가. 그러나 지금의 권도(權道)로는 이럴 수밖에 없다."

이처럼 황제의 불교 숭배에 대한 태종의 불안감은 상당한 것이었다. 우의정 이원(李原)은 이런 말로 상왕을 안심시켰다. "예전에 황제가 구리 불상을 구해갈 때 상왕께서 부처에게 절하지 않았으니 황엄이 이 일을 황제에게 아뢰었을 겁니다. 황제는 이미 우리나라에서 불도를 믿지 않는 걸 알았으니 도망간 승려들이 우리를 모함하더라도 곧이듣지 않을 것입니다. 무엇을 걱정하십니까." 그는 이렇게도 말했다. "황제가 정말로 불도를 믿는다면 살생을 하지 않을 텐데, 사냥하면서 짐승을 죽이기도 하고 형을 집행해서 사람을 죽이기도 합니다. 신은 그분이 불도를 숭상한다는 것을 믿지 않습니다. 우리는 스스로 정도(正道)를 지켜야 합니다."[63]

이렇게 태종이 불상에 절하는 것을 거부한 일은 조선이 불교를 믿지 않는 나라임을 선언한 사건으로 기억되고 있었다. 그것은 대단히 독특한 체제에 대한 구상이었다. 한반도, 중국, 베트남 등의 왕조들은 일반적으로 유교, 불교, 도교 등 삼교를 모두 공식종교의 범주에 포함하고 있었다. 개별 군주의 취향이나 정책에 따라 각 전통의 세력은 약해지기도 하고 강해지기도 했지만, 조선은 오직 유교만을 숭배하는 국가 체제를 건설하고 있었던 것이다.

태종이 불상에 반감을 보인 사례는 더 있다. 1409년(태종 9), 태종은 각 고을에서 사찰을 없애면서 압수한 불상을 관아에 보관하는 것을 문제 삼았다. 관청에 불상이 있다고 하면 백성들이 이상하게 여길 것이니 남아 있는 사찰로 옮겨놓으라고 지시했다.[64] 여기서 흥미로운 점은 지방 사찰까지 철폐하는 와중에도 불상만은 제거하지 않고 관아에 보관하고 있었다는 사실이다. 이는 우리가 앞 장에서 살펴본 산신과 성황신 상에 대한 국가의 태도와도 겹치는 것이다. 이단과 음사의 신상을 대놓고 숭배할 수도 없지만, 직접 파괴하는 것도 꺼림칙한 일이었다.

마르고 썩은 부처의 뼈

이런 소극적인 성상 반대는 세종 대에도 이어졌다. 1433년(세종 15)에 세종은 창덕궁 문소전의 불당을 없애도록 명령했다. 문소전은 원래 태조의 첫 번째 부인인 신의왕후 한씨의 신주를 모시기 위한 인소전에서 유래했다. 태조가 죽자 부부의 영정을 함께 보관하면서 문소전으로 이름을 바꾸었다. 관청에 불상을 두는 것도 꺼렸던 태종이었지만 부모의 혼전(魂殿)에 차려진 불당은 차마 없애지 못했다.

　태종과 태종 비 원경왕후 민씨를 위해서도 광효전(廣孝殿)이라는 혼전이 만들어졌다. 여기에는 불당이 마련되거나 하지는 않았지만 우제(虞祭), 소상제(小祥祭), 대상제(大祥祭) 등의 의례가 이루어졌다.[65] 왕실 선조들을 모시는 종묘가 따로 있긴 했지만, 혼전은 좀 더 개별적인 인격성을 가진 조상신을 섬기는 장소였다. 그래서 의례서에 규정된 제수만 올리는 종묘와 달리, 문소전이나 광효전 같은 혼전에는 죽은 자들이 평소에 먹던 고기반찬도 올릴 수 있었다.[66] 혼전은 불교적·민속적 조상 의례가 보존될 수 있는 공간이었다.

그러나 세종이 문소전의 불당을 없앤 것은 대단히 자연스럽게 이루어진 일이었다. 세종은 1432년(세종 14)에 문소전과 광효전을 통합해 경복궁 북쪽에 문소전을 새로 지었다. 그러니 그가 창덕궁 문소전의 불당을 없앤 것은 이미 태조 부부의 신위와 영정이 옮겨간 뒤였다. 불상은 왕실의 원당인 흥천사로 옮기게 했다. 세종은 이 불상을 위한 법회를 여는 것도 검토했지만 신하들의 반대로 포기했다.[67]

이것으로 조선의 궁궐 경내에서는 불상이 사라졌다. 여기에는 딱히 정해진 원칙이나 금기가 있었던 것은 아니다. 그러나 유자들은 이 상태를 가능한 한 유지하고 싶었던 모양이다. 1438년(세종 20)에 흥천사의 탑전(塔殿)인 사리각(舍利閣) 건물이 낡아 무너질 지경이 되었다. 세종은 태조의 명으로 세워진 전각이라는 이유로 이 건물의 수리를 명했다. 문제는 사리각에 봉안된 불상과 불골(佛骨)이었다. 문소전에 불당이 있던 시절에 금옥불상(金玉佛像)과 전국의 사찰에서 모은 상당한 양의 사리가 보관되어 있었는데, 이것을 옮겨놓은 곳이 바로 흥천사였다.

처치가 곤란하게 된 불상과 사리는 궁중의 의복을 관리하는 상의원에 보관되었다. 이 사실이 알려지자 사헌부에서는 사리를 "마르고 썩은 부처의 뼈"라고 부르며 그런 "흉하고 더러운 물건"을 왕의 옷과 함께 두어서는 안 된다고 상소했다. 사간원에서도 불골은 상서롭지 못한 물건이니 궁궐 안에 두어서는 안 된다고 아뢰었다.

이 문제에 대해 열흘 넘게 숙고하던 세종은 사간원의 재촉이 이어지자 자신은 부처의 사리를 숭신(崇信)하는 게 아니라고 강조했다. 그리고 사간원에서 사리를 두고 "흉하고 더러운 물건"이라고 했으니 홍천사 사리각에 두는 것도 그만두어야 하지 않겠느냐고 물었다. 사간원에서는 이렇게 대답했다. "저희는 전하께서 숭신하신다는 게 아닙니다. 또 부처의 뼈가 더럽다는 것도 아닙니다. 다만 부처의 뼈는 절집에 있어야 올바른 자리에 있는 것이라는 말입니다." 결국 불골사리와 불상 등은 홍천사로 돌아갔다.[68]

석가모니의 누런 얼굴

홍천사 사리각 수리는 불사가 상대적으로 적었던 세종 대에 가장 큰 행사였다. 마침내 사리각 중수가 완료되자 세종은 그를 기념하는 경찬회(慶讚會)를 열 것을 명한다. 이때 의정부에서 올린 글은 불사에 대한 당시 유자들의 관점을 잘 보여준다.

"석씨(釋氏)가 얼굴이 누런 것은 날 때부터의 본 빛으로 그러한 것이고, 금을 쓴 게 아닙니다. 우리 동방에서도 얼굴이 흰 사람, 붉은 사람, 검은 사람, 푸른 사람, 누런 사람이 있어서 모두 다른데, 하물며 천하의 사방 팔황(八荒)의 다른 나라와 먼 지역 사람들의 얼굴색이나 모양이 다 다른 것은 만물의 자연스러운 이치입니다. 석씨도 사람이므로, 그 얼굴이 누런 것은 우연히 그렇게 된 것으로 애초에 남들과 다른 게 아닙니다."

석가모니의 외모에 대해서는 경전에 여러 묘사가 있다. 그 가운데 가장 표준적으로 알려진 것이 이른바 '32상(三十二相)', '80종호(八十種

好)’ 등이다. 이것은 불교미술이 발달하는 과정에서 점차 복잡하게 발달한 이론이지만, 비교적 초기 경전에서부터 나타나는 것이 석가모니가 ‘금빛’ 피부를 가지고 있다는 것이었다. 바로 이것이 금으로 불상을 만들거나 도금을 하는 교리적 이유다. 유자들은 불상을 만드는 것 자체보다는 사치스럽게 금을 사용한다는 데 비판의 초점을 맞추고 있었다. 흥미로운 대목은 그들도 “석씨(석가모니)의 얼굴은 누렇다”는 것에 대해서는 문자 그대로의 의미로 받아들이고 있었다는 것이다.

석가모니의 얼굴은 그냥 누런 것이니 금을 쓸 필요가 없다는 데에서부터 시작된 글은 금으로 글자를 써서 경전을 베끼는 것, 절을 장식하는 것 등에 대한 비판으로 이어졌다. 만약 이것을 금지하지 않으면 “금이 앞으로 모두 중들에게 가버려서 남아나지 않을 것”이라는 주장이다. 그 대책은 엄격한 통제였다. 전국의 절에 있는 소상(塑像) 및 화상(畫像)의 수를 조사하고, 길이와 너비를 재어서 표를 붙이게 하며, 금이나 은으로 글씨를 쓴 경전도 마찬가지 방법으로 관리하자는 것이었다. 이렇게 한 후 앞으로 불상이나 경전, 절 건물을 만들 때 금이나 은을 사용하는 것을 엄격히 금지하면 불사에 금은이 사용되는 걸 막을 수 있을 터였다.

세종은 경찬회를 중지하자는 건의는 받아들이지 않았지만 승려들이 금은을 써서 불상이나 경전을 만드는 것, 진채(眞彩)를 써서 절에 단청을 하는 것 등은 금지하도록 했다.[69] 이 금령은 세종 사후에 두 가지 스캔들로 이어졌다. 그 주인공은 태종의 넷째 딸 정선공주의 남편인 의산위(宜山尉) 남휘(南暉)와 세종의 후계자인 문종이었다.

1452년(문종 2) 남휘는 승려들을 모아 불상을 만든 혐의로 사헌부에 의해 고발되었다. 사헌부에서는 남휘를 벌주고 불상에 도금된 금은도 벗겨내자고 건의했다. 그러나 왕은 남휘를 용서하고 불상도 다만들어졌으면 진관사(津寬寺)나 장의사(藏義寺) 같은 도성 인근 사찰에 두라고 명령했다. 결국 복장(腹藏)된 보석만 압수되고 불상은 흥천사로 옮겨졌다.

이에 대해 반대 상소가 빗발쳤다. 문제가 된 것은 나라에서 생산되지도 않는 금·은을 함부로 낭비한 점, 사사로이 불상을 만든 점, 도성 안에 승려들을 모은 점, 왕실의 일원으로서 불사를 일으켜 좋지 않은 모범을 보인 점 등이었다. 왕은 남휘의 나이가 많다는 점을 들어 처벌을 반대했지만 대부분의 신하들은 강력한 처벌을 요구했다.[70] 불상을 만들었다는 것만으로 이런 소동이 벌어졌다는 데서 당시의 분위기를 읽을 수 있다.

한편으로 남휘의 불상 제작에 대한 공격은 왕을 향한 간접적인 비판이기도 했다. 이보다 앞서 세종의 장례가 이루어지는 동안 문종은 부왕을 위해 불경을 출판하고, 절을 중수하고, 불상을 봉안하는 등 대규모 불사를 벌이려 했다. 대간과 유생들의 격렬한 반대가 잇따랐다. 그러나 새로운 왕을 포함한 왕실도 강경했다. 세종의 후궁들은 머리를 깎고 비구니가 되었으며, 궁에서는 부처를 수놓고 불상을 만들었다. 승려들은 내전에 들어와 이 모든 일을 감독했다.

신하들도 지지 않고 맞섰다. 세종이 말년에 불당을 짓고 열심히 부처를 공양했음에도 죽음을 막을 수 없었다는 것이 주된 논리였다. 문종은 부왕이 살아 있을 때 자신도 같은 말로 설득했다고 말했다. 세종은 이렇게 답했다고 한다. "불사를 해서 사람이 산다면 천하에 죽는 사람이 어디 있겠느냐?" 애초에 수명을 늘리거나 특별한 효험을 얻기 위해 하는 불사가 아니라는 말이었다.

이번에는 사간원에서 불경을 인쇄하고 불상을 만드는 데 막대한 비용이 든다는 점을 들어 중단할 것을 청했다. 문종은 이 모든 불사를 자기가 주도하는 것이 아니라 세종의 후궁들이 하는 일이니 차마 막을 수 없다고 답했다. 특히 불경 인쇄는 세종 자신이 생전에 아들 문종의 복을 빌며 시작한 일이라는 것을 왕 스스로도 나중에야 알게 되었다고 했다. 그러자 이번에는 세종이 직접 지시한 불경 인쇄는 어쩔 수 없는 일이라 하더라도 선왕의 후궁들이 진행하고 있는 불상 제작만은 중단하라는 상소가 올라왔다. 왕은 이번에도 받아들이지 않았다.

이후에도 모든 절차에 대해서 비판이 끊이지 않았다. 선왕의 혼을 모신 빈전에서 승려들을 공양하는 것, 궁궐 안에서 불상을 만드는 것 등이 특히 문제가 되었다. 그러자 이번에는 왕의 동생들인 수양대군 이유와 안평대군 이용이 나섰다. 이들은 불사 반대론자들을 강한 어조로 비판하는 글을 올렸다. 그들이 뒤에서 "불상, 불경, 사찰을 모두 불태워버리자"라며 불충한 언동을 일삼고 있다는 것이었다. 특히 강경한 입장을 보이는 황효원(黃孝源)에 대해서 수양대군과 안평대군은 "선군(先君)만 욕하고, 선군만 비난하고, 선군만 버릴 뿐만 아니라, 금상(今上)을 우롱하고, 금상을 얕잡아보고, 금상을 멸시하였으니, (…) 목 베어 죽일 만한 자"라고 썼다. 문종은 이 글이 "참 좋다"고 하며 신하들에게 읽게 했다.

유생 측도 지지 않았다. 성균관 유생들은 "흉하고 사특한" 불상을 늘어놓는 바람에 "왕궁이 절간이 되었다"며 이러다간 "몇 년 안에 온

나라 신하들이 중들의 제자가 될 것"이라며 목소리를 높였다. 세종의 장례가 마무리되고 불사가 끝나가는 동안에도 논란이 그치지 않았다. 신하들은 하다못해 아직 어린 세손(단종)만이라도 해로운 불경이나 불상을 보지 않게 하라고 요청했다.[71]

이 길고 살벌한 논쟁은 불교에 대한 왕실과 유자들의 태도 차이를 극명하게 보여준다. 세종과 문종은 공식적, 규범적으로는 유자를 자처하며 불교 배척을 표명했다. 그러나 왕실 문화는 여전히 불교에 깊이 젖어 있었다. 왕실의 불교 의례는 효(孝)라는 가치로 정당화되었다. 여기에 대해 유교 엘리트를 자처하는 신하들과 유생들은 단호히 반대했다.

물론 당시의 문화적 분위기를 생각하면 그들 자신도 개인적으로는 불교 신앙을 가지고 있었을 수 있고, 그 가족들은 불교 의례를 이어갔을 가능성이 높다. 그러나 국가의 공식적인 영역에서 불교를 추방하는 것은 사대부 지배층의 정체성 및 정당성과 관련된 문제였다. 그들은 진심으로 불교를 소멸시킬 생각은 하지 않았을 것이다. 그러나 유교 국가인 조선 왕조의 왕궁 안에 불상을 모시는 것은 용납할 수 없었다.

이적을 일으키는 불상

불교에 대한 호의를 숨기지 않았던 세조가 정권을 잡으면서 상황은 완전히 달라졌다. 이제는 아무 거리낌 없이 왕이 나서서 적극적으로 불상을 제작했다. 그는 경복궁의 생활공간인 함원전에서 불사를 벌이곤 했다. 1463년(세조 9)에는 왕실 재산으로 불상 4구를 만들어 함원전에서 점안(點眼)을 해서는 오늘날의 서울 종로구 신영동에 있던 장의사(壯義寺)에 안치했다. 함원전은 궁궐 안의 사찰, 즉 내불당 역할을 했던 것이다.[72]

게다가 왕권도 강했던 시절이다. 공신을 중심으로 한 신하들은 왕의 불교 숭배를 제어하기보다는 적극적으로 동조했다. 때에 맞추어 불보살의 현신(現身), 사리분신(舍利分身) 같은 이적이 잇따라 일어났다. 종교사의 일반 법칙에 따르면, 기적이란 기적을 믿는 자들 앞에 일어나는 법이다. 특히 이런 이적의 중심에는 왕실의 원로인 효령대군(孝寧大君) 이보(李補, 1396~1486)가 있었다.

1462년(세조 8)에 왕은 효령대군의 원찰인 상원사를 방문했다. 기록에 따르면 이때 관음보살이 모습을 드러내는 이적이 있었다고 한다. 정확히 어떤 사건이 일어났는지는 모르나, 신하들이 모두 축하하고 왕은 죄인을 사면했다. 이듬해 그 자리에는 불전(佛殿)이 들어섰다. 상원사는 그 전각에 놓을 불상을 국가에서 마련해달라고 요청했다. 남휘가 불상을 만들었다가 처벌을 받은 것이 불과 10년 전의 일이었다. 그러나 이번에는 예조에서 나서서 "불전은 있는데 불상이 없을 수는 없다"라며 불상 조성을 권했다.

세조는 답했다. "나는 삼계(三界)를 꿰뚫어보고 마땅히 무량공덕(無量功德)을 이루려 하는데, 어찌 절을 짓고 불상을 만드는 일을 즐기면서 작은 일에 신경을 쓰겠는가?" 불상을 만들라는 건지, 말라는 건지 아리송한 발언이다. 세조는 또 상원사는 국가에서 창건한 곳이 아니고 효령대군의 원찰인데, 예조에서 요청하는 것은 매우 잘못되었다면서 예조판서 박원형(朴元亨)을 벌하기로 했다. 그런데 그 벌이라는 게 벌주 한 잔을 마시게 하는 것이었다. 이제 불교와 불상을 배척하는 일은 한낱 농담거리가 되었다.[73]

1464년(세조 10)에도 효령대군이 회암사(檜嚴寺)에서 『원각경(圓覺經)』 법회를 베풀고 있는데 여래가 나타나고 감로(甘露)가 내리는 이적이 일어났다. 그뿐만 아니라 누런 가사를 입은 신승(神僧) 세 명이 탑을 둘러쌌다(이런 환상은 효령대군의 눈에만 보였다고 한다). 탑에서 번개처럼 환한 빛이 나오고 색깔 있는 안개가 공중에 가득 찼다. 사리가 여러 개로 불어나는 사리분신이 수백 개였다. 게다가 그 사리를 함원전에 바치니 또 수십 개의 분신이 일어났다.

세조는 이 기적을 널리 알리는 한편, 각 도의 관찰사에게 명령을 내려 죄인을 사면하게 했다. 그리고 흥복사(興福寺)를 중창해 원각사(圓覺寺)로 만들기로 하고 효령대군을 그 책임자인 원각사조성소제조(圓覺寺造成所提調)로 임명했다. 이때도 신하들은 "지당하신 말씀"이라며 동의했다. 나라에서 절을 지으면 안 된다거나, 불상을 만들면 안 된다는 반대는 일어나지 않았다. 효령대군은 원각사에서 새로 만드는 불상과 나한상에서 또 사리분신이 일어났다며 여러 차례 왕에게 바쳤다. 1466년(세조 12)에는 원각사의 주불(主佛)이 될 백옥불상(白玉佛像)이 만들어졌는데, 이 불상의 점안법회는 내불당인 함원전에서 열렸다.[74]

이런 분위기는 예종 대에도 이어졌다. 1468년(예종 즉위년) 11월 8일, 선왕 세조의 혼을 모신 빈전에서는 불탱의 점안법회가 이루어졌다. 1469년(예종 1) 명의 사신으로 온 최안(崔安)은 흥천사, 원각사 등 한양 일대의 큰 절을 둘러보며 예불을 했다. 사신 일행은 "아주 좋다", "천하에서 또 보기 어려울 만큼 정교하다"라며 감탄했다. 같은 해 여름에는 새로 만든 청옥불상(靑玉佛像)을 궐내에 모시니 또 사리 분신의 이적이 일어났다. 이번에도 전례에 따라 죄인을 사면하고 불상 제작과 관련된 관리들에게 포상을 내렸다.[75]

목이 잘린 불상

지금까지 우리는 조선 왕조 초기의 불교사를, 불상과 관련된 에피소드를 중심으로 간략하게 살펴보았다. 세조 시대 조선은 짧은 시간 동안이지만 완연한 불교 국가가 되어 있었다. 이 시기 조선의 이른바 억불정책이라는 것은 이처럼 대단히 연약한 기반을 가지고 있었다. 태종처럼 불상에 절하는 것조차 거부하는 강경한 유자 군주가 있는가 하면, 왕실에 필요한 불사는 빠짐없이 챙기면서도 스스로는 불교를 믿지 않는다고 강변하며 불당을 제거한 세종 같은 군주도 있었다. 세조처럼 스스로 불자를 자처하는 군주가 나타나면 궁중에서 불상이 이적을 일으켰다.

그러나 세조 이후의 조선 왕조에는 왕 자신이 불교를 옹호하는 사례는 더 이상 나타나지 않는다. 1470년(성종 1)에 승려 설경(雪敬)이 황금을 진상했지만 왕은 받지 않았다. 그 금이 불상에서 나왔을 거라는 이유 때문이었다.[76] 성종은 자신이 성학(聖學), 즉 유교만을 따르며 불법을 믿지 않는다는 것을 명확히 했다.

그러나 불교를 거부하는 것은 당시 동아시아의 외교 상황에서 결코 유리할 것이 없었다. 성종과 재위 기간이 겹치는 명의 황제 성화제(成化帝)도 불교를 좋아했다. 무엇보다 교린 관계에 있는 일본의 정치세력과의 외교에서 문제가 발생했다. 1479년(성종 10), 일본 서부에서 세력을 떨치던 다이묘(大名)인 오우치 마사히로(大內政弘)가 조선에 불상을 보내왔다. 성종은 어떻게 하면 외교적 결례를 피하면서 자신이 불상을 싫어한다는 것을 표현할 수 있을지 논의하게 했다.

선물에는 답례가 따른다. 불교를 숭상하는 국가라면 외국에서 보내준 불상이 좋은 위신재(威信財)가 된다. 그러나 불교를 거부하는 경우 불상은 아무런 가치가 없다. 그런데 불상을 받고 적절한 답례를 한다면 필요 없는 물건에 비싼 값을 치르는 셈이 된다. 또 일본의 다른 영주들이 답례를 기대하고 계속해서 불상을 보내올 경우를 생각하면 선례를 남길 수도 없었다. 그렇다고 해서 외교적 선물을 거절하는 것 또한 좋을 것이 없었다. 오랜 고민 끝에 조정에서는 조선이 불교를 믿지 않는 나라라는 것을 분명히 밝히고 최소한의 답례만을 하기로 결정했다. 답례품은 정포(正布) 5필이었다. 일본 영주들의 선물에 대한 답례품 규모가 보통 정포 수백 포 단위였다는 것을 생각하면 말 그대로 시늉만 한 셈이었다.[77]

이런 분위기, 특히 사림의 정계 진출 속에서 다시 기세를 더해간 불교 비판은 불교 의례와 불상에 대한 반대 논리로 이어졌다. 궁중에서 계속해서 이루어진 불교 의례 중에는 선왕의 제사 절차에 포함되어 있던 기신재(忌晨齋)가 있었다. 1497년(연산 3)에 손세웅(孫世雍)이

올린 기신재 반대 상소에는 이런 구절이 등장한다. "해탈문(解脫門), 도솔천(兜率天), 미타국(彌陀國), 극락당(極樂堂), 금강수(金剛樹), 보타산(寶陀山)이란 것은 정확히 어느 곳에 있는지 알 수 없으며, 올라가고 노닐 수 있는지 알 수 없습니다. 정말 있다면 이른바 부처라는 것은 반드시 형적을 감추고 항상 그곳에서 집을 두고 살 터인데, 어느 겨를에 소상(塑像)이 되어서 인간 세상에 내려와 의탁해서 깍지를 끼고 앉아서는 한 가지 일도 세상에 증험될 만한 것이 없게 하고 있겠습니까."[78]

마침내 불상에 대한 직접적인 성상파괴 행위가 시작되었다. 연대는 분명하지 않지만, 유생에 의해 불상이 파괴된 사건도 있었다. 인수대비가 불상을 만들어 정업원에 보낸 적이 있었다. 그런데 유생 이벽(李鼊)이 이 불상을 가져다가 불살라버렸다. 대비가 분노하여 이벽을 처벌하라고 했지만, 왕은 "유생이 불교를 배척한 일은 상을 줄 일이지, 죄를 주어서는 안 된다"라면서 거부했다.[79] 정업원은 도성 안에 있던 비구니 사찰이다. 이곳의 주지는 주로 출가한 왕가의 여성들이었으며, 사족의 여성들이 출가하는 경우도 있었다. 성종 대 이후로는 이 절을 혁파하자는 논의가 일었는데, 아마도 이 즈음의 사건일 가능성이 높다.

1500년(연산 6)에는 북한산에 있던 왕실의 원찰인 연굴사의 불상을 꺼내어 땅에 던져 부순 혐의로 이열(李悅) 등 여섯 명의 유생이 형장 100대씩을 맞았다. 연산군 자신도 아차산 사냥터 근처에 있는 미륵석상을 땅에 묻어버리게 했다.[80] 두 사건은 동기도, 양상도 전혀 달랐지만 이후로 이어지는 불상 훼손의 신호탄이 되었다.

불상 파괴를 위해 자주 인용된 고사(古事)도 있었다. 오대시대 주세종(周世宗) 시영(柴榮)은 불상을 파괴해 돈을 만들었다고 해서 주희나 사마온공(司馬溫公) 같은 유자들의 찬양을 받았다. 측천무후의 대불(大佛) 조성에 반대한 적인걸도 그런 예였다. 1512년(중종 7)에 왕은 경연 중에 이런 사례를 보고 경주의 길에 서 있는 동상을 부수어 무기를 만들라고 지시하기도 했다. 불교를 옹호하는 문정왕후가 섭정을 하던 시기에도 무단으로 불상을 만든 사람은 처벌을 받았다.[81]

전국적으로 발견되는 "목이 잘린" 불상들은 이런 분위기를 잘 보여주지만, 그에 대한 공식적인 기록을 찾기는 쉽지 않다. 이것은 명백한 성상파괴의 흔적으로 보이지만 언제, 누가 파괴했는지는 분명하지 않은 것이다. 훼손된 불상은 한국 종교사의 미스터리 중 하나다. 다만, 오늘날 머리가 잘린 불상이 경주 남산 일대를 중심으로 발견되는데, 이는 1512년 동상 파괴 사건과 관련이 있을 가능성이 있다. 공식적인 성상파괴는 기록에 남지 않은 수많은 비공식적인 파괴 행위를 추동하거나 자극했을지도 모른다.

그러나 불상을 훼손하면 저주를 받을 수 있다는 믿음도 여전히 남아 있었다. 불상을 파괴하는 행위는 제도적이거나 공식적인 과정을 통해서가 아니라 개별 유생의 돌발적인 행동으로 이루어졌기 때문에 당시에 이런 이야기는 설득력을 가질 수 있었다. 16세기 말에 하경청(河景淸)이라는 유생이 있었다. 그는 친구를 따라 평안도 묘향산 보현사에서 과거 공부를 하고 있었다. 그때 한 부자가 대규모 수륙재(水陸齋)를 열었다. 하경청은 몰래 칼을 가지고 들어가 "불상의 눈을 파내고, 코를 베고, 얼굴을 깎아내었다." 승려들과 신도들은 불상의 얼굴이 없어진 것을 보고 저절로 그렇게 되었다고 생각해서 충격을 받았다. 재를 정성스럽게 올리지 못해 여래가 꾸짖고 있다고 여긴 것이다. 기록에 따르면 수륙재는 그대로 중지되었다고도 하고, 거금을 들여 새로 불상을 만들었다고도 한다. 어찌 되었건 행사는 엉망이 되었다. 유생들이 불상을 훼손하는 사건은 이런 방식으로 이루어졌을 것이다.

그런데 뒷얘기가 있다. 하경청은 나중에 평안도에서 작은 벼슬을 하다가 파직된 후 집에 불이 나서 타죽었다. 한 이본(異本)에 따르면 그는 탐관오리였고 백성들의 미움을 사서 쫓겨났다. 그리고 오두막 집에 숨어 있다가 백성들이 지른 불에 타죽고 말았다. 어느 쪽이든 비참한 죽음이었다. 사람들은 그가 제명에 죽지 못한 것이 불상을 훼손한 응보라고 수군거렸다. 이 이야기를 기록한 유몽인(柳夢寅)은 다음과 같은 평을 남겼다.[82]

비록 도(道)가 다르다 할지라도 존중하고 공경하는 바가 있어야 할 것이니, 정부자(程夫子)는 앉을 때 불상을 등지지 않았던바, 어찌 소견이 없어서 그러했겠는가? 내가 중국에 갔을 때 절을 유람하니, 과거에 응시하러 서울로 가는 선비들이 모두 불상 앞에 늘어서서 절을 하는 것이었다. 내가 괴이하게 여기고 그 이유를 물었더니, 모두들 말했다.
"중국의 선비들은 불상을 보면 절하지 않는 이가 없는데, 이는 이 나라의 풍속입니다."
우리나라에서 유학으로 이름난 이들이 모두 불상을 훼손하고 승려를 욕보이면서 불교를 물리친다고 일컬으니, 중국의 풍속과는 다르다. 승려들이 하경청이 불타 죽은 것을 가지고 인과응보라고 입에 올리는데,

반드시 그런 것이라고 할 수는 없겠으나 저 하경청이 어찌 불교를 물
리칠 줄 아는 자라고 하리오.

이 시기에 이르러 조선의 유자들은 "불상을 훼손하고 승려를 욕보
이면서" 자신들이 이단을 물리치고 있다고 주장했음을 알 수 있다.
유교의 본고장인 중국에서는 상상도 할 수 없는 일이었다. 강경하고
폭력적인 성상파괴주의는 조선 유교의 한 체질이 되어가고 있었다.

돌아앉은 불상

앞서 살펴본 바와 같이 국왕이 불교를 옹호하던 세조 시대에는 불보
살이 현현하거나 사리가 분신하는 등의 기적이 종종 일어났다. 유자
들은 대체로 불상이 신기한 이적을 일으킬 수 있다는 사실을 부정했
다. 이것은 불상의 신성성, 나아가 성상 일반의 신성성에 대한 논의
이기도 했다.

한번은 태종이 황희에게 당의 화가 오도자(吳道子)가 그린 관음상
이 빛을 발했다는 이야기에 대해 물은 적이 있다. 그런 사례를 보면
부처의 도가 진짜인지 가짜인지 알기 어렵다는 이야기였다. 황희는
이렇게 답했다. "그것은 오도자에게 비술이 있었기 때문일 겁니다.
어찌 불씨의 영이(靈異)함이겠습니까?"[83]

그러나 불상에 이적이 일어났다고 하는 주장은 과거에만 있는 것
이 아니었다. 1480년(성종 11)에는 승려 설의(雪誼), 지일(智一), 성수(性

修) 등이 원각사 대광명전에 있는 불상이 스스로 돌아앉았다고 주장했다. 이 일은 전국적인 화제가 되었다. 도성과 지방 사람들이 떡, 비단, 과일, 곡식 같은 공양품을 머리에 이고 모여들어 예불을 했다. 월산대군(月山大君) 이정(李婷), 덕원군(德源君) 이서(李曙) 등 왕실 인물들까지 원각사를 방문했으며 대왕대비도 시주를 했다.

마침내 경연에서 문제 제기가 나왔다. 신하들은 "불상은 속이 빈 나무", "흙과 나무로 만들어 색칠한 것", "마른 나무와 죽은 재"에 불과하니 스스로 움직일 리가 없다고 목소리를 높였다. 당시 성균관 생원으로 있던 김굉필(金宏弼)은 만약 불상이 스스로 돌아앉았거나 심지어 일어나 걸었다고 한들, 그게 요사스러운 괴물일 뿐이지 국가와 신민에게 무슨 이익이 되겠느냐는 상소를 올렸다. 이 모든 것이 승려들의 사기행각이니 처벌해야 한다는 주장이 이어졌다.

결국 몇 해 전 섭정에서 물러나 정치 일선을 떠나 있던 대비 정희왕후가 특별히 언문 교지를 내렸다. 이 글은 왕실 여성들의 불교에 대한 관점을 잘 보여준다.

근자에 원각사 부처가 돌아선 것으로 인하여 의논하는 자가 여러 말을 하여서 조정이 소란스럽다. 이 절은 세조께서 이루기를 원하신 곳인데, 그때에는 소화(素花), 감로(甘露)의 상서(祥瑞)가 있었고 지금 또 부처가 돌아서는 이적이 있어, 내가 월산대군 이정으로 하여금 가보게 한 것이다. 그런데 지금 대간이 월산대군을 추문하도록 청하고 있다. 대군이 자식이 되어서 어미가 가라고 명하면 가지 않겠는가? 이것은 나의 죄이다. 예전부터 유교와 불교는 서로 용납하지 못하지만, 그러나 부처를 다 없애지는 못할 것이다. 신하들이 임금더러 불교를 좋아하는 것을 비판하는 것은 양무제처럼 될까 두려워하기 때문이다. 그렇지만 나 같은 사람이 불교를 좋아한다고 한들 무엇이 해로운가? 또 조정의 신하들이 부처는 배척하면서도 수륙재를 없애지 않는 것은 선왕을 위하여 명복을 비는 것이다. 나는 선왕을 위하는 마음에 날마다 불사를 하더라도 마음에 차지 않는다. 예부터 후비(后妃)가 부처를 좋아하지 않은 자가 몇이나 있었는가? 나 때문에 온 나라가 난리니, 참으로 마음이 아프다.

"모든 것이 나의 책임이다." 대비의 글은 신하들의 마음을 돌리지 못했지만 왕을 설득하는 데에는 성공한 모양이다. 대간과 유생들은 승려 추방, 유배, 심지어 처형을 주장했지만, 성종은 일체 들어주지 않았다.[84]

귀신 들린 불상

불상이 돌아앉거나 일어나 걸었으면 그게 요괴지 무슨 이적이냐고 반문한 김굉필의 평가는 흥미롭다. 이와 대단히 유사한 논리가 고려 말의 신승(神僧) 나옹(懶翁)에 관한 설화에서도 나타나기 때문이다. 나옹이 회암사 주지가 되어 절에 가고 있는데 어떤 사람이 마중을 나왔다. 그 사람은 물을 건너면서도 옷을 걷지 않고 평지를 걸어가듯 했다. 나옹이 절에 들어오자 그 사람은 사라지고 말았다.

나옹은 예불도 생략하고 승려들에게 긴 동아줄을 준비하게 했다. 그리고 불상을 줄로 묶어서 쓰러뜨리게 했다. 이 황당한 요구에 늙은 승려들이 몰려와 항의했다. "이 불상은 영험합니다. 비를 빌면 비가 오고, 병이 나서 빌면 병이 낫고, 아들을 빌면 아들을 낳게 해주었습니다. 대사께서 오시자마자 이 영험한 불상을 쓰러뜨리게 하시니 너무나 괴이합니다." 그러나 나옹은 눈을 부릅뜨며 "시키는 대로 하라!"고 소리쳤다.

기이하게도 불상은 100명이 끌어당겨도 꿈쩍도 하지 않았다. 승려들은 영험한 불상을 모욕했으니 재앙이 닥칠 것이라며 두려워했다. 그러나 나옹은 아랑곳하지 않고 한 손으로 불상을 밀어서 쓰러뜨렸다. 그러고는 땔나무를 쌓아 그대로 불태워버렸다. 그러자 노린내가 온 산에 가득했다. 이런 식으로 두 번이나 불상을 불태워버리고 세 번째 불상을 세운 다음에야 나옹은 불상을 안치했다. 그는 이렇게 말했다.

"불상을 안치하고 향불을 피워서 공양을 올릴 때 간혹 잡귀가 불상에 붙어서 거짓으로 석가여래의 신령한 환술인 것처럼 꾸밀 때가 있다. 무슨 절에 영험한 불상이 있어서 감응이 있다고 하는 것은 모두 그런 것들이다. 어리석은 승려들이 받들어 모시니 절 전체가 화를 입거나 승려들이 이유 없이 죽기도 하는 게 그 때문이다."[85]

민간의 불교 신앙에서 소원을 이뤄주고 이적을 일으키는 영험한 불상의 존재는 대단히 중요하다. 그런데 이 이야기에서 나옹은 그런 불상은 사실 귀신이 들린 것이라는 파격적인 주장을 하고 있다. 신성한 상에 악한 영적 존재가 머물 수 있다는 것은 성상파괴의 중요한 논리 가운데 하나다. 유생들은 불교가 이단일 뿐만 아니라 우상을 모시는 어리석은 종교라 비판했지만, 불교 내부의 이야기에도 이와 같은 성상파괴주의가 나타나고 있었던 것이다.

사실 불교, 특히 선(禪)의 전통에는 성상파괴 아이디어가 풍부하게 들어 있다. "조사를 만나면 조사를 죽이고, 부처를 만나면 부처를 죽이라"는 가르침이 그렇다. 이것을 보다 구체화한 "단하소불(丹霞燒佛)"이라는 일화도 있다. 당나라 승려 단하는 추운 겨울날 좌선을 하다가 너무 추운 나머지 불당의 나무 불상을 끌어내려서는 도끼로 부숴서 태우며 불을 쬐었다.[86] 중요한 것은 깨달아서 부처가 되는 것이지, 상으로 만들어놓은 부처를 섬기는 것이 아니라는 메시지를 강렬하게 제시하고 있다.

유교 내에서 음사의 철폐와 같은 성상파괴주의가 등장하고 있던 당·송 시대에 불교 내에서도 불상 파괴마저 불사하는 사상이 나타나고 있었던 것이다. 어쩌면 성상파괴주의는 특정한 전통에서만 등장한 것이 아니라, 제도를 넘어선 종교적 각성을 추구하는 이들에 의해 동시다발적으로 발생하고 있었던 것이 아닐까.

땀 흘리는 불상

불상이 돌아앉은 일에 대해서는 이렇듯 국가적인 소동이 일어났지만, 사실 불상에 대해서는 비교적 흔히 일어나는 또 다른 이적이 있었다. 그것은 불상이 땀을 흘리는 일이었다. 사실 신상이 땀, 눈물,

피 등을 흘렸다는 이야기는 세계적으로 흔하다. 20세기 이후에도 성모 마리아상이 눈물이나 피, 혹은 피눈물을 흘렸다는 목격담이 세계 곳곳에서 들린다. 이런 가시적이고 물질적인 이적은 성상숭배에 생명력을 부여하는 핵심적인 동기이기도 하다.

조선시대에 불상이 땀을 흘렸다는 기록은 상당히 흔하다. 1394년에는 흥국사의 구리 불상이 땀을 흘렸다는 기록이 있다. 1407년에는 경상도 문경현 양산사의 이소불(泥塑佛)이 땀을 흘렸다. 1409년에는 충청도 목주 자복사 석불에서 7월과 11월에 두 차례 땀이 났다. 1412년에는 영흥부의 보현사와 국창사의 석불, 동북면 예원군 관음사 북쪽 굴의 불상, 충청도 덕은현 관족사 석불과 전주 임천사 석불이 땀을 흘렸다.

1415년에도 순안 신사의 나한상과 국창사의 석불과 함주 성사 철불(鐵佛)이 일제히 땀을 흘렸다. 이때 국왕 태종은 호기롭게 말했다. "사사(寺社)를 혁파할 때 땀이 났어야 할 때 모두 땀이 났어야 할 텐데 왜 이제야 땀이 나는가? 부처가 땀을 흘리는 것은 흔히 있는 일이니 괴이할 것 없다." 같은 해에는 영흥부 보현사의 미륵불에서, 1416년에는 목천 자복사의 석불에서, 1423년에는 경상도 현풍현 비슬산 대현사의 돌로 된 장륙관음(丈六觀音)에서 땀이 흘렀다.

1641년에는 청주 안심사의 불상이 땀을 흘렸다. 이 주제에 있어 1659년은 특기할 만한 해다. 전남도[전라도] 금성현(錦城縣) 쌍계사에 있는 불상, 충홍도[충청도] 서원현(西原縣) 안심사에 있는 불상, 합천 해인사의 불상·석탑·대장경 판자에서 땀이 흘러내렸다. 조정에서는 연달아 올라오는 보고에 큰 난이 벌어질 징조가 아닌가 하는 논의가 있었다.

1662년에도 금구현 금산사의 장륙불상과 여러 도금한 불상, 태인현 상절사 시왕전의 불상, 순천 송광사의 불상 등이 일제히 땀을 흘렸다. 1678년에도 남원 파근사 대불(大佛)의 정수리에서 발뒤꿈치까지 땀이 흐르고 손가락에서도 땀이 뚝뚝 떨어졌다. 또 선언사 주불(鑄佛)에서도 좌대가 가득 찰 정도로 땀이 흘렀다.

1679년에는 대구 부인사의 토불상(土佛像)이 이틀 동안 끊임없이 땀을 흘렸다. 1686년에도 대구 동화사의 불상, 고산 운문사 불상과 화엄경을 보관한 상자에서 땀이 흘렀다. 1689년에는 보은 속리사 불상이, 1695년에는 과천현 만수암 석불이 땀을 흘렀다. 1718년에는 충청도 연풍현 각연사 법당의 불상 세 개가 동시에 비가 뿌리듯 땀을 흘렸다. 솜으로 닦아도 다시 땀이 나왔다. 1719년에는 가연사 불상이 땀을 흘렸다. 1722년에는 황해도 장연 천불사의 금불상(金佛像)이 땀을 줄줄 흘렸다. 하루가 지나고서야 그쳤는데 땀이 흐른 자국이 오랫동안 남아 있었다고 한다.[87]

불상이 땀을 흘렸다는 것에 대해 이처럼 많은 공식 기록이 남아 있다는 데서 한 가지 의문이 떠오른다. 왜 이런 일들이 기록되었는가? 당시 국가에서는 불상이 땀을 흘렸다는 것에 어떤 의미를 부여했던 것인가? 각 지역의 지방관은 불상이 땀을 흘리는 것을 이변으로 보고 조정에 보고했다. 특이한 동물이 태어나거나 이례적인 자연현상은 상서(祥瑞)나 재이(災異), 즉 하늘이 내어 보이는 조짐일 수 있으므로 왕에게 알렸던 것이다.

불상이 땀을 흘린 기록에서 주목되는 또 하나의 사실은 그 빈도의 불균형이다. 이 이변은 절대 다수가 15세기 초반과 17세기 후반에 발생했다. 한 해에 여러 불상이 땀을 흘린 경우도 적지 않다. 그런데 18세기 중반 이후로는 공식 기록에서 이런 사례를 거의 발견할 수 없다. 앞서 태종의 언급에서 볼 수 있듯이 15세기 초반은 대규모 사찰혁파가 일어났던 시기다. 이 경우 불상에 흐르는 땀은 억불에 대한 불교 측의 공포를 상징하는 것으로 해석된다.

실제로 특정 시기에 이런 현상이 자주 발생했을 가능성도 있다. 만약 불상에 땀, 즉 수분이 맺히는 현상이 기후와 관련이 있다면 17세기 후반은 연이은 이상기후로 대기근이 자주 일어난 시기와 겹치기 때문이다. 그러나 반대의 발상도 가능하다. 기근과 이상기후가 발생하는 것이 하늘이 내린 재앙이라는 인식이 존재하는 사회에서는 재난이 일어난 시기일수록 이변에 대한 관심이 커진다. 그런 상황에서는 사소한 징후라도 국가에 의해 관리되고 논의되어야 했다.

경신대기근(庚辛大飢饉)이 한창이었던 1671년(현종 12)에 작성된 윤경교(尹敬敎)의 상소문은 이런 재난 상황에서 일어나는 이상 현상에 대한 인식을 잘 보여준다. "겨울 우레가 매번 10월에 일어나고, 태백성이 항상 정오 방향에서 보이며, 혹성, 흰 무지개, 지진, 돌이 옮겨가는 변고가 없는 해가 없습니다. 겨울이 봄날처럼 따뜻하여 복사 살구꽃이 다시 피며, 도성 안에 짙은 안개가 사방에 낍니다. 이 밖에도 인요(人妖)와 물괴(物怪)가 계속 나타나서 거리의 종(鐘)에 진액이 흐르고 토상(土像)에서 피가 나오며 성문이 저절로 닫힙니다. 이와 같이 도리를 잃은 잘못에서 연유한 놀랄 만한 변고를 이루 다 손꼽을 수 없습니다."[88]

물론 전근대 사람들도 이런 현상에 대해 합리적인 해석을 시도하려고 했다. 불상의 이적을 믿지 않았던 유자들도 마찬가지였다. 전라도에서만 몇 차례나 불상이 땀을 흘린다는 보고가 올라온 1662년(현종 3) 상황에 주목해보자. 이런 보고가 이어지자 조정에서는 지방관을 처벌하고 땀을 흘린 불상들을 부수어 불이나 물에 던져버리자는 주장까지 나왔다. 대사간 민정중(閔鼎重)의 상소를 보자.

전라감사 이태연(李泰淵)이 장계로 보고드린 내용을 보니, 도내 사찰의 불상에서 땀이 흘렀다고 하며 변이에 관계되는 일이라고 하는데 신은 통분함을 금하지 못하겠습니다. 대체로 정도(正道)가 쇠퇴해지고 이교(異敎)가 흥행되면서부터 일하기 싫어하는 백성들이 날이 갈수록 점점 더 머리를 깎고 승려가 되고 있는데, 게다가 와언까지 지어내 전파시키는 등 못하는 짓이 없는 형편입니다. 그래서 겨울과 봄 사이에 쇠와 흙으로 된 불상 위에 축축하게 응결된 것을 가지고 땀이 흘렀다고 하면서 백성을 현혹시키고 민심을 동요케 하니, 그 자취가 너무도 흉측하고 참혹하기 짝이 없습니다. 따라서 도신(道臣)이 된 입장에서는 법에 의거해 정죄함으로써 요사스러운 말을 종식시켜야 마땅한데 태연이 승도(僧徒)가 터무니없이 지어낸 이야기를 졸지에 듣고는 그만 의혹된 나머지 실제로 그런 일이 있었던 것처럼 장계로 보고드리기까지 하였으니, 너무나도 식견이 없다 하겠습니다. 유사(有司)에게 명하여 분명히 지휘하도록 하시고, 태연은 중하게 추고할 것이며, 이른바 땀이 흘렀다는 불상은 일일이 깨뜨려 부수고, 말을 지어낸 승도는 국법으로 다스림으로써, 이류(異類)가 방자하게 굴며 와언으로 동요시키는 화를 영구히 막아버리게 하소서.

이런 강경한 주장이 이어졌지만 끝내 받아들여지지는 않았다. 예조에서는 승려들이 백성을 현혹하려고 이런 소문을 퍼뜨린 것이라면 처벌해야 마땅하겠지만, 사정을 알아보지도 않고 법을 적용하면 앞으로 보고해야 할 재이가 있어도 처벌을 두려워해 숨기려 들 것이라고 반박했다. 전례의 문제도 있었다. 앞서 살펴보았듯이 불상이 땀을 흘리는 일은 종종 보고되는 일이었다. 그럴 때도 불상을 부순 적은 한 번도 없었는데 이제 와서 불상을 물에 던지고, 불에 태우고, 목을 자르는 따위의 일을 하는 것은 민심의 안정에 도움이 되지 않는다는 것이었다.

이런 논의는 1686년(숙종 12)에도 있었다. 이해에도 경상감사와 전라감사가 불상이 땀을 흘린 것을 보고하자, 조정에서는 "불상이란 금이나 주석을 부어 만든 것"이라 혈기(血氣)를 가진 생물이 아닌데, "음습한 기운이 맺혀 물이 된 것"을 땀이라고 불러서는 안 된다며 지방관들을 처벌하자는 주장이 나왔다.[89]

당대인들은 물의 응결 현상에 대해 알고 있었다. 모든 사람이 불상에 맺힌 물을 '땀'이라고 생각하지는 않았다는 것이다. 그러나 인류학자 말리노프스키가 발견했듯이 전근대 사람들은 좀 더 합리적인 설명이 가능하다고 해도 주술적인 설명을 포기하지 않았다. 불상에 저절로 물이 맺힐 수도 있다. 그러나 그들에게는 원리 그 자체보다는 하필 왜 지금, 왜 거기에서 그런 일이 일어났는지가 더 중요한 물음이었다.

결국 불상에서 땀이 흐르는 일이 불길한 이변으로 인식될 때조차 불상을 때려부수자는 주장은 거부되었다. 그것은 일상과는 다른 기이한 사건을 하늘이 보내는 징조나 경고로 해석하는 고전적 재이론 (災異論)의 영향 때문이었다. 그런 경고는 무시하거나 부인하기보다는 기록하고 해석되어야 했다. 더 이상 불상이 신성하고 거룩하게 여겨지지 않는 분위기 속에서도 부처의 형상은 여전히 특별하고 주목받아야 할 대상이었던 것이다.

신주와 불상

효는 왕실의 불교 숭배가 유지될 수 있는 중요한 명분이었다. 왕실 여성들은 일반적으로 불교 신앙이 깊었고, 유자를 자처하던 왕들도 부모의 장례에는 불교 의례를 적극적으로 도입했다. 불교는 유교 전통에 비해 죽은 자를 천도하는 기능이 탁월했다.

신유교에서는 조상 제사를 중시했다. 종묘와 같은 국가 제사만이 아니라 일반 가정에까지 유교식 제사를 보급한 것은 주자로 대표되는 송대 유학이 발달한 이후였다. 그러나 그 우주론에 따르면 죽은 자는 혼백이 되어 흩어졌다가 제사가 있을 때만 임시로 모인다. 죽은 자를 개별 인격성을 갖지 않은 추상적인 존재로 취급하는 이 세계관에는 큰 맹점이 있었다. 인간은 친밀한 자가 죽은 경우 쉽게 보내지 못한다. 서운한 마음도 들고 미안한 마음도 든다.

유교식 장례에서는 그런 감정을 해소할 수 있는 여지가 적다. 지붕 위에 올라가 죽은 자의 혼에게 돌아오라고 호소하는 초혼(招魂)이나, 일정 기간 죽은 자의 묘 옆에서 오두막을 짓고 같이 사는 여묘(廬墓)살이 등은 그런 여백을 채우기 위해 지속된 고대적인 풍습이다. 그러나 불교는 죽은 자를 공양하고 저승으로 편히 보내기 위한 의례가 고도로 발달했다.

따라서 왕가나 사대부 집안에서 상당 기간 불교적인 장례는 유교 의례로 완전히 대체되지 못했다. 그래서 위패를 모신 사당 옆에 따로 불당을 짓거나, 혹은 사찰 안에 위패를 모시는 등의 풍습이 이어졌다. 이것은 왕실에서도 원찰을 중심으로 공공연하게 하고 있는 일이었으니 금지할 수는 없었다. 그러나 유자 입장에서 보면 조상 숭배의 중심은 어디까지나 신주였고, 불상은 조상의 복을 빌기 위해 부수적으로 설치한 것이었다. 반면 불교적 심성에 따르면 죽은 자는 부처에 의한 자비와 구제의 대상이었다. 조상과 부처에 대한 위계 인식의 차이는 위패와 불상의 배치를 둘러싼 몇 가지 사건에서 첨예하게 드러났다.

1434년(세종 16) 사헌부는 개국공신 이화영(李和英)의 후처 동씨(童氏)를 규탄했다. 그가 남편의 사당 터에 불당을 설치해서 불상을 걸어 놓고는 남편과 조상의 신주는 낮고 더러운 곳에 두었기 때문이다. 사헌부에서는 불당을 부수고 유교식 사당을 짓게 하자고 주장했다. 그러나 왕은 사당은 짓되, 불당을 부수거나 동씨를 처벌하지 말라고 지시했다.

비슷한 비판은 왕실의 불교 의례에 대해서도 거세게 가해졌다. 1516년(중종 11)에는 김응기(金應箕)가 왕실 조상에 대한 기신재를 다음과 같이 비판했다. "기신재 때 판자로 신주를 만들어 백평상(白平床)이나 백의자(白椅子) 위에다 놓고 지전(紙錢)으로 사방을 두르고는 여러 중이 둘러서서 징과 북을 요란하게 두드리며 신주를 맞아들입니다. 불상은 위의 법당에 있고 신주는 아래의 방에 있게 되니 더욱 상서롭지 못합니다. 대왕으로서 절집에서 제사하는 것도 안 될 일인데, 하물며 왕후의 신위를 모시는 것이겠습니까? 왕후의 신령이 반드시 놀라서 결코 흠향하지 않으실 것입니다. 이것이 어찌 인효(仁孝)와 성경(誠敬)의 뜻이겠습니까? 종묘에서는 궁위령(宮闈令)이 왕후의 신주를 받드는데, 기신재 때는 중에게 받들게 하니 말이 됩니까?"

그러나 조선 전기까지 이런 비판은 대체로 받아들여지지 않았다. 불상이 왕가의 위패보다 상위에 있는 것을 꺼리는 의식은 17세기 즈음에야 표면적으로 드러난다. 1657년(효종 8)에 봉은사에서 선왕들의 위패를 모시는 방식에 대한 문제 제기가 그 대표적인 예다.

봉은사는 명종 대에 허응 보우(虛應普雨)가 주지를 맡은 이래 왕실 불교의 중심이 되었다. 그런데 이곳에 봉안된 선왕들의 위판은 "북쪽을 보고" 설치되어 있고, 불상은 "남쪽을 보고" 놓여 있었다. 남면(南面)은 제왕의 자리이고, 신당의 경우 주신(主神)의 자리였다. 절에서 불상을 중심에 놓는 것이야 당연했지만, 열성(列聖)의 신위가 "신하의 자리"에 있는 것은 용납할 수 없는 일이었다. 결국 왕들의 위판은 땅에 묻혔다.[90]

신주에 대한 성상파괴

신주를 중심으로 한 조상 숭배가 자리 잡은 후에도 불상과 신주가 갈등을 겪는 것은 극히 드문 사례였다. 유교식 사당에 불상을 놓거나, 불당에 신주를 놓는 등의 일은 공식적으로 문제 제기가 없는 한 관행적으로 이루어졌다. 그러나 위패에 대한 의례 자체를 거부하는, 유교 측에서는 좌시할 수 없는 새로운 '이단'이 출현하고 있었다.

1791년(정조 15), 천주교인인 윤지충(尹持忠)과 권상연(權尙然)이 부모의 신주를 불태웠다는 혐의로 체포되어 사형에 처해졌다. 조선 최초의 천주교 박해 사건으로 알려진 진산사건이다. 처음에는 이들이 "부모의 시신을 버렸다"라는 소문이 돌았다. 윤지충과 권상연은 체포된 당초에는 "위패를 훼손하지 않았다"라고 진술했다가, "땅에 묻었다"라고 말을 바꾸었으며, 고문을 가하자 "불태워서 그 재를 묻었다"라고 자백했다.[91]

"땅에 묻는 것"과 "불태우는 것"은 비록 강도의 차이가 있을지언정 같은 성상파괴의 의미로 받아들여졌다. 여타의 성상파괴 사례에서도 매장은 신상을 처리하는 가장 무난한 방법이었다. 태우거나 부수거나 목을 베는 등의 적대적인 행위를 하지 않으면서도 신상 숭배를 부정하는 일이 가능했기 때문이다.

게다가 당시 좌의정이던 채제공은 "사람의 모습을 갖췄으면 똑같은 양심을 가졌을 것이다. 그들도 사람인데 어떻게 그렇게 심한 악행을 저질렀는가?"라고 물으며 그들의 행위를 "인류가 생긴 이래로 들어보지 못한 패륜"이라고 목소리를 높였다. 그는 "부조(父祖)의 신주를 훼손한 죄는 시신을 훼손한 법률과 같다"라며 사형을 주장했다.[92] 결국 이런 강경 처벌론이 그대로 받아들여졌다. 그리고 천주교는 조선에서 공식적으로 사교(邪敎)가 되었다.

그러나 동아시아에서 천주교가 처음부터 위패나 유교식 제사를 반대한 것은 아니었다. 처음으로 중국 선교를 시도한 예수회는 현지 문화에 '적응'하는 선교전략을 가지고 있었다. 그들은 인도에서 선교할 때는 브라만 수행자 행색을 했고, 일본에서는 승복을 입었으며, 중국에서는 유자 복장을 했다. 위패를 모시거나 향을 피우는 의례 양식도 문제가 되지 않았다. 그 대상이 우상이냐 아니냐가 유일한 관심사였다.

마테오 리치와 그 후계자들은 천주교를 유교가 아니라 불교에 맞서는 종교라고 주장했다. 천주교는 유교와 대립하거나 유교를 대체하는 것이 아니라, 잊힌 고대의 상제(上帝) 신앙을 되살려 유교를 완성시키는 종교로 명·청대 지식인들의 각광을 받았다. 그뿐만 아니라 예수회는 조상이나 공자에 대한 의례를 그리스도교 신앙과 배치되는 것이 아니라고 판단했다. 그것은 조상과 옛 현인들에 대한 존경의 표시이며 신앙과는 관련이 없다는 것이었다.

그러나 후발주자였던 도미니크회와 프란치스코회는 이런 예수회의 선교 방식에 맹공을 가했다. 그들은 중국의 '천(天)', '상제(上帝)'를 그리스도교의 신과 동일시하는 모든 논의에 반대했다. 신을 언급할 때는 라틴어 '데우스(deus)'의 번역어로 채택된 '천주(天主)'만을 사용해야 했다. 중국 고전에 나오는 지고신에 대한 언급을 그리스도교의 신과 동일시하는 예수회의 해석도 비판했다. 무엇보다 죽은 사람의 위패를 모시는 행위는 우상숭배로 매도되었다.

이 전례(典禮) 논쟁은 마침내 청 황제와 로마 교황 사이의 외교 문제로까지 발전했다. 결국 예수회 측의 주장이 패배했고, 강희제와 옹정제 대에 이어 선교 금지령이 강화되었다. 이 논쟁의 내용은 유럽에까지 알려졌다. 볼테르는 이 사건에 대한 여러 편의 논평을 쓰며 선교회 간의 불관용과 내분을 비판했다. 당시 유럽 계몽사상가들은 교의 논쟁에 빠진 자신들의 종교보다 신에 대한 단순한 숭배와 다른 신앙에 대한 관용을 지지하는 중국의 종교에 더 호감을 느꼈다.[93]

초기 한국 천주교의 비극은 중국에서 이런 상황이 진행된 후에 본격적으로 그리스도교를 도입했다는 데 있었다. 선교사의 지도 없이 서학(西學)을 공부하며 자생적으로 천주교를 받아들인 조선의 신자들은 18세기 후반에 이르러서야 조상 제사 문제에 대해 고민하기 시작했다. 중국 지역의 예수회가 해산한 이후, 청에 남아 있던 선교사들은 유교식 제사를 강경하게 금지하던 인물들이었다. 결국 조선에는 제사를 지키기 위해 천주교를 버린 인물과, 조상의 위패를 철거하면서까지 신앙을 지키려는 인물들이 남았다.

피 흘리는 십자가상

천주교인에 대한 조선 정부의 대규모 박해는 1801년(순조 1) 신유교옥(辛酉教獄)으로 시작되었다. 그것은 이전의 산발적이고 국지적인 박해와는 질적으로 다른, 전면적이고 광범위한 탄압이었다. 다양한 계층에 속한 전국의 천주교인들이 체포되었고, 300여 명이 처형당했다.

천주교는 상(像)을 모시는 종교로 인식되었다. 정약종은 집에 "천주의 화상(畫像)"(예수상)을 만들어놓고 7일마다 예를 드렸다고 한다. 그는 "천주는 큰 임금이자 큰 아버지이다. 하늘을 섬길 줄 모르면 살아 있어도 죽는 것만 못하다"라며 조상에게 제사를 지내거나 분묘(墳墓)에 절하는 것을 죄로 여겼다는 혐의로 체포되었다.

이 시기 천주교인들은 조상의 위패나 묘에 절하는 행위를 우상숭배로 여기는 한편, 새로운 성상인 예수와 천사들의 상에는 예를 표했다. 청에 사신으로 가는 신자들은 북경의 천주당(天主堂)에서 천주교 교리가 담긴 서학서(西學書), 세례를 위한 성유(聖油)와 함께 천주교 성상을 가지고 왔다. 그림을 그릴 줄 아는 신자들은 상을 베낀 그림을 제작해 동료들에게 나누어주기도 했다.

국가에서는 이런 성상을 사상(邪像) 또는 흉상(凶像)이라고 불렀다. 대부분은 예수상이었지만 개중에는 총령천신상(總領天神像)이라 불린 천사상도 있었다. 총령천신은 미카엘 대천사를 말하는 것이었다. 천주교 신자들에게서 압수한 물품들 가운데에도 사상(邪像) 또는 야소상(耶蘇像)은 주요한 품목 가운데 하나였다.[94]

책을 통해서 그리스도교의 교의를 접한 조선인들은 북경의 천주당에 걸린 생생한 성상을 보고서 비로소 그 종교성을 강렬하게 인식했을 것이라 여겨진다. 1720년에 연경에 다녀온 이의현(李宜顯)은 천주당의 모습을 다음과 같이 묘사했다. "문에 들어서니 문득 단청이 휘황하여 똑바로 쳐다볼 수가 없다. 천상을 상징한 것이다 보니, 그 높이가 거의 하늘에 닿을 만하다. 거기에 일월(日月)과 성신(星辰)을 그린 것은 물론이고, 벽에는 음귀(陰鬼)를 많이 그려서 선방(禪房)의 시왕전(十王殿)과 같다. 보기에 어둡고 밝은 기상이 없으니 괴상한 일이다."[95]

또 1798년에 천주당을 방문한 서유문(徐有聞)도 다음과 같은 상세한 묘사를 남겼다.

북편 벽 위 한가운데에 한 사람의 화상(畫像)을 그렸으니 계집의 상이요, 머리를 풀어 좌우로 두 가닥을 드리우고 눈을 치떠 하늘을 바라보니, 무한(無限)한 생각과 근심하는 거동이라. 이것이 곧 천주라 하는 사람이니, 형체와 의복이 다 공중에 띄워 섰는 모양이요, 선 곳이 깊은 감실(龕室) 같으니, 처음 볼 때는 소상(塑像)으로 여겼더니, 가까이 간 후에 그림인 줄을 깨치니, 나이가 30세 남짓한 계집이요, 얼굴빛이 누르고 눈두덩이 심히 검푸르니, 이는 항상 눈을 치떠 그러한가 싶고, 입은 것은 소매 넓은 긴 옷이로되 옷 주름과 섶을 이은 것이 요연(瞭然)하여 움직일 듯하니, 천하에 이상한 화풍이요, 그 앞에 향로를 놓고 향을 피우니 향기 그치지 않고, 화상 서편 벽 밑으로 큰 의자를 놓고 위에 용(龍)을 그린 방석을 깔고 꾸민 것이 극히 화려하니, 누가 앉는 곳인지? 황제나 앉을 곳이요, 평민이 앉을 곳이 아닐러라.

동서 벽에 각각 여남은 화상을 그렸으되 다 머리털을 늘이고 장삼 같은 옷을 입었으니, 이는 서양국 의복 제도인가 싶고, 혹 아이 안은 모양을 그렸으되, 아이가 눈을 치올려 떠서 놀라는 형상이라, 부인이 어루만져 근심하는 빛이요, 늙은 사나이 겁내어 손을 묶어 무엇을 비는 거동이며, 또 부인이 병든 아이를 돌봐주는 모양이로되, 위에 흰 새 한 마리가 날개를 벌리고 부리로 흰 것을 뿜어 부인 이마에 쏘이며, 천상에는 사방으로 구름이 에웠으되 어린아이들이 구름 속으로 머리를 내어 보는 것이 그 수를 세지 못하게 많으며, 혹 장차 떨어지는 거동이라. 노인이 손바닥으로 하늘을 향하여 받으려 하는 체하니, 인물의 정신이 두어 칸을 물러서서 보면 아무리 보아도 그림으로 알 길이 없으니, 기괴 황홀하여, 오래 섰으니 마음이 언짢아 좋지 않더라.[96]

예수와 성모, 천사들, 성령을 상징하는 비둘기 등을 그린 그림이 생생하게 묘사되어 있다. 천주당에 있는 성상은 대부분 벽화였는데, 이것을 목격한 많은 조선인은 그 입체감 때문에 소상으로 착각했다는 증언을 많이 남기고 있다. 1832~1833년 사이에 천주당을 방문한 김경선(金景善)의 기록도 그렇다.

북쪽 벽에는 천주상이 또한 있었는데 모발이 무성하여 살아 있는 것과 같았다. 앞에는 두 사람이 모시고 서 있었다. 처음 문에 들어와서 바라볼 적에는 벽 중간에 채색 감실(龕室)을 만들어 소상 셋을 만든 것으로 알았는데, 그 아래에 가서 만져보니 감실도 아니요 소상도 아니라 벽화였다. 서쪽 벽에는 천주의 유사(遺事)를 그렸다. 갓 죽은 어린아이가 관 위에 가로놓여 있고, 젊은 부인이 얼굴을 감싸고 울고 있으며, 그 옆에 4, 5인이 둘러 엎드려 울고 있었다. 참으로 요화(妖畵)였다.[97]

특히 조선인들에게 충격을 주었던 것은 러시아 정교회의 성상이었다. 1828년에 연경에 다녀온 익명의 인물이 쓴 『부연일기(赴燕日記)』에는 예수의 십자가상을 생동감 있게 묘사한 대목이 있다. 어찌나 생생했던지, 그는 그것을 실제 사람의 시체가 피를 흘리고 있는 것이라 착각할 정도였다.

> 그 칸막이를 열고 안 칸으로 들어가니 주벽(主壁)에 죽은 사람 하나를 걸어놓았다. 대체로 벽 위에 십(十)자로 된 나무판자를 붙이고 사람의 두상과 사지에 모두 쇠못을 박아 내걸어, 마치 거열(車裂)하는 형상과 같은데 완연히 옥골(玉骨)인 사람이었다. 피부와 살, 손톱과 털이 꼭 산 사람과 같은데 온몸이 나체로 진짜인지 가짜인지 알 수 없으나, 머리에서 발까지 쇠못 자리에서 붉은 선혈이 쏟아져 뚝뚝 떨어지는데, 그 면목을 보니 방금 죽어 식지도 않은 것 같아 현기증이 나서 바로 보기 어려웠다. 또한 방 안에는 침향(沈香)·단향(檀香) 재목을 많이 사용하여 향기가 오래도록 사라지지 않았고, 또 한 점의 바람도 들어오지 않아 음습한 기운이 냄새가 되어 피비린내가 완연하니 속이 메슥거리며 안정되지 않아서, 우연히 오게 되었지만 후회스러웠다.[98]

당연하지만 십자가상에서 실제로 피가 뚝뚝 떨어지거나 피비린내가 났을 리는 없다. 성황이나 산신의 상과도 다르고, 불상과도 다른 서양의 사실적인 성상이 주는 충격이 그런 감각의 교란을 일으켰을 것이다. 성상에 대한 거부감은 교의적 차원만이 아니라 감각적 차원과도 깊이 관련되어 있었다. 그것은 앞으로 살펴볼 유교 내 성상에 대한 논의에서도 어느 정도는 마찬가지였다.

3
유교의 성상

청년 김종직과 성주 공자묘

김종직(金宗直, 1431~1492)은 15세기 조선 사림의 지도자로 훗날 문묘에 배향되는 영광을 누린 인물이다. 그는 정몽주 – 길재 – 김숙자 – 김종직 – 김굉필 – 조광조로 이어지는 조선 도통(道統)의 계보 한가운데에 있는 유학자로서 당파에 관계없이 후대 사대부의 존경을 받았다.

그러나 그는 오랜 기간 정치적 논란의 중심에 있던 인물이기도 했다. 그가 세조의 찬탈을 풍자한 「조의제문(弔義帝文)」은 1498년(연산 4) 무오사화가 일어난 빌미가 되었다. 이 사건으로 인해 그의 제자들을 중심으로 사림세력이 큰 타격을 받았으며, 그 자신도 무덤에서 파헤쳐져 부관참시를 당했다. 좀 더 후대에는 세조의 찬탈을 비판하면서 바로 그 세조의 조정에서 벼슬을 했다는 사실이 비판받기도 했다. 허균은 「김종직론」에서 이렇게 말했다.

> 그가 「조의제문」을 짓고 주시(酒詩)를 기술했던 것은 더욱 가소로운 일
> 이다. 이미 벼슬을 했다면 이분이 우리 임금이건만, 온 힘을 기울여 그
> 를 꾸짖기나 하였으니 그의 죄는 더욱 무겁다. 죽은 뒤에 화란을 당했
> 던 것은 불행해서가 아니라 하늘이 그의 간사하고 교활했던 것에 화내
> 서 사람의 손을 빌려 명백하게 살육한 것이 아닐는지? 나는 세상 사람
> 들이 그의 형적은 살펴보지 않고, 괜스레 그의 명성만 숭상하여 지금
> 까지 치켜올려 대유(大儒)로 여기는 것을 안타까워한다.[99]

이처럼 김종직은 조선시대의 정치사, 사상사에서 주목받아왔다.
그리고 우리의 주제인 성상파괴와 관련해서도 중요한 인물이다. 그
는 15세기의 영향력 있는 유학자 가운데 대단히 급진적인 성상파괴
이론을 글로 써서 남긴 대표적인 인물이기 때문이다. 따라서 앞서 살
펴본 산신, 성황상에 대한 파괴나 불상에 대한 거부감 등의 기저에
깔린 사림의 신상(神像)에 대한 인식을 살펴보기에 김종직의 글은 좋
은 참고가 된다. 흥미로운 점은 그가 맹렬히 비판한 신상이 바로 유
교의 시조인 공자의 상이었다는 사실이다.

그가 24세가 되던 1454년(단종 2), 성균관 사례로 있던 김종직의 부
친 김숙자는 성주향교의 교수로 부임하게 되었다. 이듬해 김종직도
아버지를 만나러 성주향교에 머물면서 공부를 하게 되었다. 향교는
제사 기능과 교육 기능이 결합된 공간이었다. 그 중심에는 공자와 성
현들을 모신 사당이 있었다. 김종직은 동료들과 함께 공자의 사당에

참배하러 들어갔다.

청년 김종직은 큰 충격을 받았다. 성주향교 대성전에는 대성(大聖)인 공자, 사성(四聖)인 안자(顔子), 증자(曾子), 자사(子思), 맹자(孟子), 그리고 십철(十哲)의 반열에 든 인물들까지 열다섯 명이 소상으로 모셔져 있었다. 밀양 출신인 김종직은 당시 성균관에 입학한 진사였다. 그가 경험한 한양의 공자묘에는 이들이 모두 나무 신주로 모셔져 있었다. 거기에 비하면 성주의 공자 사당은 그가 청소년기를 보낸 황악산의 능여사와 같은 불교 사찰에 더 가까운 분위기를 풍겼다.

훗날 그는 당시의 심정을 이렇게 회고했다. "어두침침한 것이 마치 오래된 절에 들어가 천 년 된 우인(偶人)을 본 것 같았다." 김종직은 "깜짝 놀라 감히 손가락으로 가리키지도 못하고" 격분하여 처음 상을 만든 누군지도 모를 사람을 비난하며 말했다. "대성과 대현(大賢)들에게 만약 영이 있다면 어찌 여기에 깃들어서 제사를 받으시겠는가?" 그는 성현들의 소상을 철거하고 나무 위패로 바꾸도록 하면서 부(賦) 한 편을 지었다. 그것이 바로 「알부자묘부(謁夫子廟賦)」다.[100]

공자의 사당과 부처의 궁전

때는 전몽(旃蒙)의 머리[을해년의 봄], 나는 이 학교에서 공리(孔鯉)처럼 아버님을 따르고 있었다. 수많은 광간(狂簡)의 군자들이 부자(夫子)의 사당을 우러러보았다. 정원의 은행나무를 어루만지니 단비에 무성해져서 기쁘구나. 자물쇠를 열고 절을 올리니 궐리(闕里)를 생각하는 마

음이 일어나는구나.[101]

　글의 첫머리에는 공자에 관련된 많은 상징이 함축되어 있다. 공리는 공자의 아들이자 제자다. 그 자신도 대학자인 김숙자의 아들이자 수제자였다. 광간은 공자가 자기 제자들을 평가하며 한 말이다. 은행나무는 공자가 제자들을 가르치던 행단(杏壇)을 상징하는 나무다. 궐리는 곡부에 있는 공자의 고향 마을 이름이다. 당시 유자들이 학교에 공자 사당을 두고, 그곳을 참배하던 의미를 잘 드러내는 구절이다.

　그러나 사당 안에 들어간 김종직은 크게 실망한다. 물론 사당을 가득 채운 소상 때문이었다.

　　나는 들어가 꿇어앉아 우러러보고는 이내 눈을 크게 뜨고 낙심하여 멍해지고 말았다. 어찌 아름답고 청정한 사당에 진흙을 뭉쳐서 상을 빚어두었는가. 부처의 궁전과 다를 바 없지 않은가? 어떻게 동문(東門)의 요임금 이마에 빗댈 수 있겠는가?[102]

　여기에도 두 가지 고전적인 전거가 등장한다. "아름답고 청정한 사당[於穆之清廟]"은 『시경(詩經)』의 「청묘(清廟)」에서 주문왕(周文王)의 사당을 묘사한 표현이다. 그 시에는 딱히 "아름답고 청정한 사당"에 문왕이 상이 아니라 위패로 모셔져 있었다는 언급은 없지만, 김종직은 결코 거기에 소상 따위가 있지는 않았을 거라고 믿었던 것 같다.

　"동문의 요임금 이마"라는 표현은 그 유명한 상가지구(喪家之狗)의 고사에 나온다. 공자가 유랑하던 중 정(鄭)나라에서 제자들과 잠깐 떨어졌을 때, 제자 자공은 스승을 찾다가 다음과 같은 말을 듣는다. "동문에 어떤 사람이 있는데, 그 이마가 요임금과 같고, 그 목은 고요(皐陶)와 비슷하며, 어깨는 자산(子産)과 비슷했습니다. 그렇지만 허리 아래는 우임금에 세 치 정도 못 미치고 지친 모습이 초상집 개와 같았습니다." 그 말을 듣고 자공은 "아, 우리 스승님이구나" 하고 바로 알았다는 것이다.[103]

대체 공자의 상을 어떻게 만들어놓았기에 김종직은 그 사당을 "부처의 궁전과 다를 바 없다"라고까지 말한 것일까? 오늘날 흔하게 볼 수 있는 공자상은 선비 복장을 하고는 공손하게 두 손을 모으고 있는 석상이나 그림이다. 그러나 김종직이 성주향교에서 본 공자상은 그런 모습이 아니었던 모양이다.

하물며 세월이 오래되어 색칠해놓은 것은 흐려졌다. 면류관의 열두 줄은 벌레들로 덮여 있구나. '강 같은 눈과 바다 같은 입[河目海口]'에는 먼지가 빽빽하구나. 붉은색과 흰색 칠이 벗겨지니 이끼가 산룡(山龍)을 좀먹었구나. 달팽이 침이 의상에 어지럽게 글자를 그렸구나. 사성과 십철도 동서에서 서로 바라보고 있는데 어떤 것은 관이 쓰러지고 홀이 떨어졌고 어떤 것은 눈이 빠지고 손가락이 없구나.[104]

공자상은 보존 상태도 안 좋았던 모양이다. 성인의 소상은 벌레와 먼지, 이끼, 달팽이 점액으로 범벅이 되어 있었다. 다른 성현들의 상도 마찬가지였다. 여기에서 주목해야 할 것은 공자상이 면류관을 쓰고 있었다는 대목이다. 그것도 황제만이 쓸 수 있는 열두 줄의 면류관이다. 그리고 공자상이 입고 있는 옷에는 붉은색과 흰색으로 채색된 산룡이 그려져 있었다. 이것도 황제의 옷이다. 게다가 공자상 앞에 늘어선 사성과 십철의 상은 관을 쓰고 홀을 들고 있었다. 이것은 신하의 복장이다. 이 사당에 있는 공자와 성현들은 마치 황제의 궁정과 같은 모습으로 배치되어 있었던 것이다.

오늘날에도 이런 공자의 사당을 볼 수 있는 장소가 있다. 바로 공자의 고향이자 가장 대표적인 공자 사당이 있는 중국 산동성 곡부의 공묘(孔廟)다. 성주향교의 "부처의 궁전과 다를 바 없는" 공간은 바로 그곳을 모델로 한 것이었다. 김종직은 면류관을 쓰고 황제 복장을 한 공자의 소상을 보고 그가 상상한 '궐리'의 모습과 달라서 충격을 받았다. 그러나 바로 그 진짜 궐리의 공자 사당에는 그가 본 것과 대단히 비슷한 공자상이 모셔져 있었던 것이다.

떠돌이 공자가 황제가 되기까지

역사적 공자는 천자는커녕 안정된 벼슬자리도 얻지 못하고 천하를 유랑했던 인물이다. 그런 그가 왜 사당에서는 황제 형상을 하고는 숭배의 대상이 되고 있었던 것일까? 이런 현상을 이해하기 위해서는 동아시아 공자 숭배의 역사를 개략적으로 살펴볼 필요가 있다. 유교를 성리(性理)를 다루는 학문이나 정치사상으로서만 바라본다면 '공자 숭배'라는 단어는 생경하게 느껴질 것이다. 종교로서의 유교는 오늘날 그 생명력을 상당 부분 잃어버린 전통이기 때문이다. 그러나 전근대의 유교에 대한 이해가 깊어지면서 오늘날 많은 학자가 과거 유교가 온전한 의미에서의 종교, 그것도 메시아니즘적인 색채가 강한 종교였다는 데 주목하고 있다.

아사노 유이치(淺野裕一)는 이 문제에 대해서 대단히 도발적인 주장을 내놓고 있다.[105] 역사적 공자는 권력욕과 야망을 가지고 활동했던 인물이며, 죽은 후에는 꿈을 이루지 못한 그의 원한을 풀려는 제자들에 의해 "왕관 없는 왕", 즉 소왕(素王)으로 숭배되었다는 것이다. 공자에 대한 메시아니즘은 초기 유가 경전에 나타나는 공자에 대한 신비화와 신격화를 통해서 정교화되었다. 그리고 마침내 한(漢) 왕조에서 공자가 제국의 탄생을 예언한 유씨 왕가의 수호자로 받아들여지면서 공자 신앙은 제도화된다. 중국의 역대 왕조는 공자에 대한 신격화를 강화해나가면서 마침내 그를 황제에 버금가는 신성한 존재로 섬기게 되었다. 이런 움직임을 주도한 것은 유교의 정통 신학인 공양학(公羊學)이었다. 아사노는 조선, 일본 등에서 크게 유행한 신유교와 성리학은 그런 정통에서 이탈한 "방계의 신흥종교"라고까지 주장한다.

그뿐만 아니라 근대에 이르러서는 공자 신앙을 바탕으로 유교를 유럽의 그리스도교에 대응하는 제도적 종교로 만들려는 움직임까지 일어났다. 근대 사상가 캉유웨이(康有爲)는 『공자개제고(孔子改制考)』에서 공자가 동아시아 문명의 근간이 된 육경(六經)을 썼으며, 그는 세속의 군주를 뛰어넘는 영원한 성왕(聖王)이라고 주장했다. 이런 관점을 바탕으로 한국과 중국에서는 공교회(孔敎會), 공자교(孔子敎), 대동교(大同敎) 등의 이름으로 유교를 근대 종교로 만들려는 움직임이 일어나

기도 했다.

곡부의 공자묘는 그런 공자 신앙의 중심이었다. 한 고조 유방은 기원전 195년 공자묘에서 태뢰(太牢)의 제물을 갖추고 제사를 지냈다. 태뢰란 소, 양, 돼지를 갖춘 최대 등급의 제물이다. 이것은 동아시아의 군주가 공자에게 제사를 올린 최초의 기록이다. 이후로 역대 왕조는 공자의 후예를 뽑아 제사를 관장하게 하고, 공자에게는 제후의 작위를 내렸다. 그리고 당 태종 대에 이르러서는 전국에 있는 모든 학교에 공자 사당을 설치했다.

성주향교의 공자 사당에 대한 김종직의 불만과는 달리, 공자와 제자들은 이 시기부터 이미 소상으로 모셔지고 있었다. 719년(당 개원 7)에 공자와 안자, 증자, 십철 등의 소상을 배치하는 문제에 대한 논의가 이루어졌다. 나머지 70제자와 선현들도 화상(畫像)으로 만들어 걸어두었다. 공자 사당은 이미지로 가득한, 김종직의 말을 빌리자면 "부처의 궁전과 다를 바 없는" 장소였다.

739년(당 개원 27)에 이르러 공자는 문성왕이라는 칭호를 받는다. 함께 모셔진 제자들도 공, 후와 같은 제후의 작위를 받았다. 공자의 시대에는 아직 황제라는 자리가 없었으니, 이때의 왕이란 황제 휘하의 제후라는 의미가 아니라 천자라는 의미였다. 공자의 소상도 천자 복장을 갖추게 되었다. 1075년(송 희령 8)에 송 조정에서는 '문성신상(文聖神像)', 즉 공자 소상의 면류관을 천자의 복제에 맞게 아홉 줄에서 열두 줄로 고치자는 논의가 이루어졌다.[106] 김종직이 본 "면류관의 열두 줄"은 이런 과정을 통해 공자상의 복장에 반영된 것이었다.

공자의 신격화는 한족 왕조와 비한족 왕조를 가리지 않았다. 공자에게 부여된 가장 명예로운 시호인 대성지성문선왕을 부여한 이는 원 무종 카이산이었다. 청 강희제는 취리에서 공자에게 석전(釋奠)을 올릴 때, 세 번 무릎을 꿇고 아홉 번 머리를 조아리는 '삼궤구고두례(三跪九叩頭禮)'를 올렸다. 많은 한국인은 이 예법을 조선 인조가 청 태종에게 올린 굴욕적인 항복 의식으로 기억할 것이다. 사실 이것은 만주족에게 있어 최고의 예를 표하는 방식이었다. 항복한 조선의 왕이 청 황제에게 절을 올렸듯, 청의 황제는 다름 아닌 공자에게 같은 수준의 예를 다한 것이다.

동아시아 유교 세계에서 천자가 서구 세계의 교황과 같은 종교적 권위를 누렸다면, 선성(先聖)이자 소왕(素王)인 공자는 그리스도와 같은 기능을 했다. 공자 숭배를 둘러싼 이런 종교적 정서를 이해해야만 우리는 공자를 천자의 복색으로 꾸며놓은 사람들의 생각에도, 그리고 그런 소상을 보고 분노했던 김종직의 마음에도 접근할 수 있을 것이다.

성령과 잡귀

다시 성주의 공자 사당으로 돌아와 보자. 공자를 소상으로 모시든 위패로 모시든, 유자들이 공자를 종교적 신앙의 대상으로 삼았음은 분명하다. 그렇다면 김종직은 왜 공자의 소상에 대해 불만을 표하고 있는 것인가? 관리 상태가 좋지 않았기 때문인가, 아니면 형상을 만든 것 자체가 문제인가? 기본적으로는 두 가지 모두였지만, 그는 후자에 훨씬 더 무게를 두고 있었다. 김종직은 낡고 쇠락한 공자의 상에 대해 한탄한 후 이렇게 말하고 있다.

> 성령이 머물기에 마땅한 곳이 못 되는구나. 사당의 좋지 못함이 개탄스럽다. 비록 제기가 정결하다 해도 귀물(鬼物)이 옆에서 넘볼까 두렵구나.[107]

오늘날 성령이라는 단어는 그리스도교적인 표현으로 들린다. 그러나 전근대 동아시아에서 이는 성인의 영, 대표적으로 공자의 영을 가리키는 말이었다. 공자의 소상은 성령이 의탁하기에 적합한 곳이 아니다. 이런 곳에서는 공자의 영이 와서 머물기보다는 잡귀들이 몰려와 제물을 빼앗아 먹을지도 모른다. 이런 언급에서는 표준적인 유가 철학의 범주에서는 이해하기 어려운, 영적 존재의 질서에 대한 인식이 드러난다. 그에게 있어 성령이란 어떤 존재였는가? 그리고 소상은 왜 성령이 머물기에 합당하지 못한 대상인가?

> 옛날 부자께서 천하를 주류하실 때에 구이(九夷)를 비루하게 여기지 않으셨다. 우리 동해(東海)의 문명은 일찍이 어질고 현명한 이들이 다스리던 곳이니 진실로 존숭의 도가 있으면 마땅히 부자께서 편안히 오실 것이다.[108]

김종직은 조선 땅은 공자의 영이 임하기에 부족함이 없는 곳이라는 자부심을 가지고 있다. 그러나 그러기 위해서는 올바르게 존숭(尊

紫)할 필요가 있다.

> 하물며 부자의 정신은 물이 땅속에 있는 것과 같아서 구하면 반드시
> 있고 도가 여기에 통한다. 왜 꼭 형상을 보고 제사를 하여서 장엄하게
> 밝히기를 바란단 말인가? 황금으로 본을 뜬다고 해도 안 될 것을 또 흙
> 과 나무로 닮게 한단 말인가?[109]

그에게 있어 공자의 영은 땅속에 지하수가 흐르는 것처럼 만물에
편재하는 것이다. 그러니 화려한 형상을 만들어 제사를 하는 것은 소
용이 없다. 여기에서 우리는 성상파괴주의의 일반적인 형태를 확인
할 수 있다. 너무나 초월적인 것은 형상으로 표현할 수 없다. 불상처
럼 황금으로 만드는 것도 성령을 표현하기에는 부족하다. 더구나 제
대로 관리하지 않아 썩고 이끼가 끼며 벌레가 꼬이는 나무나 흙으로
만든 상은 없느니만 못하다.

닮게 만들 수 없다면 추상적인 편이 낫다. 이것은 신유교의 선구
자 중 하나인 정이천의 주장이기도 했다. 물론 김종직의 대안은 한양
의 성균관과 마찬가지로 소상을 나무 위패로 대체하는 것이었다. 그
리고 그 신주는 밤나무로 만든 것이어야 했다. 국가에서 제시한 표준
적인 신위패도 밤나무였는데, 김종직은 여기에 또 다른 이론을 덧붙
였다. 『논어』「팔일(八佾)」에 하나라 사람은 소나무, 은나라 사람은 측
백나무, 주나라 사람은 밤나무로 신주를 만들었다는 언급이 있다.[110]
공자는 주나라 사람이니 밤나무 신주를 써야 공자의 신령이 편안히
머물 것이라는 논리다.

그렇다면 이미 만들어진 흙 소상은 어떻게 해야 하는가? "속히 흙으로 만든 소상은 철거해서 대지[黃祇]로 돌려보내자. 이매(魑魅)들이 빙의할 곳이 없게 하자."[111] 성령이 머물지 못하는 공자상은 전혀 성스럽지 않다. 오히려 잡귀들이 빙의하기 좋은 곳이다. 그러니 헐어서 흙으로 돌려보내자는 이야기다.

고려 국왕들의 상이나 불상, 성황이나 산신의 상을 철거할 때도 보통 땅에 묻는 방식을 택했던 사례를 떠올려본다면, 유자들의 신인 공자상에 대해 보이는 이 같은 적대감은 기이하게 느껴질 정도다. 더구나 당시 조선의 공자 사당 가운데 소상이 설치된 곳은 성주향교만이 아니었다. 당시 각 지역 공자 사당 가운데 신주를 채택한 곳과 소상을 채택한 곳이 어느 정도로 분포하고 있었는지를 확인하기는 힘들다. 그러나 대단히 중요한 두 도시에 공자의 소상이 설치되어 있었다는 것은 확실하다. 개성과 평양이다.

소상의 문묘

앞 장에서 살펴보았듯이 조선의 국가 의례 공간은 일체의 이미지를 배제하고 신주로만 만들어진 신위를 원칙으로 삼았다. 그러나 공자와 성현들을 모신 문묘에 대해서는 이런 원칙이 철저하게 적용되지 않았다. 물론 신도(新都) 한양에는 소상 없이 신주만 있는 문묘가 세워졌다.[112] 그러나 개성과 평양의 문묘에는 공자를 비롯한 다섯 성인과 십철이 모두 소상이었다.[113]

이들을 세종 대에 철거를 면했던 산신상과 같은 맥락에서 이해할 수는 없다. 조선 초기에 활발하게 건설되었던 지방 향교의 문묘 역시 소상을 두지 않았다. 개성, 평양, 그리고 기타 지방의 문묘에서 공자에게 지내던 제사인 석전(釋奠)은 국가 사전 체계의 일부였다. 따라서 중앙의 통제하에 있었다. 그러므로 '구체적인 이미지에 대한 대중적 요구' 때문에 개성과 평양 문묘에 소상을 그대로 두었다고 볼 수는 없다.

앞서 김종직이 비판했던 성주향교에는 소상이 있었다는 사실을 상기해보자. 『동국여지승람(東國輿地勝覽)』에 실린 지역 사람들의 증언에 따르면, 이 소상을 처음 만든 것은 향교의 노비였다. 그는 개성 대성전(大成殿)을 보고 돌아와서 그곳에 있던 것과 똑같은 소상을 만들었다고 한다. 그리고 이 소상들은 김종직의 제자인 목사(牧使) 강중진(康仲珍)에 의해 제거되고 신위판으로 교체되었다.[114] 이것은 문묘 소상에 대한 조선인들의 이중적인 태도를 보여주는 사례다. 성주향교의 소상은 개성 문묘에 있는 소상을 모방한 것이었다. 그러나 성주향교의 소상을 신주로 대체하는 과정에서 그 모델인 개성의 소상은 언급조차 되지 않고 있다.

성황, 산신의 화상이나 소상을 신주로 교체하는 일이 빈번했던 세종 대에도 문묘의 소상만은 문제가 되지 않았다. 오히려 세종 8년(1426)에는 "선성(先聖)과 십철의 초상(肖像)이 삼엄(森嚴)한" 개성의 문묘에 제전(祭田)이 부족하다 하여 이를 늘려주는 일도 있었다.[115] 그렇다면 개성, 평양 등의 문묘에는 왜, 언제부터 공자를 비롯한 성인들의 소상이 놓이게 되었는가?

한반도에서 공자 이하 성현들의 이미지를 봉안하는 기원은 신라 때까지 거슬러 올라간다. 『동국궐리지(東國闕里志)』에 포함된 전승에 따르면, 신라 성덕왕 16년(717) 9월, 당에 다녀온 왕자 수충(守忠)이 "문선왕(文宣王) 진본상(眞本像)"과 십철, 72제자의 화상(畵像)을 바쳤다고 한다. 이때 문선왕의 '진본상' 역시 화상인 것 같다. 해당 사건에 대한 『삼국사기』 기록에는 왕자가 가져온 것이 "문선왕, 십철, 72제자의 그림[圖]"이라고만 되어 있기 때문이다.[116]

한편, 같은 시기 당의 문묘에서는 소상을 모시고 있었던 것이 확인된다. 수충이 신라로 돌아간 지 3년 후인 720년(당 개원 8)에 당 조정에서는 공자 사당의 제도를 개정했다. 이때 입상(立像)이던 안자 등 십철의 소상을 좌상(坐像)으로 바꾸었으며, 증자를 소상으로 만들어 십철과 대등한 위치에 놓았다. 동시에 70자(子)와 22현(賢)의 화상을 묘당 벽에 그리는 조치도 이루어진다. 그리고 739년(당 개원 27년) 8월부터는 공자의 소상에 왕자(王者)의 곤룡포를 입히고 면류관을 씌우게 되었다. 이해는 공자가 문선왕이라는 왕호(王號)를 처음으로 받은 시기이기도 하다.[117]

당에서 공자와 성현들의 소상을 처음 설치한 것이 언제인지는 이 기록만으로는 분명하지 않으나, 그 제도가 확정된 것은 개원 연간 이후였다. 또한 여기서는 신위 이미지 사이의 위계가 드러나 있다. 소상은 화상보다 높고, 소상 중에서도 좌상은 입상보다 높았다. 또한 공자가 문선왕으로 불리게 되면서 그 소상 역시 왕의 복장을 갖추게 되었다. 그러나 신라가 이와 같은 제도를 그대로 받아들였다는 증거는 없다.

고려 전기까지도 문묘의 신위는 화상이었다. 그리고 특정 시기에는 화상을 중국에서 가져오지 않고 직접 그리기도 했다. 고려 국학(國學)의 화상을 그려서 석전을 했다는 기록은 1091년(선종 8)과 1101년(숙종 6) 등에 나타난다.[118] 또 1303년(충렬왕 29) 5월에는 안향(安珦)의 요청을 받은 김문정(金文鼎)이 공자와 성현들의 상과 문묘에 쓸 제기를 원에서 가져왔다. 그러나 이때 가져온 상이 누구의 것이었는지, 어떤 형태였는지는 기록에 따라 차이가 있다. 『고려사』「세가」에서는 "선성(宣聖), 십철의 상"이라고만 되어 있고,[119] 안향열전에는 "선성(先聖)과 70자의 상을 '그려' 왔다"라고 되어 있다.[120] 한준겸(韓浚謙)이 편찬한 「유천차기(柳川箚記)」에는 조금 더 자세한 전승이 실려 있다.

> 국학의 학정(學正) 김문정이 선성, 십철의 상 및 문묘 제기를 가지고 원에서 돌아왔다. (…) 국학을 다시 세우면서 (선성과 십철을) 소상으로 봉안하였고 동·서무의 70자는 위판을 썼다.[121]

이때 성상과 제기, 악기 등을 원에서 가져온 것은 대성전이 다음 달에 완성될 예정이었기 때문이다.[122] 「유천차기」를 따른다면 이것이 고려에서 문묘에 소상을 놓았다는 최초의 기록이 된다. 문제는 안향열전에는 김문정이 상을 '그려' 왔다고 되어 있는데, 실제 문묘에 봉안된 것은 소상이었다는 점이다. 아마도 문묘의 소상은 원에서 가져온 화상을 모델로 고려에서 제작된 것으로 보인다. 이런 추론은 후술할 다른 사례들에 의해서도 뒷받침된다.

또 다른 문제는 증축된 문묘에 세워진 것이 누구의 소상인가 하는 점이다. 물론 조선시대 기록에서는 개성과 평양에 공자, 사성, 십철의 소상이 있었다는 사실이 확인된다. 그러나 이 체제가 단번에 완성된 것은 아닌 것으로 보인다. 우선 공자상이 제작된 것부터가 대성전이 완성되고 한참 후인 1320년(충숙왕 7)의 일이었다.[123]

이 일을 주도한 것은 왕삼석(王三錫)이라는 인물이었다. 그는 본래 남만인(南蠻人)으로 상선(商船)을 타고 원에 들어와 있다가 충숙왕을 만나 함께 고려에 들어오게 되었다. 왕삼석은 유학제거(儒學提擧) 자리에 있으면서 공자의 소상을 만들려 했고, 왕은 몸소 은병(銀瓶) 30개를 내고 대신들의 모금을 받아 이를 지원했다. 그러나 성균관에서는 이에 반발하며 대성전 문을 닫고 들여보내지 않았다. 이에 왕은 박사(博士) 이훤(李暄), 학록(學錄) 신즙(申諿) 등을 파면하고 공자 소상 설치를 강행했다.[124]

이처럼 개성의 문묘 소상 설치는 성균관 학자들의 맹렬한 반발 속에서 이루어졌다. 그러나 반발의 명분이 무엇이었는지는 이 기록만으로는 확정하기 어렵다. 소상 설치 자체에 반대했을 가능성도 있고, 왕의 측근에 있으면서 세도를 부렸던 왕삼석에 대한 반감 때문이었을 가능성도 있다. 어느 쪽이든 처음 제작될 때는 혼선이 있었지만 개성 문묘의 공자상은 곧 강력한 상징적 권위를 가지게 되었다. 고려 말인 1367년(공민왕 16)에는 성균관을 옛 숭문관 자리에 새로 지으면서 문묘도 이전했다. 이때 공자상이 이동하자 문무백관이 관대를 착용하고 시위(侍衛)하기도 했다.[125]

그렇다면 공자 외의 나머지 성현들의 신위는 어떤 형태였는가? 『고려사』「예지(禮志)」에 포함되어 있는 문묘 신위 목록에 따르면 안회(顔回)만이 북벽(北壁)의 공자 신위 옆에 배향되었고, 전(殿) 안의 나머지 세 벽에는 이들 외의 13위(位)가 사성이나 십철과 같은 구분 없이 나누어 배치되었는데, 이 중에는 설총과 최치원도 포함되어 있었다. 그리고 나머지 70자는 동무와 서무에 나누어 배치되었다.[126]

가오밍시는 이 자료를 바탕으로 고려시대에 십철의 소상이 만들어졌으므로 이들과 같이 배향된 설총, 최치원 등도 소상이었을 거라고 주장했다.[127] 그런데 이 신위 목록에는 1020년, 1022년에 각각 배향된 최치원과 설총은 포함되어 있으나 1319년에 배향된 안향은 빠져 있다. 그리고 1023년에 최치원에게 추봉된 문창후(文昌候)라는 시호가 붙어 있다. 그러므로 이 신위 목록은 1023~1319년에 성립된 것이다. 그런데 십철의 소상이 공자 소상보다 먼저 설치되었을 가능성은 낮으므로, 십철의 소상이 제작된 것은 아무리 일러도 1320년 이후의 일이다. 그러므로 이 신위 목록에서 누가 소상으로 만들어졌는지를 추정하는 것은 무의미하다.

또한 조선 초에 『고려사』를 편찬할 때 참고한 사전(祀典) 자료가 1319년 이전의 것이라면, 그 후에 공식적인 사전 개혁은 이루어지지 않았다고 보아야 할 것이다. 아마도 원의 것을 그대로 가져다 썼기 때문이거나, 사전을 정리할 만큼 정치 상황이 안정되지 않았기 때문이 아닌가 한다. 그런데 『세종실록』에 실려 있는 사전에는 문묘의 신위가 문선왕, 사성, 십철의 체제로 정리되어 있다.[128] 그리고 이에 앞서 1404년(태종 4)의 실록 기사에는 그와 같은 체제가 완성되었을 당시의 상황이 명시되어 있다.

성국공(郕國公) 증자(曾子)와 기국공(沂國公) 자사(子思)를 선성(先聖)의 배향위(配享位)로 올렸다. 처음에 증자는 십철의 자리에 있었고, 자사는 종사(從祀)의 대열에 있었다. 좌정승 하윤(河崙)이 사신으로서 입조했다가 두 스승의 도상(圖像)을 얻어 가지고 와 의견을 올려서 소상을 빚어 배위(配位)에 올렸다. 또 자장(子張)의 소상을 만들어서 십철의 대열에 포함시켰다.[129]

이 자료는 문묘 소상에 대해 앞에서 규명되지 않은 몇 가지 문제를 해결해줄 수 있는 중요한 단서를 제공해준다. 이 당시에 이미 문묘 소상은 공자와 '선성(先聖)'들의 배향위, 십철로 구분되어 제작되어 있었다. 그리고 이때의 선성이란 네 명이 아니라 안자와 맹자 두 명이었을 것이다.[130] 그러나 이것이 「오례」의 문선왕, 사성, 십철의 체제로 완성된 시점은 고려 때가 아니라 조선 건국 이후인 1404년의 일이었다. 또한 소상 제작은 중국의 도상을 모델로 하여 조선에서 직접 만드는 방식으로 이루어졌다는 사실도 확인할 수 있다. 그렇다면 고려 충렬왕 대 이후에 만들어진 소상 역시 중국의 도상, 정확히는 1303년에 김문정이 가져온 화상을 참조해 만들어졌을 가능성이 높다.

이제 우리는 질문의 방향을 조금 전환해야 할 것 같다. 조선시대의 문묘 소상 문제에서 규명해야 할 점은 "왜 '신주의 문묘'가 건설되었음에도 불구하고 '소상의 문묘'가 그대로 유지되었나?"가 아니라, "왜 '소상의 문묘' 체계가 확립되던 시점에 새로 만드는 문묘는 '신주의 문묘'로 건설되었는가?" 하는 것이다.

신주의 문묘

중국에서 공자와 성현들의 화상 및 소상은 적어도 당 이후에는 공식적으로 사용되고 있었다. 그러나 명대 초기에 송눌(宋訥), 구준(邱濬) 등 몇몇 학자들에 의해 일련의 성상파괴론이 제기되기 시작했다. 그리고 그 영향으로 명 태조는 새로 건설한 남경의 국자감에서 공자 이하 성인들의 소상을 없애고 신주를 설치했다.[131]

그러나 이 실험적인 조치는 더 이상 확산되지 않았다. 오히려 1410년(명 영락 8)에는 성현의 그림이나 소상의 복장을 '옛 제도에 부합하도록' 바로잡으라는 조치까지 나온다.[132] 또한 북경 천도(1421) 이후에는 원대에 조성된, 그러나 '옛 제도에 부합하도록' 바로잡은 문묘 소상을 사용하게 되었다. 이런 상황은 1530년(명 가정 9) 문묘 사전 개정 때 장총(張璁)의 주장으로 문묘의 소상이 나무 신주로 대체될 때까지 유지되었다.[133] 만일 마테오 리치가 100년 일찍 태어나 중국에 왔다면 "중국인의 공자 제사는 우상숭배가 아니다"라고 주장하기가 훨씬 곤란했을 것이다.

한양에 처음 문묘가 건설된 것은 태조 때다. 그러나 1400년(정종 2)의 화재로 이 최초의 문묘는 소실되었다. 한양의 문묘가 재건된 것은 1407년(태종 7)에 이르러서이다. 새로운 문묘에는 공자와 사성의 신위가 봉안되고 동, 서의 익실(翼室)에는 십철이, 양무(兩廡)에는 종사(從祀) 제현(諸賢)이 모셔졌다. 그러나 이때 신위에 소상이 사용되었는지, 신주가 사용되었는지는 명시되어 있지 않다. 그런데 1409년(태종 9) 실록 기사에 문묘의 문선왕, 사배위, 십철의 '위판(位版)' 규격을 논의한

예조의 보고가 기재되어 있다.[134]

　이에 따르면 문묘의 위판 규격에 대해서는 "옛글에 없었다." 그래서 공자의 신위는 『홍무예제』의 사직단 신패(神牌)의 규격을 준용하고, 사배위를 그보다 한 단계 아래 규격으로, 십철을 그 한 단계 아래 규격으로 제작하게 되었다. 제왕 능묘의 각종 제물과 제기 규격이 사직단과 같다는 사실이 공자의 신주를 사직의 그것과 같은 규격으로 제작하는 근거가 되었다. 신위로서의 신주와 소상이 동시에 사용되는 사례는 좀처럼 발견되지 않는다. 그렇다면 한양 문묘는 1407년에 재건되었을 때부터 신주를 쓰다가 1409년에 규격이 개정되었거나, 늦어도 1409년 위판 규격이 확정된 이후에는 처음으로 신주를 쓴 것이 된다.

　태종 대에 만들어진, 소상을 쓰지 않는 '신주의 문묘'는 아마도 당시 명나라의 경사(京師)였던 남경의 국자감을 모델로 했을 것으로 짐작된다. 그러나 당시 명에서도 소상을 쓰지 않는 문묘는 결코 일반적인 모습이 아니었다. 앞에서 살펴보았듯 한양에서 문묘가 재건되기 얼마 전, 개성에서는 명의 예제에 따른 '소상의 문묘' 체제가 완성되고 있었다. 그런데 거의 같은 시기 조선은 기존의 사전에도 없고, 『홍무예제』에도 없는 문묘 위판의 규격을 스스로 만들면서까지 '신주의 문묘'를 건설한 것이다.

　뒤에 더 자세히 이야기하겠지만, 훗날 조선에서는 소상의 문묘를 원의 제도로, 신주의 문묘는 조선 고유의 제도로 이해하는 경우가 많았다. 그러나 실제로 조선에서 두 제도는 15세기 초반 한양과 개성의 문묘에서 각각 동시에 정비되었다. 그리고 두 제도의 모델은 모두 명나라였다. 똑같이 명에서 도입하여 정비한 제도가 이토록 이질적인 모습을 보이게 된 근본적인 이유는, 명에서도 두 제도가 통일되지 않고 공존하고 있었기 때문이다.

중국 사신들이 본 조선의 공자상

어쩌면 조선에서 문묘의 신위 문제는 그다지 중요한 논의 거리가 아니었을지도 모른다. 거의 같은 시기에 한양과 개성에서 문묘 신위 구성의 개정이 있었음에도 불구하고, 국초의 실록 및 문집 자료에는 이에 대한 논의가 거의 나타나 있지 않기 때문이다.[135] 오히려 조선의 문묘 소상 문제에 대해 많은 자료를 제공해주는 것은 조선을 방문했던 명나라 사신 관련 기록이다.

사신들은 조선의 예제에 많은 관심을 가졌고, 예제에 대한 검열과 문제 제기는 제후국에 대한 천자국 사신의 권위를 확인하는 중요한 임무 가운데 하나였다. 15세기에 조선을 방문해 한양, 개성, 평양 등지의 문묘를 방문한 사신들은 소상의 유무에 비상한 관심을 보였다. 이는 명 사신들의 사행록(使行錄)과 조선 측의 기록에서 모두 확인된다.

조선 문묘의 신위에 대한 명나라 사신의 반응은 1435년(세종 17) 실록 기사에서 처음으로 보인다. 명 정통제(正統帝)의 즉위를 기해 조선에 온 명 사신 낭중(郎中) 이약(李約)과 원외랑(員外郎) 이의(李儀)가 성균관 문묘에서 알성례(謁聖禮)를 행했을 때의 기록이 그것이다.

사신이 예를 행하고 통역관에게 물었다. "성상이 있는가?"

답했다. "신위패가 있습니다."[136]

이 짤막한 언급이 한양 문묘에 소상이 없었다는 최초의 자료다. 그러나 이 문답의 맥락이 드러나 있지 않기 때문에 사신이 어떤 의도로 성상, 즉 소상의 유무를 물었는지는 알 수 없다. 그런데 15년 후인 1450년(세종 32)에 정통제를 이은 경태제(景泰帝)의 즉위를 알리러 조선에 와서 알성례를 한 명 사신 예겸(倪謙)은 이와는 다른 기록을 남기고 있다.

그 사당의 편액은 대성전이라고 했다. 사당의 구조는 영성문(靈星門), 의문(儀門), 정전(正殿)과 양무(兩廡)로 되어 있었다. 성현은 모두 소상으로 갖추어 있어 모두 중화(中華)와 같았다.[137]

정통제의 사신들이 한양의 대성전에 왔을 때는 '소상이 없는 문묘'를 봤는데, 불과 15년 후 경태제의 사신은 '소상이 있는 문묘'를 본 것이다. 이상한 점은 여기에서 그치지 않는다. 조선 측 기록에 따르면, 예겸은 성삼문(成三問)에게 평양의 기자(箕子) 사당에 대해 묻고 돌아가는 길에 방문하기로 했다.[138] 그리고 예겸은 돌아가는 길에 평양에 들러 다음과 같은 일기를 쓴다.

신미일, 평양을 출발하다. 성안에서 선성(宣聖), 단군(檀君), 기자(箕子)의 세 사당을 참배했다. 사당은 모두 나무 신주였다.[139]

예겸의 기록을 신뢰한다면, 1450년 당시 한양의 문묘에는 소상이 있었던 반면, 오히려 평양의 문묘에는 신주만 있었던 것이 된다. 물론 이것은 대부분의 자료와 모순되므로 예겸의 착오일 가능성이 크다. 일례로 김종직이 성주향교에서 소상을 보고 분개한 것은 1455년의 일이었으며 당시 그는 성균관에 다니고 있었다.[140] 그렇다면 당연히 성균관 대성전을 본 적이 있을 텐데, 1450년대 당시에 한양 문묘에 소상이 있었다면 성주향교에 대해 그런 식의 반응을 보이지는 않았을 것이다.[141] 그러나 어떤 이유에서건 사신 예겸의 방문 당시 한양과 평양의 문묘 제도가 일시적으로 뒤바뀌어 있었을 가능성은 여전히 남아 있다. 이에 대한 판단은 유보해둘 수밖에 없겠다.

성종 대에는 이미 개성과 평양은 '중국처럼' 소상이 있고, 한양에는 '예(禮)에 따라' 신주만 있다는 인식이 상식이 되어 있었다. 1488년(성종 19)에 명 홍치제(弘治帝)의 즉위에 맞춰 조선에 온 사신 동월(董越)은 평양, 개성, 한양의 세 문묘를 모두 방문했다. 그리고 각각에 대한 기록이 그의 『조선부(朝鮮賦)』에 남아 있다. 당시 평양의 문묘에는 "소상이 설치되어 있었고, 상은 모두 면류관을 쓰고 치마를 입고 있었다."[142] 그러나 기자와 단군의 사당은 나무 신주를 썼다. 조선 측의 기록에는 당시의 상황이 좀 더 자세히 나타나 있다.

> (사신이) 또 문묘에 가 사배례(四拜禮)를 행했습니다. 안으로 들어가서 선성과 사성, 십철의 소상을 보고는 신(臣)에게 말했습니다. "이것은 중국의 소상과 좀 다르군요." 신은 말했습니다. "소상은 도교, 불교와 같기 때문에 왕경(王京)의 문묘에서는 상을 설치하지 않고 나무 신주만을

씁니다." 정사(正使)가 말했습니다. "그게 예에 맞습니다." 신이 또 말했습니다. "이것 또한 나무 신주로 바꿔야 마땅하겠습니다만 그 유래가 이미 오래되어 고치지 않았을 뿐입니다." 정사가 말했습니다. "원래 있었다면 상관없습니다."[143]

이 문답은 여러 면에서 흥미롭다. 동월은 처음에 평양의 문묘 소상이 중국 것과 다르다는 점을 문제 삼으려 한 것으로 보인다. 소상이나 화상이 실제 대상과, 그리고 지방마다 다르다는 것은 예학적으로 상을 쓰는 것이 문제가 되는 중요한 이유 중 하나이기도 했다. 그러나 위의 보고문을 작성한 원접사(遠接使) 허종(許琮)은 그에 대해 변명하는 대신 한양에서는 도교나 불교와 같은 소상을 쓰지 않고 신주만을 쓴다고 선수를 친다. 동월은 그에 대해 칭찬할 뿐만 아니라 평양의 소상도 문제가 없다고 승인하고 있다. 사실 그럴 수밖에 없는 것이, 명의 상황도 조선과 비슷했기 때문이다. 개국 초의 수도였던 남경에는 신주만 있는 문묘를 만들었지만, 당시의 수도인 북경의 문묘에서는 원대에 만들어진 소상을 그대로 쓰고 있었던 것이다.

개성의 문묘 소상에 대해서 동월은 짤막하게 "성현은 모두 소상으로 평양과 같다"라고만 썼다.[144] 그리고 한양의 문묘에 도착해서는 다음과 같이 찬탄했다.

서경과도 견줄 수 없고, 개성과도 비길 수 없네. 제사에 상(像)을 두어서 더럽히지 않는구나.[145]

여기에서 주목하고 싶은 것은, 15세기 명나라 사신들의 문묘 소상 유무에 대한 관심과 당시 명에서 유행했던 문묘 성상 논쟁과의 관련성이다. 15세기 명과 조선의 많은 지식인은 소상을 불교나 도교적 요소가 유교에 침투한 '오염'으로 인식하고 있었다. 그러나 실제로 그들이 일상적으로 경험하는 것은 '소상의 문묘'였다. 그리고 이념적으로는 '신주의 문묘'를 지지하면서도 문묘 소상 제거에는 소극적이었다. 예부터 전해 내려오는 예제를 바꾸는 것은 언제나 부담이 되는 일이다. 의례에는 이론적 논의만으로 곧바로 바꿀 수 없는 관성이 있기 때문이다. 무엇보다 공자와 성현들의 상을 훼손하거나 땅에 묻는 것은 더더욱 내키지 않는 일이었다. 이러한 예학적 이상과 실제 의례의 불일치 속에서, 조선 문묘 소상의 문제는 명 사신들도 고민하고 있던 문제였던 것이다.

100년 동안의 더러운 풍습

한양과 남경의 문묘는 '소상의 문묘'가 일반적이었던 상황에 세워진 '신주의 문묘'였다. 그리고 두 도시는 모두 새로운 왕조가 새로 건설한 도읍이었다. 여기에서는 기존의 예제를 바꾸는 것에 대한 정치적 부담이나 기존의 공자상을 부숴야 하는 심적 거부감 없이 예학적 이상에 맞는 문묘를 건설하는 것이 가능했다. 명과 조선에서 모두 소상이 있는 기존의 문묘(개성, 평양, 북경)는 유지하면서도 새로 건설된 경사(京師)의 문묘(한양, 남경)에는 신주만을 둔 것은 그런 이유 때문이었다.

예학적 담론 차원에서 신주의 문묘의 우위가 분명해진 이후에도 소상의 문묘는 여전히 포기되지 않았다. 그것은 앞서 논한 바와 같은 의례의 관성과 신성한 이미지를 파괴하는 것에 대한 거부감 때문이었다. 그렇다면 여기에서 묻지 않을 수 없는 것은 왜 하필이면 이 시기에 명과 조선에서 '소상의 문묘'가 새삼 문제가 되고, '신주의 문묘'를 만들려는 시도가 나타났는가 하는 것이다.

명초의 학자 구준은 공자 제사에서 소상을 제거해야 한다고 주장한 대표적인 인물이다. 무엇보다 그는 소상을 설치하는 것은 중국의 예가 아니라고 보았다. 삼대(三代) 이전에 신에게 제사를 지낼 때는 모두 신주를 썼으며 소상은 불교의 영향이라는 것이다. 또한 각 지역마다 소상의 모습이 모두 달라서 성인의 형상을 닮지 않았다는 것도 문제가 된다. 그리고 천자가 소상으로 만들어진 선유(先儒)에게 절하는 것도 부당하다. 그는 당시 남경의 문묘에서는 태조 홍무제의 제도에 따라 소상 대신 신주를 세워두었다는 사실도 지적한다. 그러나 당시의 경사인 북경의 문묘에는 여전히 원나라 때 만들어진 소상이 사용되고 있다는 사실을 비판하고 있다.[146]

이와 같은 그의 논의는 명대에 유행했던 성상파괴론의 논리를 상당 부분 반영한다고 볼 수 있다. 그리고 이는 조선에서 성상이 없는 '신주의 문묘'가 건설되는 데도 일정 부분 영향을 주었을 것이다. 그런데 왜 하필 명초에 문묘에 대한 성상파괴론이 유행했는가? 물론 송의 소식(蘇軾)이나 주희(朱熹) 등도 문묘에 공자 소상을 둔 것을 문제 삼은 바 있다. 그러나 그것은 어디까지나 공자상이 땅에 놓인 제물을 '엎드려' 먹게 하는 것처럼 보여 예에 맞지 않는다는 등의 차원이었

지, 공자 신위의 이미지화 자체를 거부한 것은 아니었다.[147]

구준이 작성한 그와 동시대의 관리 임악(林鶚)의 묘지(墓誌)에는 당시의 분위기를 반영하는 일화 하나가 포함되어 있다.

> 소주 학묘(學廟)의 상이 오래되어 떨어져 나간 부분이 많았다. 누군가가 그 옛 모습을 복원하고 더욱 꾸미고자 했다. 공(임악)은 분연히 말했다. "소상은 예부터 있었던 것이 아니다. 우리 태조가 태학에서 (소상을) 나무 신주로 바꾸신 것은 100년 동안의 더러운 풍속을 혁파한 것이다. 부서지지 않은 것이 있으면 오히려 부숴야 마땅한데, 마침 부서져 있으니 나무 신주로 바꿔서 안 될 것이 무엇이겠는가."[148]

임악이 소상을 "100년 동안의 더러운 풍속"이라고 부르는 것에 주목할 필요가 있다. 여기에서의 '100년'이란 원의 지배 기간을 가리키는 표현이다. 이것은 물론 역사적으로는 틀린 주장이다. 문묘에 소상을 쓰기 시작한 것은 적어도 당·송대까지는 확실하게 거슬러 올라가며 후한의 문옹석실(文翁石室)에 공자의 좌상이 있었다는 전승도 있기 때문이다.[149] 그럼에도 불구하고 명초의 지식인들 사이에서는 소상이 '옛 제도'에 맞지 않는 오랑캐의 풍습이라는 인식이 퍼져 있었다. 이 가상의 '옛 제도'는 때로는 불교가 유입되기 전을 모델로 할 때도 있었고, 송의 제도를 내세울 때도 있었던 것으로 보인다.[150]

'소상은 (오랑캐의 종교인) 불교의 영향'이라는 주장도 명초의 중화 의식과 벽이단론(闢異端論)이 결합한 결과로 이해할 수 있다. 이런 인식 속에서 "태조가 태학의 문묘를 나무 신주로 바꾸었다"라는 서사는 태조에게 원의 지배를 몰아내고 '옛 제도'를 회복시킨 군주라는 이미지를 부여하기에 알맞은 것이었다.

"자신들을 지배하던 '오랑캐'와의 싸움을 통해 군사적 업적을 세우고 마침내 새로운 왕조를 연 혁명 군주"라는 서사는 사실 조선의 태조 이성계에게도 똑같이 적용될 수 있는 것이었다. 김종직은 성주 향교의 소상을 비판하는 글에서 다음과 같이 말했다.

> 아! 성신(聖神)께서 시운을 만나시어 밝게 반제(頖制)를 옛것으로 복원하셨도다. 나무 신주를 봉안하고 석채(釋菜)하여 이로써 밝은 보답을 밝히셨다. 성덕(聖德)을 드러나지 않은 곳까지 비추어 주나라[姬室]의 규모를 구현하셨거늘 어찌하여 다시 고쳐 만들어서 여전히 예전 법도를 답습하는가?[151]

김종직은 태조가 문묘의 옛 제도를 복원해서 문묘에 신주를 봉안했다고 인식하고 있다. 물론 지금까지 검토한 자료만으로는 태조 당시에 세워진 문묘에 신주를 두었는지, 소상을 두었는지 확인할 수 없다. 이 구절을 통해 알 수 있는 것은 김종직이 활동했던 15세기 중후반의 상황이다. 소상의 문묘에 대한 그의 당혹감에서 확인할 수 있듯이 조선에서는 개성과 평양, 그리고 성주향교 등의 일부 예외를 제외하고는 한양에서 지방 향교에 이르기까지 '신주의 문묘'가 일반화되어 있었던 것으로 보인다. 그리고 그것은 혁명을 통해 건국된 새로운 왕조가 '옛 제도'를 복고(復古)시키며 만든 제도라는 신념 또한 유포되어 있었다. 유사한 신화를 가졌던 명에서 남경의 것과 같은 신주의 문묘가 실험적이고 예외적인 경우였던 반면, 조선에서는 오히려 개성과 평양의 소상의 문묘가 이례적인 사례였다.

바라보기에 존엄한 공자상

지금까지 조선에서 '신주의 문묘'와 '소상의 문묘'가 공존하게 된 과정과 원인을 검토해보았다. 현재의, 그리고 당시의 통념과는 달리 두 제도는 조선 초기인 15세기 초에 거의 동시에 완성된 것이었다. 또한 이 공존 체제는 한동안 별다른 충돌 없이 유지되었다. 그러던 문묘의 소상 문제가 처음으로 공식적인 논란이 되었던 것은 1480년(성종 11)의 일이다.

> (임금께서) 승정원에 전교하셨다.
> "중국의 국자감과 우리나라 평양, 개성부의 학궁에서는 모두 소상을 써서 선성과 선사를 제사 지낸다. 나는 성균관 대성전에서도 소상을 썼으면 좋겠는데 경들의 생각은 어떤가?"
> 대답했다. "옛 선비가 '흙과 나무로 만든 초상은 부처의 소상과 다르지 않다'고 했으니 안 됩니다."
> 전교하셨다. "선비가 이단을 변별하려 하다 보니 그런 논의가 있었던 것이다. 그러나 원나라와 고려에서 어찌 생각한 바도 없이 그렇게 했겠는가?"
> 도승지 김계창(金季昌)이 말했다. "조종조(祖宗朝)로부터 위판을 써왔습

니다. 하던 대로 하는 것만 못합니다."

좌승지 채수(蔡壽)가 말했다. "문묘에서 소상을 쓰는 것은 원나라 때부터 시작되었습니다. 제 생각에 소상이라는 것은 오랑캐 풍습에서 나온 것인데, 고려에서 또 따라서 본받은 것입니다."

전교하셨다. "내 생각에는 소상을 쓰면 바라보기에 존엄(尊嚴)할 것 같다. 원나라의 법이 만약 본받을 만한 것이 못 되었다면 고려가 왜 따라 했겠는가?"[152]

뜻밖에도 소상의 문묘와 신주의 문묘의 공존 상황을 처음 문제 삼은 것은 국왕인 성종이었다. 또한 그의 주장은 개성과 평양의 문묘를 한양의 신주의 문묘로 통일하자는 것이 아니라, 중국과 개성, 평양처럼 한양의 대성전도 소상의 문묘로 바꾸자는 것이었다. 또한 당시에 조선 사람들은 신주의 문묘를 중국의 제도와는 다른 조선의 특이한 현상으로 바라보고 있었다는 사실 또한 드러난다. '소상의 문묘'를 중국의 제도로, '신주의 문묘'를 조선의 제도로 보는 시각은 훗날 이수광(李晬光)에게서도 나타난다.

생각건대 삼대 이전에는 제사에 모두 신주가 있었다. 소상을 설치하는 것은 불교가 중국에 들어와서 시작된 것이다. 옛날 문묘 제도는 중국은 소상을 썼고, 우리나라는 위판을 썼다. 오직 개성과 평양 두 고을의 학궁에서만 소상을 봉안했는데, 이 역시 원나라 때 중국에서 온 것이다.[153]

명의 임악이 소주 문묘의 소상을 몽골 지배의 잔재로 보았다면, 이수광은 개성과 평양 문묘의 소상을 중국의 영향으로 보고 있는 셈이다. 앞의 성종과 승정원 승지들 사이에 오간 대화에서도 채수는 '문묘 소상은 원나라 때 시작된 것'이며 '고려가 원을 모방한 것'이라 주장하고 있지만, 이수광은 문묘 소상을 쓰는 것은 '중국의 옛날 문묘 제도'이며, 개성과 평양의 소상도 원나라 때 중국에서 들어온 것이라고 주장한다.[154] 두 주장은 표면적으로 유사해 보이지만 문묘 소상의 유래에 대해 '원나라'를 강조하는가, '중국'을 강조하는가는 중요한 차이다.

　1480년 논의 당시 성종의 인식은 훗날의 이수광과 유사하지만, 다소 독특한 점도 있다. 그는 '중국'과 개성·평양의 '소상의 문묘'를 한 범주로 묶어, 한양의 문묘를 이들과는 이질적인 것으로 취급하는 논법을 구사했다. 이에 대해 승정원의 반대 논리는 세 가지였다. 첫째, 소상은 불교와 같은 것이다. 둘째, 조종조로부터 신주를 써왔다. 셋째, 소상을 쓰는 것은 원나라의 몽골식 풍속을 고려가 모방한 것이다.

　성종은 이런 주장에 대해 다시 반론을 폈지만 실록에 따르면 그 근거는 하나같이 빈약했다. 소상이 불교와 같다는 벽이단론적 주장에 대해서는 원과 고려에서도 소상을 썼으니 괜찮지 않겠느냐고 답했다. 조종조(태조)로부터 신주를 썼으니 그대로 하자는 반론에 대한 반응은 아예 없다. 소상이 원나라의 오랑캐 풍속[胡俗]이라는 주장에 대해서는 "소상을 쓰면 바라보기에 존엄할 것"이라는 다소 엉뚱한 답을 하고 있다.

　승지들의 주장은 문묘 소상에 반대하는 논자들의 전형적인 논리다. 그것은 명나라 학자들의 주장과 크게 다르지 않다. 성종의 반론은 논리적이라고 보기 어렵다. 오히려 신성한 대상에 구체적인 이미지를 통해 접근하고자 하는 '대중적'인 종교적 심성을 표현하고 있다. 정치적 차원에서는 엘리트 중의 엘리트인 국왕이 소상 문제에 대해서는 유교적 엘리트의 정형화된 성상부정론에 대해 일종의 '민중종교적' 반응을 보이고 있는 것이다.[155] 사실 성종의 주장은 이론적 명분보다는 의례에서 이미지를 사용하는 것에 대한 가장 원초적이고 솔직한 이유를 드러내고 있다.

승정원의 반대에도 불구하고 성종의 태도는 적극적이었다. 그는 바로 다음 날 영의정, 이조판서, 예조판서를 소집해 성균관 문묘에 소상을 쓰고자 하는 뜻을 전하고 검토를 지시했다.[156] 그러나 이후의 실록 기록에서 이 논의의 후속 조치는 전혀 나타나지 않는다. 성종 대에는 『승정원일기(承政院日記)』 등의 자료도 전하지 않으므로 이후 이 일이 어떻게 진행되었는지는 확인할 수 없다. 그러나 당시 한양 문묘에 소상을 설치하려는 성종의 계획이 실패한 것은 분명하다. 명의 사신 동월이 한양 문묘에 소상이 없다고 한 것이 그로부터 8년 후인 1488년이기 때문이다.

승정원 승지들의 반대에 강경하게 대응하던 성종의 태도를 생각한다면 이와 같은 기록의 공백은 이해하기 어렵다. 그러나 성종 대 초기에 한양의 '신주의 문묘'가 한 차례 존폐의 위기를 겪은 것은 분명하다. 이 문제가 다시 논의되었던 1490년(성종 21)에 이르면 상황은 완전히 역전되어 있다.

심회(沈澮)가 아뢰었다. "신이 지난번에 개성부의 학궁에 갔더니, 대성전의 선성(宣聖)과 십철의 소상이 어떤 것은 팔다리가 떨어져 있고, 어떤 것은 색칠해놓은 것이 벗겨지기도 했습니다. 만약 중국 사신이 본다면 국가에서 존숭하는 뜻이 없다고 여길 것입니다. 또 소상은 옛 제도에 맞지 않으니 위판으로 바꾸는 것이 어떻겠습니까?"

성현(成俔)이 말했다. "평양의 학궁은 선성과 십철이 모두 소상이고, 요동반궁(遼東泮宮)도 소상을 설치했습니다. 우리나라는 지난 왕조부터 모두 소상을 설치했으니 그 유래가 이미 오래되었습니다."

주상께서 말씀하셨다. "소상은 지난 왕조의 옛것이니 아마 갑자기 바꿀 수 없을 것이다. 학궁을 빨리 수리하라."[157]

앞에서는 한양 문묘의 신주를 소상으로 바꿀지를 두고 논의했는데, 10년이 지난 뒤에는 오히려 개성 문묘의 소상을 신주로 바꿀지를 논의하고 있다. 성종의 입장은 여전히 소상을 지지하는 쪽이다. 그러나 기존의 신주까지도 소상으로 바꾸려 했던 앞서의 공격적인 태도와는 달리, 여기에서는 개성 문묘의 소상을 없애지 않고 수리하는 것으로 만족하고 있다.

문묘의 신주와 소상에 대한 성종 대 두 번의 논의 사이에 무슨 일이 있었던 것인가? 심회가 개성 문묘의 소상을 문제 삼은 이유는 크게 두 가지였다. 하나는 옛 제도에 맞지 않는다는 것으로 이는 당시 소상을 반대하는 전형적인 논리였다. 그런데 여기서 보다 강조되고 있는 것은 중국 사신의 시선이다. 이와 같은 논의는 불과 2년 전 명의 사신 동월이 평양 문묘의 소상을 문제 삼고 한양 문묘의 신주에 찬탄하고 돌아간 사건을 빼놓고는 이해할 수 없다. 아마도 이 사건은 성균관 대성전에 '바라보기에 존엄한' 소상을 놓으려던 성종의 뜻을 단념시켰을 것이고, 김종직·심회 등의 성상 반대론자들에게는 고무적이었을 것이다.

성종 대에는 두 차례에 걸쳐 문묘 신위 제도의 통일이 논의되었다. 첫째는 성종이 제안한 '소상의 문묘'로 통일하는 것, 둘째는 성상 반대론자들이 내놓은 '신주의 문묘'로 통일하는 것이었다. 그러나 두 가지 방향의 논의는 어떤 변화도 이끌어내지 못했다. 신주는 '옛 제도[古制]'에 부합하는 것이므로 다시 소상으로 바꿀 수 없었다. 또한 소상은 고려의 '오래된 제도[舊制]'이므로 함부로 폐할 수 없었다. 두 제도의 공존 상황은 계속 이어졌으며 이후 약 100년간 이에 대한 공식적인 논의는 이루어지지 않았다. 그 기간 동안 명에서는 신위 문제와 관련된 중대한 사건이 일어난다.

가정제의 의례 개혁

중국에서 명초부터 유행하던 성상파괴론이 제도적으로 시행된 것은 1530년(가정 9)에 이르러서였다. 당시 대학사(大學士) 장총(張璁)이 제안한 문묘의 사전 개혁에는 공자 및 종사 성현들의 묘호를 개정하는 것, 문묘 성현들의 선대(先代)를 모시는 계성사(啓聖祠)의 설치, 종사되는 역대 선유(先儒) 신위의 승출(陞黜), 변두(籩豆)와 악(樂)의 규모의 개정이 포함되었다. 그 가운데 우리가 주목하고자 하는 것은 이때에 이

르러 문묘 의례에서 소상을 없애고 나무 신주를 쓰는 제도가 전국적으로 시행되었다는 것이다.[158]

> 장복(章服): 공자에게 장복을 입히는 것은 소상의 혼란으로부터 비롯되었다. 이제 우리 성조(聖祖)께서 정하신 남경 국자감의 규제에 따라 나무로 신주를 만들되 그 규격을 정식화한다. 그 소상은 국자감은 제주(祭酒) 등 관리에게, 학교는 제학(提學) 등 관리에게 명하여 병풍을 쳐서 거두어 치우되 남겨둘 수 없도록 한다. 선사(先師)와 선현(先賢)의 신이 다시는 흙과 나무의 요망함에 의지하지 않도록 하여 석씨(釋氏)의 가르침과 구별한다.[159]

그러나 조선은 가정 9년의 문묘 사전 개혁을 선택적으로 받아들였다. 박종배는 당시 조선의 대응을 다음과 같이 정리하고 있다.

1) 묘호(廟號) 개정 문제의 경우, 조선에서는 이를 끝까지 수용하지 않고 공자의 왕호(王號)와 배향(配享)·종사(從祀) 유현(儒賢)의 작호(爵號)를 그대로 유지했다.

2) 유현(儒賢) 승출(陞黜) 문제의 경우, 조선은 명의 개제(改制) 내용을 참고하여 일부 승출을 단행했으나 명의 제도를 맹종하지 않고 주체적 관점에서 취사 선택했다.

3) 계성사(啓聖祠) 설립 문제의 경우, 조선에서는 계성사 설립에 내포된 '숭유중도(崇儒重道)'의 의미를 수용하여 오랜 논의 끝에 숙종 대에 계성사를 설립했다. 그러나 중국과는 달리 주향(主享)·종향(從享)의

신위에 모두 이전과 같이 작호(爵號)를 부여했다.

4) 목주(木主) 사용 문제의 경우, 명에서 소상을 철거하기 이전부터 조
선에서는 신위에 목주를 사용하고 있었다.[160]

이 가운데 우리의 이야기와 관련되는 것은 4번 항목이지만, 위의
주장은 당시 조선에 개성과 평양 등 '소상의 문묘'가 존재했다는 사
실을 간과하고 있다. 그런데 실제로 이 문묘 예제의 수용 여부에 대
한 몇 차례 논의에서 소상 철거 문제는 아예 언급되지 않는다. 나머
지 문제에 대해서는 장기간에 걸쳐 반복적으로 논란이 제기된 점에
비추어 보면, 조선에서 명의 소상 제거는 인식조차 되지 않았던 문제
인 것으로 보인다.

명의 예제와 조선의 예제 사이의 불일치 문제가 담론화되는 주된
통로는 양국 사이를 오가는 사신이었다.[161] 그런데 소상 문제에 대해
서는 명 사신들도 그다지 철저하고 통일된 태도를 보이지 않았다. 가
정 9년의 문묘 사전 개혁이 거의 완료되었을 즈음인 1537년(가정 16)
에 황태자의 탄생을 알리러 조선을 방문한 사신 공용경(龔用卿)의 기
록을 참고해볼 만하다. 그의 『사조선록(使朝鮮錄)』에 따르면 그는 당시
평양과 한양의 문묘를 방문했다. 그는 평양의 명승 21곳에 대한 시를
남겼는데 그 가운데 하나가 문묘였다.

동쪽 나라가 문교(文敎)를 지키니 도를 공경하고 묘모(廟貌)를 높이는구나.
황제의 교화로 유풍(儒風)을 중시하니 조금씩 효험이 있는 바를 알겠도
다.[162]

그는 앞에서 살펴본 선대의 사신들과는 달리 평양 문묘의 소상에 대해서는 언급하지 않았다. 그리고 한양의 문묘에 대해서는 따로 그 제도가 중국과 같고 융숭하다고 찬탄하는 「알공자묘기(謁孔子廟記)」라는 글을 남겼다. 여기에서 문묘 신위에 대해 "신좌(神坐)는 모두 나무 신주로 되어 있어 예부터 전해지는 뜻을 얻었다"라고 언급하고 있다.[163] 이와 같은 기록은 마치 가정제의 개혁된 문묘 제도가 이미 제후국인 조선에서도 시행되고 있는 것 같은 인상마저 준다.

그러나 조선 측의 기록에 따르면, 사신 공용경은 평양 문묘에서 다음과 같이 말했다.

> 천사(天使)가 29일에 평양에 들어와 기자묘(箕子廟), 단군묘(檀君廟) 등을 보고 싶어 했습니다. 신 등은 말했습니다. "길이 문묘 앞으로 나 있으니 지나가려면 알성(謁聖)을 해야 합니다." 천사가 가마를 타고 문묘 앞에 이르자 유생들이 공경하며 맞이하였습니다. 천사는 들어가 알성 했는데, 부자의 소상을 보고는 칭찬하고 감탄하며 말했습니다. "실로 문헌(文獻)의 나라로구나."[164]

본국에서는 문묘 개혁으로 전국의 문묘 소상이 제거되던 시기에 조선에 온 사신 공용경은 '신주의 문묘'에 대해서는 옛 제도에 맞아 훌륭하다고 쓰고, '소상의 문묘'를 방문해서는 문헌의 나라답다면서 찬탄한 것이다. 이 모순을 설명할 수 있는 방법은 물론 몇 가지가 있을 수 있다. 이를테면 공용경이 평양 문묘의 소상을 보고 '칭탄(稱歎) 했다'는 건 조선인의 시각이다. 굳이 공식적으로 문제 삼지 않았을 뿐 반어적으로 비꼬는 말이었을 가능성이 있다. 그러나 그보다는 문묘 소상에 대한 그의 생각이 조정의 공식적인 입장과 달랐다고 보는 편이 좀 더 개연성이 있겠다. 이 추측이 옳다면 그는 글에서는 가정제와 부합하는 한양의 '신주의 문묘'를 지지했지만, 실제로는 문묘 소상 제거에 안타까움을 느끼고 있었다고 볼 수 있다.

　이 단편적인 기록은 왜 명에서 이루어진 문묘 소상 혁파가 조선에는 수십 년이 지나도록 아무런 영향을 주지 못했는지, 더구나 왜 공자 묘호 변경 등 다른 문제와는 달리 조선에서는 논의조차 되지 않았는지에 대한 실마리를 제공해준다. 가정 8년의 문묘 사전 개혁은 가정제의 강행으로 이루어졌을 뿐 많은 관료의 동의를 얻지는 못했다.[165] 내부적으로도 폭넓은 동의를 얻지 못한 제도가 신속하게 전파되기는 어려운 일이다. 게다가 소상 문제는 그때까지 본격적으로 시행되지 않았을 뿐, 이미 논의가 충분히 진행되었기 때문에 상대적으로 강조되지도 않았다. 명과는 달리 이미 왕도의 문묘에 신주만을 두고 있던 조선에서는 더욱 그랬다.

　결론적으로 가정제 당시 명의 문묘 소상 제거는 조선에 아무런 파문도 미치지 못했다. 그러나 훗날 개성과 평양의 문묘에서 소상이 사라진 것에 대해, 후대 사람들은 그것을 '가정제를 따른 것'으로 이해했다.[166] 그러나 지금까지 살펴본 바로는 조선의 문묘 소상 문제에 대해 명의 영향은 미미해 보인다.

땅에 묻힌 공자상

그렇게 아무 문제 없이 유지되던 개성과 평양의 문묘의 소상은 1574년(선조 7)에 갑작스럽게 철거되어 땅에 묻힌다. 그런데 이 사건을 전하는 실록 기사는 단 하나뿐이다.

> 개성부의 유생들이 소상을 거두어 묻어버리는 것이 편치 못하다고 상소했다. 임금께서 대신들의 의견을 모아보라고 명하시니 좌상과 우상은 모두 바로잡아야 한다고 하고, 나머지는 꼭 고칠 필요가 없다고 했다. 임금께서 좌상과 우상의 의견을 따르셨다.[167]

물론 이 기록만으로는 어떤 명분으로 문묘의 소상을 제거했는지 확인할 수 없다. 여기에서 얻을 수 있는 정보는 당시 좌·우의정이었던 박순(朴淳)과 노수신(盧守愼)이 이 일을 주도했으며, 개성의 유생들은 이를 반대했다는 것 정도다. 이처럼 서술이 간략한 까닭은 전쟁중에 자료 대부분이 유실된 선조 초기의 기록이기 때문이다. 그러므로 당시의 상황을 좀 더 자세히 알아보기 위해서는 야사 자료를 이용할 수밖에 없겠다.

> 갑술년 여름, 송도 국학의 선성과 십철의 소상을 제거하고 위판으로 바꿀 것을 명하시다. (…) 이때에 이르러 소상은 부처와 닮아서 명궁(明宮)에 두기에는 알맞지 않다는 말이 있어 논의하게 하셨다. 위판으로 바꾸고 소상을 모처에 묻으려 하니 고을의 선비와 노인들이 상소를 올

려 중지해달라고 청하였으나 따르지 않았다. 물을 때에 고을 관리가 미리 가릴 것을 준비하지 않아 일에 임할 때에 이르러 (상들이) 쓰러지고 말았다. (임금께서) 그 일을 들으시어 파직하고 벌을 주셨다.[168]

이 자료에는 소상을 제거한 이유와 당시의 상황이 좀 더 구체적으로 드러나 있다. 두 자료 어느 쪽에서도 자세한 논의 내용을 찾아볼 수 없으나, 대략적인 상황을 재구성해볼 수는 있을 것 같다. 노수신, 박순 등은 당시 정계에 진출하고 있던 사림이다. 그들은 김종직의 「알부자묘부」에서 나타나는 것과 같은 성상파괴론을 공유하고 있었던 것으로 보인다.

소상의 매장은 조정 내에서도 반대에 부딪혔고, 무엇보다 개성 현지인들의 강력한 반발 속에서 이루어졌다. 또한 야사에는 소상을 제거할 때의 거부감을 최소화하기 위한 병철(屛撤) 절차도 제대로 갖추지 않았다는 사실을 전하고 있다. 이것은 이 일이 단계적인 논의와 절차를 따르기보다는 일부 급진적인 인사들에 의해 기습적으로 행해졌음을 시사한다.

이 사건에서 주목하고자 하는 것은 개성 유생들의 반응이다. 그들 역시 이념적으로는 소상 제거의 논리를 이해하고 있었을 것이다. 실제로 그들은 바로 얼마 전인 1566년에 개성 일대의 신상을 철거한 적도 있었다. 그러나 그들의 성상파괴론은 공자의 성상에는 적용되지 않았던 것이다.

고려 때부터 전해 내려오는 공자상을 비롯한 문묘의 소상들은 지역민들에게 각별한 의미를 가졌을 것이다. 바로 여기에 얼핏 보면 유교에 어울리지 않는 '소상의 문묘'가 그토록 오랜 시간 동안 유지될 수 있었던 숨은 근거가 있다. 조선인들에게 인식되는 공자는 현대인들에게 인식되는 공자와 달랐다. 공자는 사상가이자 스승이기 이전에 춘추로 제사를 받는 신성한 대상이었다.

특히 극도로 구체적인 이미지이며, 특정한 공간을 점유하는 소상으로 제작된 공자와 성현들이 당대인들에게 어떻게 경험되었는가 하는 것은 중요한 문제다. 물론 성상에 대한 경험은 불상 혹은 산신이나 성황의 소상과는 달랐을 것이다. 그러나 신성한 대상의 구체적인 이미지라는 점에서 불상 등 여타 신상에 대한 경험은 문묘 소상을 인지하는 방법에도 상당한 영향을 주었을 것이다. 이것은 문묘 소상을 '바라보기에 존엄'하다고 여기는 소상 찬성론자들에게는 물론이고, 이단 혹은 오랑캐의 풍습이므로 없애야 한다는 소상 반대론자들에게도 마찬가지였다.

결국 문묘 소상에 대한 당대인들의 인식이나 심성을 이해하기 위해서는 지식인들에 의해 공식적으로 제시되는 표준화된 논변만으로는 부족하다. 오히려 우리가 주목해야 할 것은 그러한 표준적인 이론 체계에서 일탈하는 독특한 표현들, 그리고 그 행간에 숨어 있는 세계관이다. 강경한 소상 반대론자였던 김종직은 '미신적'인 소상을 없애고 문묘 의례를 '합리화'하려고 했던 것이 아니다. 또한 그가 나무 신주를 택한 것은 그것이 단순히 '옛 제도'에 맞기 때문이 아니라, 밤나무가 주나라 사람이었던 공자의 영이 머물기에 알맞은 자리이기 때문이었다. 그리고 조잡하게 만들어진 진흙 소상은 잡귀들이 머물기에 알맞은 자리다. 그가 보기에 소상을 땅에 묻는 행위는 나쁜 영이 꼬이는 물건을 공자의 사당에서 추방하고, 공자가 머물기에 알맞도록 정화하는 행위였다.

15~16세기 조선의 문묘 소상 문제를 이런 세계관으로 일반화할 수는 없다. 1574년 소상 제거 당시 개성 유생들의 반응은 성상에 성인의 영이 모셔져 있다는 인식을 전제로 하기 때문이다. 오히려 주목해야 할 것은 '신주의 문묘'와 '소상의 문묘'가 공존하는 상황이 당대인들에게 성인의 영[聖靈]을 상상하는 법을 얼마나 다양하고 풍부하게 자극했는가 하는 것이다. 그리고 이단과 음사를 제거하기 위한 성상파괴주의를 한계까지 밀고 갔을 때, 유자들은 결국 스스로의 성상마저 파괴하기에 이르렀다.

2

무당과 유생

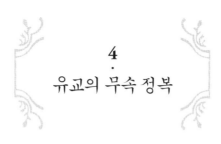

4
유교의 무속 정복

유교화와 기독교화

우리는 지금 조선시대 한국에서 일어난 장기적이고 지속적인 종교개혁에 대해 이야기하고 있다. 그것은 조선의 건국세력으로부터 비롯하여 왕조의 멸망에 이르기까지 시도된 프로젝트였다. 여기에서는 정치, 사상, 사회, 문화 전 영역에서 이루어진 이 과정을 유교화라 부르기로 한다. 일반적으로 이 용어는 송대 신유학(성리학)의 도입과 그것을 통한 사회개혁을 가리키는 말이다.

우리는 이 개혁의 종교문화적 측면에 집중하고자 한다. 그런 점에서 이 책에서 말하는 유교화는 유럽의 중세부터 르네상스와 종교개혁의 시기를 거치며 이루어진 기독교화에 대응되는 표현이다. 유럽의 기독교화는 제도화된 그리스도교가 자신들의 정통 교의를 거부하는 이단(heresy)과 전통적으로 존재하던 이교(pagan)를 배제하고 정복해 간 과정으로 묘사된다. 이 모델은 (물론 약간의 변형을 거쳐) 사회제도와 문화에 폭넓게 존재하던 비유교적 요소를 제거하고 순수한 유교 국가를 구현하려 했던 유교화 과정을 이해하는 데 도움이 된다.

유럽의 기독교화는 여러 주체에 의해 다양한 방식으로 이루어졌다. 가톨릭교회가 유럽에 뿌리를 내려 독점적인 지위를 점하기 위해서는 한편으로 로마의 정통성과 권위를 인정하지 않는 분파들과 투쟁해야 했으며, 다른 한편으로는 이교도 군주들을 개종시킬 필요가 있었다. 종교개혁 이후 가톨릭과 프로테스탄트는 각지 정치세력들의 지지를 받기 위해 경쟁해야 했다.

국가만이 아니라 개인을 기독교화하기 위한 작업도 동시에 이루어졌다. 지역적인 이교 신앙을 가지고 있던 일반 민중은 폭력적인 마녀사냥과 종교재판을 통해, 그리고 일상생활의 기독교 의례화를 통해 그리스도인으로 '만들어져' 갔다. 이것은 중세 초기의 한정된 시기에 이루어진 사건이 아니라 수백 년에 걸쳐 지속적으로 진행된 장기적인 기획이었다.

그렇다면 동아시아의 유교화는 유럽의 기독교화와 어떤 점에서 닮았는가? 유교에는 그리스도교와 같은 종파 분열이나 개종에 대한 요구가 없지 않은가? 분명 유교에는 문화적 교화(敎化) 이데올로기는 있지만 배타적 소속을 강요하는 측면은 적다. 유자(儒者)나 유생(儒生)을 자처하는 이들은 있었지만 이들 유교인(Confucianist)을 위한 교회나 교구 제도가 존재했던 것은 아니다. 따라서 유교 경전을 읽고 유교식 의례에 참여하는 유자는 동시에 불자(佛者)가 될 수도 있었다. 반대의 경우도 마찬가지였다. 동아시아의 승려들 중에는 유자를 자처하며 유교 경전에 불교적 색채를 띤 주석을 다는 인물도 적지 않았다. 유불도(儒佛道) 삼교는 상호 침투와 복수의 소속을 허용하는 대단히 유연한 체계였던 셈이다.

이런 상황에 변화가 일어난 것은 송대 신유교의 등장이었다. 송대는 유불도 삼교가 저마다 독자적이고 자족적인 체계를 추구한 시기였다. 불교는 당말에 등장한 선불교를 중심으로 더 이상 서역으로부터 수입된 종교가 아닌 자기완결성을 가진 중국 종교로 자리 잡아가고 있었다. 도교의 경우에도 이른바 신도교(新道敎)로 평가되는 전진교(全眞敎)가 등장했다. 이는 도교에 결여되어 있던 금욕적인 수행자 집단과 도덕적 교의를 내세우며 중국 북방에서 세력을 넓혀나갔다.

이 시기에 등장한 신유교는 국가의 제도와 의례 체계에 집중되어 있던 유교의 세계를 혁신적으로 확장해 불교와 도교가 강세를 보이던 영역인 수양론과 우주론까지 포괄하기 시작했다. 대표적으로 도교에서 주로 다루던 태극도(太極圖)를 유교적으로 재해석해 우주의 생성을 다룬 주돈이(周敦頤), 주역을 바탕으로 세계의 탄생부터 소멸에 이르는 과정을 순환적 시간관 속에 배치한 소옹(邵雍) 등이 있다. 이 새로운 경향을 집대성한 주자와 왕양명에 이르러 유교는 완전히 새로운 모습을 갖추게 된다. 이제 유자는 천지개벽과 우주의 원리, 개인의 수양을 다루기 위해 불교나 도교의 체계를 빌릴 필요가 없어졌다. 요순 같은 고대의 전설적인 통치자나 공자를 가리키던 성인의 경지에마저 수행을 통해 도달할 수 있다는 성인가학론(聖人可學論)이 등장했다. 부처나 신선을 목표로 하는 대신 성인이 되는 길이 열린 것이다.

유교에 대한 독특한 시각으로 주목을 받고 있는 아사노 유이치는 신유교를 기존의 '정통 신학'인 공양학으로부터 이탈한 '방계의 신흥종교'라고까지 주장한다.[169] 중국의 역사적·문화적 맥락에서 벗어나 동아시아 전역에 퍼져나간 유교란 바로 이 신유교라는 것이다. 이런 관점을 어떻게 평가할 것인가를 떠나서, 한국의 상황만을 본다면 고려 말 조선 초의 유자들이 이전과는 구분되는 독자적 정체성을 가지기 시작했다는 점은 분명해 보인다. 그들은 불교와 도교를 이단으로 보아 공적인 영역에서 배제하기를 원했다. 그리고 지역의 토착적인 신앙과 의례를 음사라 지목하며 유교적 제사로 대체하려 했다.

사상적 측면에서의 유교화에 대해서는 여러 논의가 있다. 이를테면 신진사대부나 사림파라는 사람들의 사회적 배경은 어떠했는가, 성리학에 대한 그들의 이해는 어느 정도였는가 하는 등의 문제다.[170] 이는 분명 흥미로운 문제이지만 유교화의 종교적 측면을 보려 한다면 조금 다른 주제에 주목할 필요가 있다. 종교에는 사상이나 담론이라는 요소도 있지만 의례적 실천, 공동체, 제도라는 영역도 있다.[171] 이것은 학자들의 사상사만으로는 포착되지 않는 요소다. 종교는 무엇보다 실천(practice)이다. 물질세계의 영역에서 벌어지는 종교적 실천을 우리는 의례(ritual)라고 부른다.

종교개혁으로서의 조선 건국

종교사적 관점에서 조선의 건국은 신유교를 통한 유교화의 개시이기도 했다. 그 신호탄은 정도전이 쓴 『불씨잡변(佛氏雜辨)』이었다. 이전에도 불교의 무분별한 사찰 건립이나 정치 개입에 대한 유자들의 경계는 있었다. 그러나 정도전의 비판은 그런 차원을 훨씬 넘어선 것이었다. 그는 불교의 세계관, 우주론, 형이상학, 수양론, 인간론, 도덕론을 모두 부정하며 이를 엄밀한 유교의 것으로 대체하려고 했다. 이런 일이 가능한 데에는 신유교를 받아들인 지식인들의 자신감에 있었다. 송대 신유교는 유교나 도교에 비해 상대적으로 결여되어 있던 종교적 세계관을 자기완결적인 체계로 완성하려고 한 시도였다. 그것은 고려 왕조와 원의 영향에서 벗어나 새로운 국가를 건설하기 위한 최적의 이념이었다.

유교화는 이념적·사상적 차원에서만 이루어진 것이 아니었다. 그것은 동시에 공적인 영역에서 불교·도교 등의 요소를 몰아내고, 국가 의례에서 더 이상 무당, 승려, 도사가 참여할 수 없게 하는 일도 의미했다. 고려 왕조는 왕실과 국가의 복을 빌고 때로는 정책적인 자문도 하는 국사(國師), 왕사(王師)를 정점으로 하는 공식적인 승직 제도를 갖추고 있었다. 그러나 조선 건국에 협력했던 무학(無學)을 마지막으로 이런 특권적인 지위를 가진 승려는 임명되지 않았다. 도교 의례를 수행하던 소격서는 철폐되었다. 국가 주도로 화려하고 장엄하게 이루어지던 연등회와 팔관회도 폐지되었다.

이런 이상을 공간적으로 구현한 것이 바로 한양 도성이었다. 새로운 왕도에는 불교 사원이 건설되지 않았다. 대신 유교 의례를 위한 공간이 체계적으로 배치되었다. 무엇보다 승려와 무당은 도성 밖으로 추방되었다. 그렇다고 해서 이 모든 과정이 하루아침에 이루어진 것은 아니었다. 관습과 문화의 저항은 만만치 않았다. 왕도 한양에서는 비교적 빠른 시간에 '정복'이 완료되었다. 그러나 도성에서 한 발짝만 나가도 통치력은 순식간에 힘을 잃는 듯했다. 산과 강 너머에 있는 광대한 지방의 영역 또한 미정복지로 남아 있었다. 결국 유교화는 이후 수백 년 동안 왕조가 멸망하는 그날까지도 완결되지 않았다.

유교화의 적은 크게 두 부류였다. 하나는 불교·도교 등 유교의 정통론을 위협하는 이단이고, 다른 하나는 국가 사전 체계를 오염시키는 올바르지 않은 제사인 음사였다. 이단에 대한 금지는 조선의 유자들이 유교인이라는 배타적인 정체성을 형성하는 데 일정 부분 기여했다. 동아시아의 삼교 체제는 상호 침투와 중복 소속을 허용하는 상대적으로 유연한 체제였다. 그러나 새로운 왕국의 지배 엘리트들은 적어도 공식적으로는 자신이 순수한 유교인임을 표명할 필요가 있었다. 비록 그들은 개인적으로 승려와 교분을 가졌으며, 집안에 중요한 일이 있으면 불공을 드리고, 개인적으로는 노장사상에 심취할 수도 있었다. 그럼에도 불구하고 이단에 대한 애호를 공개적으로 드러내는 것은 부담스러운 일이었다.

이것이 근대 이후 한국 종교에 대한 관찰자들이 지적한 이중구조가 등장하게 된 배경이다. 양반 관료, 관료 지망생, 재지사족 등을 폭넓게 포함하는 유자들, 그리고 그들의 가치관을 내면화한 남성들은 유교적 조상 의례와 문화 의식을 과시하려 했다. 그러나 가정 내에서는 여전히 불교 및 무속의 실천이 지속적으로 이루어지고 있었다. 공식종교의 영역은 이 이중구조의 상부를 구성하기 위한 모범적인 모델이 될 필요가 있었다.

이론적으로 음사는 의례의 대상과 주체가 일치하지 않는 종교적 실천을 의미했다. 하늘에 대한 제사는 천자의 책무였고, 제후국의 국왕은 강역 안의 자연신들과 왕실의 조상신 등을 모셔야 했다. 모든 이들은 자신과 기(氣)를 공유하는 조상들에 대한 제사를 지내야 했다. 국왕의 국가 제사에 무당이나 승려가 끼어들거나, 개인이 자기 조상도 아닌 무속의 신들을 모시는 것은 불경할뿐더러 "복이 없는" 행위였다.

이런 원칙이 엄밀하게 지켜지지 않는 상황도 있었다. 가령 가뭄이나 역병과 같은 재난 상황에서 동원되는 것은 권도(權道)와 미신불거(靡神不擧)의 논리였다. 엄밀한 유교식 실천인 정도에는 어긋나더라도 위급한 상황에서는 임시방편으로 모든 수단, 즉 권도를 동원해야 했다. 또 이럴 때는 도움이 되기만 한다면 가능한 한 모든 신에게 도움을 요청해야 했다. 그것이 미신불거다.

이런 이유로 기우제 같은 재난 의례 상황에서는 예외적으로 국가 사전 체계에 어긋나는 고대적이고 토속적인 제사들, 그리고 무당이나 승려와 같이 평소에는 금지되었던 의례 집전자의 참여가 이루어질 수 있었다. 그러나 이런 일탈은 언젠가 여건이 갖추어지기만 하면 교정되어야 할 일이었다. 마땅한 유교 의례가 없다면 창안을 해서라도 말이다.

기우제의 무당들

국가에서 비유교적인 제사를 수행하는 일을 정당화하기 위해 중요하게 제시된 것은 '전례(前例)가 있다'는 논리였다. 의례에는 관성이 있다. 비록 원칙에 어긋난다 하더라도 늘 해오던 것이라면 시도하지 않을 이유가 없다. 1485년(성종 16), 기록적인 가뭄이 이어지자 국왕은 흥천사(興天寺)에서 기우제를 지낼 것을 지시한다. "흥천사 기우는 비록 정도는 아니지만, 조종조 때부터 행해왔고, 내가 즉위한 뒤에도 했다. 이미 무녀를 시켜 비를 빌고 있으니, 승려들을 시켜 기도를 한다 하더라도 상관없을 것이다." 승지의 대답은 대단히 흥미롭다. "옛말에 미신불거(어느 신이든 제사하지 않는 법이 없다)라고 했습니다. 성상께서 가뭄을 우려하셔서 모든 노력을 다하고 계십니다. 무녀에게 비를 빌게 하는 것은 주나라 이래로 행해져 왔으니 요즘에 와서 시작된 게 아닙니다. 그러나 승려들에게 비를 빌게 하는 것은 조종조에서 행한 일이라 해도 정도가 아닙니다." 국왕은 다소 신경질적으로 반응한다. "내가 불교를 믿어서 그러는 게 아니라 백성들에게 은택을 내리기 위해 기도하는 것이다. 상관없지 않으냐?"[172]

성종의 제안에 대한 승지의 반응은 놀랍다. 승려를 동원하는 기우제는 정도에 어긋난다. 그러나 무당에게 비를 빌게 하는 것은 유교 국가의 이상적인 모델인 주나라 때부터 행해졌다는 것이다. 국가 의례에 대한 무당의 참여는 이런 방식으로 정당화되었다. '순수한' 유교 의례란 것은 신유교의 창안물이었다. 실제로 동아시아의 국가 제사는 고대부터 전해 내려오는 것으로 믿어진 여러 관습적 실천으로 구성되어 있었다. 이런 관점에서 보면 상고시대부터 존재했던 무당의 의례는 한대 이후 도입된 외래 종교인 불교식 의례보다도 고전적인 전례에 오히려 잘 들어맞았던 셈이다.

더구나 긴급한 재난 상황에서 엄숙하게 축문을 읽고 잔이나 바치는 유교식 의례는 아무래도 부족하게 느껴졌다. 국왕은 비를 비는 절실한 마음을 모든 수단을 다해 표현할 필요가 있었다. 그것은 신에 대해서이기도 했지만, 대중을 향해서이기도 했다. 따라서 기우제는 여타의 국가 의례와는 다른 극적이고 감각적인 요소들을 포함할 필요가 있었다.

조선 전기의 문헌인『용재총화(慵齋叢話)』에 따르면 이 시기 한양에서 지내는 기우제는 이런 방식으로 이루어졌다. 먼저 도성의 모든 하수구와 도랑을 청소하고 밭두렁과 거리를 깨끗하게 한다. 의례의 필수적인 준비 과정인 '정화'의 절차다. 가장 먼저 제사를 지낼 곳은 왕조와 국가의 수호신들인 종묘와 사직에 대한 제사다. 다음은 도성의 공간적 경계인 사대문에 대한 제사가 이어진다. 여기까지는 일반적인 유교식 제사와 크게 다르지 않다. 그러나 다음으로 이어지는 것은 인류학자 기어츠가 제시한 '극장국가'와 같은 풍경이다.[173]

기우제에는 도성의 모든 주민이 참여했다. 집집마다 병에 물을 담고 버드나무를 꽂아두고 향을 사른다. 시장이 남쪽 거리로 옮겨지며, 남문은 닫히고 북문이 열린다. 성 곳곳에는 누각이 설치되어 아이들이 모여 비를 불렀다. 어린아이들은 신과 통한다는 오래된 믿음이 반영된 것이다.

동쪽 성문 밖 교외에는 청룡 그림이 걸린다. 마찬가지로 남쪽에는 적룡, 서쪽에는 백룡, 북쪽에는 흑룡, 중앙의 종루 거리에는 황룡을 그린다. 오행의 방위와 색채에 따른 다섯 마리 용이 유교 국가의 이상을 구현한 한양 도성을 둘러싼다. 비를 불러오는 용들에 대한 제사인 오룡제(五龍祭)다. 이 제사는 사흘 동안 이어진다.

다음으로는 한강의 섬인 저자도(楮子島)에서 용제(龍祭)를 지낸다.[174] 이 의례에는 도사(道士)들이 참여해 도교 경전인 『용왕경(龍王經)』을 외웠다. 조선에서는 중국의 전진교, 정일교, 천사도 같은 교단 도교는 발달하지 않았지만 오히려 공식종교 영역에서는 도사들의 자리가 마련되어 있었던 것이다.

그래도 비가 오지 않으면 침호두(沈虎頭)를 시도했다. 용이 살고 있다고 믿는 곳(박연폭포나 광나루)에 호랑이 머리를 던져 넣는 의식이었다. 이것은 용의 천적인 호랑이 머리를 던져 용을 자극하려는 의도였다. 아무리 봐도 유교적으로 보이지 않는 이 기우 절차는 계속 이어진다. 다음으로는 '작은 용'인 도마뱀을 괴롭히는 의식이다. 창덕궁 후원, 경회루, 모화관 연못가 세 곳에서 도마뱀을 항아리 속에 띄운다. 그리고 푸른 옷을 입은 동자 수십 명이 버들가지로 항아리를 치고 징을 울리면서 외친다. "도마뱀아, 도마뱀아, 구름을 일으키고 안개를 토하여 비를 퍼붓게 하면 너를 놓아주겠다."

이 흥미로운 과정이 국가 제사임을 나타내는 것은 관과 홀을 단정하게 갖춘 채 옆에 서서 이 모든 과정을 지켜보고 있는 헌관(獻官)과 감제(監祭)들이다. 이 관리들의 원래 책무는 신에게 잔을 올리고 의례 절차가 매뉴얼대로 이루어지고 있는지를 감독하는 것이다. 그러나 이 디오니소스적 축제에서 그들의 역할은 그저 동자들이 하는 일을 바라보고 있는 것뿐이다.

무당이 비를 비는 과정에서도 고대적인 분위기는 감지된다. 소집된 무당들은 가뭄이 계속되는 한여름 땡볕 아래에서 땀을 뻘뻘 흘리며 신들에게 호소해야 했다. 이 '폭무(暴巫)' 의례의 원리는 이랬다. 무당이란 신의 특별한 사랑을 받는 사람들인데, 이들에게 고통을 가하면 신이 그들을 안쓰럽게 여겨 비를 내려주리라는 것이다. 신을 상대로 한 이 인질극은 조선 전기까지도 이어졌다.[175]

왕과 관리들은 도성의 신들에게 절하고, 아이들은 도마뱀이 들어있는 항아리를 두드리며, 무당들은 뜨거운 태양 아래에서 신에게 절박하게 외치고, 절에서는 승려들이 모여 기도를 하는 것이 유교 국가 조선의 기우제였다. 이것은 어떤 의미에서도 신유교의 이상과는 거리가 멀었지만, 마땅한 대안이 없었기에 조선 중기까지도 유지되었다.

그러나 무당이 주도하는 국가 기우제에 대한 반감은 점점 커졌다. 1544년(중종 39)의 일이다. 이해에도 가뭄이 들자 국왕은 무녀를 모아 비를 빌었다. 기도한 보람이 있었는지 이윽고 비가 내리기 시작했고, 기우제는 사흘 동안 이어졌다. 왕은 기뻐하며 무녀들에게 상을 주려고 했다. 그러자 신하들이 반발했다. "상감께서 비를 걱정하시고, 모든 백성이 당황해서 어찌할 바를 몰랐기 때문에 무녀를 시켜 빌기까지 했더니 마침 비가 내린 것뿐입니다. 무녀가 빈 것이 무슨 하늘을 감동시킬 만한 일이라고 상을 주기까지 합니까?" 머쓱해진 왕은 이렇게 대답했다. "평소에 어린아이들이 빌어서 비가 내리면 상을 주는데, 무녀들도 내가 명령해서 기도하게 했으니 상을 주라고 한 것뿐이다. 하지만 이런 일은 역시 정도가 아니니 상을 주지 않겠다."

국가 기우제에서 무당들의 입지는 점차 추락했다. 아쉬울 때 불러서 기도하게 하고는 막상 비가 내리면 내쳐진 것이다. 권도의 논리는 점차 힘을 잃어갔다. 주나라 때부터 전해 내려오는 전통이라 정당화되었던 무당의 기우제는 1745년(영조 21)에 이르러 완전히 폐지된다.[176] 이런 일이 가능했던 이유는 유교의 독자적인 기우제 절차가 거의 완성되고 있었기 때문이다. 조선 후기에 이르면 총 12차에 이르는 기우제 매뉴얼이 완비된다.

    1차: 삼각산, 목멱산, 한강

    2차: 용산강, 저자도

    3차: 풍운뇌우(風雲雷雨), 산천(山川), 우사(雩祀)

    4차: 사직, 북교

    5차: 종묘

    6차: 삼각산, 목멱산, 한강

    7차: 용산강, 저자도

    8차: 풍운뇌우, 산천, 우사

    9차: 북교, 모화관, 동자기도(童子祈禱)

    10차: 사직, 경회루, 동기기도(童妓祈禱)

    11차: 종묘, 춘당대, 동자기도

    12차: 오방토룡제(五方土龍祭)

새로운 기우제의 상당 부분은 기존의 기우 장소를 답습하고 있었지만, 더 이상 무당이나 승려의 개입이 필요하지 않았다. 호랑이 머리를 물에 던지거나, 도마뱀을 괴롭히는 절차도 사라졌다. 표준화된 유교식 제사, 즉 정도만으로도 신을 감동시킬 수 있다는 자신감의 표명이다. 그러나 고대적 잔재는 완전히 사라지지 않았다. 어린아이나 기생들에게 비를 빌게 하는 절차는 여전히 남아 있었다.

특히 마지막까지 문제가 된 것은 오방토룡제였다. 이것은 흙으로 용의 모습을 만들어 채찍으로 때리면서 비를 강요하는 의식이다. 비가 오지 않는 것은 용이 게으른 탓이니 맞아서라도 비를 내놓으라는 뜻이었다. 1차부터 11차까지 모든 제사 수단을 동원해도 비가 오지 않을 때 사용하는 마지막 수단이었지만, 신에 대한 불손한 행위로 보이는 것은 어쩔 수 없었다. 결국 1753년 영조의 명령으로 이 의례는 금지되지만, 기록을 살펴보면 19세기까지도 이어졌다. 급하면 수단이나 원칙 같은 건 내버릴 수 있는 것이 종교 의례의 세계다.

원혼을 달래는 국가 의례

무당보다 승려가 먼저 기우제에서 배제되었지만, 그들에게는 다른 중요한 역할이 있었다. 원혼을 달래는 수륙재(水陸齋)라는 의례였다. 인간 사회의 재앙은 편안히 안식하지 못하는 죽은 자들의 해코지 때문이라는 인식이 대단히 폭넓게 나타난다. 수륙재는 그에 대한 불교적 대처 방법이었다. 당연히 국가의 의례 매뉴얼에는 없는 것이었지만, 때로 국왕은 승려들에게 대규모 원혼을 달래기 위해 수륙재를 지내도록 지시했다.

1395년(태조 4), 고려를 멸망시키고 새로운 나라를 세운 이성계는 왕씨들의 원혼을 달래기 위해 수륙재를 지내게 했다. 유교 의례 체계에는 멸망한 이전 왕조를 위한 제사가 이미 마련되어 있었다. 고대부터 동아시아의 군주들은 멸망한 왕조의 후예들이 조상을 위한 제사를 지내도록 보장해주어야 했다. 표면적으로 이는 이전 왕조를 존중하기 위해서였지만, 숨은 의도는 멸망한 나라의 강력한 원혼들이 미칠 재앙을 막으려는 것이었다. 이것은 이후 국왕에 의한 역대 시조에 대한 제사로 공식화된다.

그러나 이것만으로는 충분하지 않았다. 상징적 차원에서는 보다 정성을 다해 망국의 원혼을 모셔야 했으며, 여전히 남아 있는 고려 잔존 세력을 달랠 필요도 있었다. 이성계는 금으로 『법화경(法華經)』을 쓰게 해 세 곳의 절에 나누어주어 성대한 의례를 치르게 했다.[177] 이런 전례 때문에 다른 불교 의례가 공식종교 영역에서 추방된 이후에도 수륙재는 국가의 지원을 받으며 지속될 수 있었다.

수륙재의 대상은 전쟁, 사고 등으로 인해 제명을 채우지 못하고 죽은 사람들이었다. 이들이 가지고 있는 강력한 원념이 질병과 같은 재앙을 불러올 것이라는 믿음이 국가 주도의 수륙재를 지내게 된 근거였다. 그런데 유교의 의례 체계에도 이를 대체하기에 적합한 의례가 있었다. 제사를 받지 못하는 죽은 자, '무사귀신(無祀鬼神)'을 위한 여제(厲祭)가 그것이다. 『국조오례의(國朝五禮儀)』에는 이런 여귀(厲鬼)의 신위를 다음과 같이 나열하도록 규정해놓았다.

칼에 맞아 죽은 자. 수화나 도적을 만나 죽은 자. 남에게 재물을 빼앗기고 핍박당해 죽은 자. 남에게 처첩을 강탈당하고 죽은 자. 처벌을 받고 억울하게 죽은 자. 천재지변이나 역병으로 죽은 자. 맹수나 독충에게 해를 당해 죽은 자. 춥고 굶주려 죽은 자. 전투에서 죽은 자. 스스로 목 매어 죽은 자. 담이 무너져 압사한 자. 아이를 낳다 죽은 자. 벼락 맞아 죽은 자. 추락하여 죽은 자. 자식 없이 죽은 자.

여제의 대상에는 이처럼 다양한 원혼이 포함되었다. 무사귀신이라는 표현은 그 가운데서도 가장 비참한 것으로 여겨진 마지막 항목에서 따온 것이다. 도성의 여제단과 지방의 성황사에서는 이런 불행한 죽음을 맞아 백성들에게 해를 끼칠 수 있는 귀신들을 위해 정기적으로 여제를 거행했다. 쉽게 짐작할 수 있듯이, 여제는 수륙재와 호환될 수 있는 유력한 유교 의례였다. 두 의례는 제사의 의도와 대상이 대단히 유사했기 때문이다.[178] 이처럼 좋은 대체제가 있으니 국가 제사 영역에서 수륙재가 사라지는 것은 시간문제였다.

국가 의례에서의 유교화는 무당과 승려들을 배제하고, 이질적인 의례를 좀 더 엄밀한 유교식 형태로 대체하는 방식으로 이루어졌다. 이런 과정이 상대적으로 쉽게 이루어진 것은 이 개혁이 도성이라는 인위적 공간, 통치 권력의 의지가 쉽게 구현될 수 있는 영역에서 일어났기 때문이다.

공식종교와 민속종교라는 두 개의 무대

의례 영역에서 시도된 유교화 문제에 주목할 때, 우리는 적어도 두 개의 장(場) 혹은 무대를 상정할 필요가 있다. 하나는 국가의 공식적인 의례로 국왕과 관료들에 의해 주도되는 '공식종교'라는 무대다. 전근대 통치자의 임무는 행정, 사법, 군사 등의 영역에 머무르지 않았다. 국왕은 자기 영역의 풍요와 행복을 기원하고 번영을 가져다주는 수호자들에게 감사를 표하는 의례의 의무를 가졌다. 조선시대의 사전, 즉 의례 지침서인 『국조오례의』의 '길례(吉禮)' 항목에는 종묘의 왕실 조상들, 영역 내의 산, 강과 바다, 계절과 날씨를 관장하는 신, 하늘의 해와 달과 별, 인간에게 농사와 누에치기 등을 가르친 고대의 문화 영웅, 공자와 성현, 단군으로부터 고려에 이르는 역대 왕조의 시조 등 국가에서 제사를 지내야 할 다양한 신격이 망라되어 있다. 유교는 흔히 무신론으로 분류되지만, 적어도 국가 제사 차원에서 보자면 압도적인 신의 목록을 자랑하는 다신교인 셈이다.

　신유교는 바로 이 국가 의례의 무대에서 이질적인 요소들을 추방해 순수한 유교화를 이루고자 했다. 그것은 의례 매뉴얼을 철저히 준수하는 형식으로 표현되었다. 사전에 기재되지 않았으나 고려시대부터 관습적으로 전해 내려오던 제사, 기원이 불분명한 신들에 대한 제사가 체계적으로 배제되었다. 국가 의례 영역에 들어와 있던 도교 계통의 의례, 승려와 무당을 동원해 이루어지던 기우제도 순수한 유교적 의례로 개편되어갔다. 그러나 이 개혁은 결코 단기간에 이루어지지 않았다. 특히 기우제와 같이 비상 상황에서 이루어지는 재난 의례는 무당이 동원되는 의례를 완전히 대체할 유교식 의례 절차가 창안되기까지 옛 방식을 고수할 수밖에 없었다. 그럼에도 불구하고 제도적인 통제가 가능했던 공식종교의 장은 유교화가 상대적으로 수월한 영역에 속했다.

반면 이러한 유교화가 민간 영역에까지 확대되는 것은 훨씬 지난한 과제였다. 민간에는 승려와 무당을 비롯하여 다양한 술수(術數)를 전문으로 하는 술사(術士) 등의 의례 전문가들이 이미 존재했다. 특히 무당은 죽은 자의 혼과 지역의 토착 신들을 다루는 데 특화되어 있었다. 현지의 지방관이나 재지사족은 정치적·사회적 권위에 있어서는 압도적 우위에 있었음에도 불구하고 민간의 심성과 관습이 지배하는 이 무대에서는 큰 영향력을 발휘하지 못했다.

유교화의 전장은 공식종교와 민속종교라는 두 개의 무대였다. 한쪽은 국가 제사 및 공식적인 제도와 연관되어 있었고, 다른 한쪽은 민중의 일상생활이 이루어지는 지방의 토착적인 종교문화가 지배하는 공간이었다. 이 가운데 조선 전기의 지배 엘리트들이 집중했던 것은 공식종교의 장이었다. 이곳은 상대적으로 통치력이 미치기가 용이한 자리였고, 지배세력의 합의만으로도 즉각적인 개혁이 가능했다. 다소 일방적인 제도개혁이 가능했던 국가 의례와는 달리 민속종교 현장에는 토착적인 신들 및 죽은 자의 영을 다루는 민간 전문가인 무당과 그들을 지지하는 대중이 존재했다.

결국 국가가 할 수 있는 것은 공식종교 영역의 완전한 유교화와 민속종교 영역의 배제라는 상하 양극화였다.[179] 공식종교의 장에서 무속은 유교 의례의 빈자리를 보완하며 비상시에 동원되는 권도의

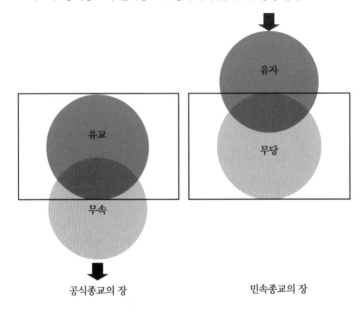

재료였다. 따라서 공식종교의 장에서는 정통행(orthopraxy)으로서의 '유교'와 제한적으로 도입될 수 있는 '무속'이 공존하며 경쟁하고 있었다. 이 장에서 통용되는 언어는 경전과 의례 실행에 대한 전례(前例)들이다. 조선의 지배계층에 의한 유교의 의례적 '순수화'는 바로 이 영역에서 이루어졌다.

그러나 민속종교의 장에서 경쟁하는 행위자들은 전통 자체가 아니라 그 전통을 체화하여 실천하는 종교 전문인인 무당과 유자였다. 이 장에서는 신들과 죽은 자들의 세계에 대해 느슨하게 공유되는 상징체계가 작동한다. 각각의 행위자는 이 체계 내에서 자신의 의례적·영적 권위가 상대보다 강력하고 우월하다는 점을 대중에게 설득해야 했다. 특히 신이나 망자에 대한 접근은 무당과 유자 모두가 스스로의 전문성을 주장하는 상황이었으므로, 이 영역이 양자가 경쟁하는 주된 접점이 되었다.

공식종교의 장에서 유교와 무속이 공존 혹은 병행했다 하더라도 어디까지나 정통적인 실천은 유교적인 것이었다. 이 영역에서 무속의 도입은 제한적, 한시적이었다. 유교 예제가 정비되어감에 따라 점차 그 빈자리를 채우던 무속적 요소는 추방되었다.[180]

같은 시기 민속종교의 장에서는 무슨 일이 일어났는가? 지방관과 재지사족을 포함한 유자들은 지역 문화 내에서 자신들의 문화적 지배력을 강화해나갔다. 이 영역은 무당과 같은 민간의 종교 전문가들이 장악하고 있었다. 바로 여기에서 경쟁이 일어난다. 공식종교 무대에서 일어난 유교화보다 훨씬 대등한 행위자들 사이의, 길고 지리한 대결이었다.

한양에서 추방당한 무당들

공식종교 영역에서 순수한 유교 의례가 가능해지고 무속이 배제됨에 따라 무당은 물리적으로도 추방되었다. 왕도 한양은 이단과 음사가 침범하지 못하는 성역으로 디자인되었다. 법제가 정비됨에 따라 무당은 조선 전기에는 도성 밖으로, 조선 후기에는 한강 밖으로 밀려났다.[181] 근대의 종교 연구자 이능화는 이 조치에 대해서 다음과 같이 평했다.

> 조선시대 이래로 유학자들 무리가 이단을 공격하고 좌도(左道) 배척을
> 과업으로 삼아 무격을 쫓아내어 도성 안에 거주하지 못하도록 하고,
> 승려들도 서울에 발을 들여놓지 못하도록 하자는 의견을 개진하면서
> '좌도와 이단은 백성들에게 해가 되기 때문에 몰아내자'고 했다. 그렇
> 다면 경성 문밖의 땅은 왕의 땅이 아니며, 경성 문밖의 백성은 왕의 신
> 하가 아니라는 말인가.[182]

이능화의 지적대로 조선 왕조의 무당에 대한 금령은 모순되는 것이었다. 무당과 음사가 백성에게 해가 되기 때문에 몰아내야 한다면 왜 그 범위는 도성과 그 주변으로 제한되는가? 사실상 무당 추방은 백성에 대한 교화가 목적이라기보다는 한양의 성역화와 더 깊은 관계가 있었다. 게다가 무당 추방 법령이 철저하게 지켜진 것도 아니었다. 도성 안에 무당이 들어와서는 안 된다는 법제화가 이미 마련되어 있음에도 불구하고 수시로 무당을 도성 밖으로 쫓아내라는 명령이 내려진 것이 그 예다.

몇 가지 사례를 살펴보자. 1429년(세종 11), 무당이 도성 안에 모여 살면서 무업(巫業)을 하자 선비 집안의 부녀자들이 즐겨 찾았다. 당시 감찰장령(監察掌令)으로 있던 황수신(黃守身)은 이들을 모두 쫓아냈다. 1431년(세종 13), 도성 안에 무당들이 다른 주민들과 섞여 살고 있는 것을 발견한 조정에서는 이들을 성 밖 무당 마을에 모여 살게 했다.

성종 시대가 되면 이 규정이 해이해져 도성 안에 무녀들이 주민들

과 섞여 사는 일이 많아졌다고 한다. 도성에서 무당을 내쫓으라는 지시는 1471년(성종 2), 1475년(성종 6), 1490년(성종 21) 등에 반복해서 내려졌다. 이것은 조정의 무당 축출 의지가 강했다는 것을 보여줌과 동시에 실제로는 이런 명령이 잘 먹혀들지 않았다는 것을 보여준다.

중종 시대에는 드물긴 했지만 지방의 무당에 대한 문제 제기도 이루어졌다. 당시 전라도 관찰사로 있던 안침(安琛)은 남자 무당이 여장을 하고 사대부의 집에 출입하고 있다고 보고했다. 1509년(중종 4), 조정에서는 이들을 모조리 찾아내어 서북방으로 보내기로 결정했다. 1517년(중종 12)에도 재물을 노리고 도성 안에서 활동하는 무당을 통제하자는 논의가 있었다. 이들은 국가에서 적발해 도성 밖으로 내보내도 곧 성안으로 되돌아왔다고 한다. 이에 사헌부에서는 무당을 경성에서 200리 이상 떨어진 고을에 배속하고 각 지역의 수령들에게 감찰하게 하자고 건의한다. 그러나 왕은 『경국대전』에 이미 무당을 도성 안에 살지 못하게 하는 법이 있으니 그것을 철저하게 시행하는 것으로 충분하다고 답한다. 새로운 법을 만들 필요는 없다는 말이었다.

이후로도 무당과 관련된 스캔들은 끊이지 않았다. 1537년(중종 32)에는 한 무당이 자신이 역신(疫神)에 씌었다며 전염병을 앓는 아이가 죽고 사는 것은 자기에게 달렸다고 주장했다. 이에 사대부 집안들까지도 화를 당할까 두려워하며 무당을 따랐다. 조정에서는 무당이 여전히 국법을 무시하고 성안에 집을 두고 막대한 재산을 모으고 있다는 고발이 이어졌다.

17세기 이후로는 무당을 도성 밖[城外]이 아니라 한강 밖[江外]으로 추방하는 방침이 정해졌다. 이후 한양의 무당들은 노량진 등에 집결

촌을 형성해 활동하게 되었다. 흥미로운 점은 1815년(순조 15)에도 다시 도성 밖으로 무당을 쫓아내라는 왕명이 내려졌다는 사실이다. 도성 안에 무당이 들어올 수 없다는 법령이 있음에도 불구하고, 성 밖으로 무당을 몰아내라는 지시가 15세기부터 19세기까지 이어진 것이다.[183]

이런 현상이 의미하는 바는 무엇일까? 무엇보다 사대부 집안을 포함한 도성 안 고객들의 무속에 대한 수요가 대단히 많았다는 것을 알 수 있다. 그것이야말로 추방의 위험을 무릅쓰고 무당들이 끊임없이 성안으로 들어왔던 근본적인 이유였다. 국가의 통제 수단이 불완전했다는 것도 분명했다. 무당은 활인서(活人署) 등의 기관에 소속되어 그 명단이 관리되었지만, 실제로는 상당수가 누락되어 있었다. 무당은 겉으로 보아서는 일반인과 구분되지 않았다. 통치 권력은 보이지 않는 사람들을 관리할 수 없었다.

대궐 안의 무당들

조선의 무당 배제에는 또 하나의 근본적인 모순이 있었다. 지금까지 살펴보았듯이 법제상으로는 무당의 도성 출입조차 금지되어 있었다. 그러나 실제로는 무당이 궁궐 안에까지 들어와 활동했다. 특히 궁중의 여성들은 공공연하게 무당을 불러들여 기양(祈禳)을 했다. 그중에는 국무(國巫), 즉 나랏무당이라고 불리는 이들도 있었다.

1418년(태종 18) 태종의 사랑을 받던 왕자 성녕대군 이종이 14세의 나이에 홍역으로 죽었다. 그의 사후에 맹인 점쟁이들과 무녀들이 처벌을 받는 일이 일어난다. 그들 중에는 국무인 가이(加伊)와 보문(寶文)이라는 이름의 무녀도 있었다. 태종은 왕자의 명을 늘리지 못한 맹인 점쟁이들과 국무 가이에게는 책임을 묻지 않았지만, 궁궐 안에서 굿을 한 보문은 처벌하기로 했다.[184] 이런 사례를 보면 왕가에서 무당에게 의뢰해 치병 의례를 하는 것은 일반적인 일이었으나, 궁궐 안에서 굿을 하는 것은 용납하지 않았던 것 같다. 무녀 보문은 결국 성녕대군의 노비 10여 명에게 린치를 당해 죽었다.[185]

성녕대군을 위해 무당을 부른 이는 아마도 태종의 왕비이자 세종의 모후인 원경왕후 민씨였을 것이다. 원경왕후는 죽음을 앞두고 있던 1420년(세종 2)에도 병을 고치기 위해 굿을 했다. 이 굿에는 국왕 세종도 참석했다. 왕은 수행원 두어 명을 이끌고는 대비를 모시고 새벽에 궁을 빠져나갔다. 그리고 선암(繕巖) 아래 냇가에서 장막을 치고 굿을 했다. 그러자 대비의 병이 많이 나아서 종종 밤에 행차해 굿을 반복했다고 한다.[186]

비공식적인 일이었지만, 국왕이 굿에 참석한 흔치 않은 사건이다. 그러나 이는 어디까지나 대비의 뜻이었다. 세종 자신은 조선 전기의 관례에 따라 가뭄과 같은 비상 상황에는 무당을 모아 기우제를 지내곤 했지만, 개인적인 치병을 위해서 굿을 하지는 않았던 것으로 보인다. 이정형(李廷馨)의 『동각잡기(東閣雜記)』에 따르면 세종이 몸져누웠을 때, 나인들이 무당의 말을 듣고 성균관 앞에서 기도한 일이 있었다고 한다. 그러자 유생들이 들고일어나 무당들을 몰아냈다. 화가 난 내시들이 왕에게 아뢰자, 세종은 병을 무릅쓰고 일어나 앉아 이렇게 말했다고 한다. "나는 선비를 키우지 못할까 늘 걱정했는데, 지금 선비들의 기개가 이런 걸 보니 걱정할 일이 없겠다. 그 말을 들으니 병이 이미 나은 듯하다."[187]

궁중의 여성들이 무당을 끌어들이고, 유생들이 그들을 몰아냈으며, 훌륭한 왕이 선비들의 편을 들어줬다는 이야기는 이후에도 종종 있었다. 성종이 병에 걸렸을 때 대비가 무녀들을 시켜 성균관 벽송정에서 기도하게 한 일이 있었다. 그러자 태학생이던 이목(李穆)은 유생들을 이끌고 무당을 매질하여 쫓아버렸다. 무당이 궁에 들어와 대비에게 하소연을 하자, 대비는 크게 노하여 왕의 병이 낫기를 기다렸다가 이 사실을 알렸다. 왕은 화가 난 척하면서 성균관에 명하여 유생들의 명단을 모두 적어 올리게 했다. 처벌을 받을까 봐 두려워한 유생들은 모두 달아나 숨었지만, 이목만은 도망치지 않았다. 그러자 왕은 오히려 이목을 치하하며 성균관 대사성에게 술을 내렸다고 한다. 또 태학생인 안팽명(安彭命)도 왕비의 밀지를 받았다면서 성균관 근처에서 굿을 하던 무당을 쫓아낸 일이 있었다.[188]

반면 연산군은 무당을 가까이했다는 기록이 많이 남아 있다. 1502년(연산 8)에는 대궐 안에서 4, 5명의 무녀가 북을 치고 피리를 불며 굿을 했다고 한다. 또 국무 돌비(乭非)가 내수사에서 만들어준 부적을 사용하며 명성을 떨치자 그를 처벌하자는 여론이 일어났다. 그러나 왕은 "무녀는 모두 요술을 쓰는데 왜 이 무당만 벌하라고 하느냐?"라며 그를 비호했다. 국무 돌비는 중종반정 이후에도 궁궐을 출입하며 왕의 옷을 집으로 가져가는 등 왕실을 위한 굿을 하다가 결국 처벌을 받았다.[189]

연산군과 무속의 관계는 그의 광기에 대한 기록에서 더욱 극적으로 나타난다. 연산군은 자신이 아끼던 기생 출신의 나인 월하매(月下梅)가 죽자 궁궐 후원에서 굿을 하며 비, 빈, 홍청(興淸) 등을 거느리고 무당의 공수를 들으며 통곡했다. 또 연산군은 때때로 한밤중에 부르짖으며 후원을 달리기도 하고, 스스로 무당이 되어서 어머니 폐비 윤씨가 빙의된 형상을 하면서 백악사(白岳祠)에 올라가 굿을 하기도 했다고 한다. 그뿐만 아니라 성균관에서 유생들을 쫓아낸 후에 굿을 한 적도 있다고 한다.[190]

중종 대 이후 유교화가 본격적으로 진행되면서 국무가 소속되어 있던 성수청(星宿廳)은 혁파되었다. 이로써 공식적으로는 국무라 불리던 무당은 사라진 것으로 보인다. 그러나 최종성은 조선 후기에도 여전히 국무 또는 대무(大巫)라고 불리는 무당이 언급되고 있다는 사실을 지적한 바 있다. 광해군 대의 국무 수란개(水蘭介)는 저주를 일삼았지만 왕의 총애를 받았기 때문에 처벌을 면했다고 하며, 영조 대 일어난 저주 사건의 주모자 독갑방(獨甲房)도 국무라고 불리던 양반의 처였다.[191]

왕가의 비호 속에서 권세를 누린 무당으로는 조선 말의 진령군(眞靈君)과 현령군(賢靈君)이 있다. 이들은 관성제군신(關聖帝君神), 즉 관우의 영이 내렸다고 선전했다. 진령군, 현령군이라는 이름도 관성제군이 강필(降筆)을 해서 내려주었다고 주장했다.[192] 특히 진령군은 명성황후의 후원을 받아 북관묘(北關廟)를 세우고는 "궁중에 출입하면서 권력을 휘둘렀으며, 명의상의 아들은 수도 없이 많았고, 관찰사와 재상이 그 소매 속에서 많이 나왔다." 진령군 이후에도 수련(壽蓮)이라

는 무녀가 대궐을 출입하며 굿을 했고, 그 아들 두 명은 모두 고관이 되었다고 한다.[193]

조선 말에 진령군을 비롯한 무당의 권위가 어느 정도였는지를 엿볼 수 있는 자료가 있다. 구한말에 조선을 방문한 일본의 저널리스트 우스다 잔운(薄田斬雲)은 당시 무녀에 대해 들은 풍문을 기록해두었다. 그는 무녀가 국가 명령마저 제재할 수 있을 정도의 대권능자(大權能者)로 대우받고 있었다고 적었다. 특히 남산 정상에 있는 국사당의 제주(祭主)는 신과 인간의 중개자로서 막강한 권력을 가진 로마 교황과 같은 존재라고 했다.

무녀는 궁중을 오가며 왕성 안에서 기도를 했는데, 일본인들은 나라의 독립을 위한 기도라고 판단하고 있었다. 일본인 경관이 궁중에 무녀가 들어오지 못하게 하자, 내관과 궁녀들이 폐백을 갖추고 시중에 살고 있는 무당의 집으로 찾아가 기도를 했다. 기도 내용은 일본인들을 나라 밖으로 내쫓고, 국유화된 제실(帝室)의 재산을 되찾는 것 등이었다고 한다.[194] 물론 이런 기록은 과장되었을 가능성도 있지만, 대한제국 시기까지도 국무로 여겨지던 무당이 왕가를 위해 굿과 기도를 하고 있었던 것은 분명하다.

무당에 대한 처벌

한양은 무당의 주된 수입처였다. 왕가와 사대부를 비롯한 도성 거주자들이 무당의 주된 고객이었다는 의미다. 무당은 그들에게 어떤 서

비스를 제공했을까? 1443년(세종 25) 의금부에서는 금지되어야 할 무당의 음사를 목록화하여 제시했다. 이것은 당시 무당의 일상적인 활동을 살펴볼 수 있는 귀중한 자료이기도 하다.[195]

> 조부모(祖父母)나 부모(父母)의 혼(魂)을 그리고, 무당 집으로 청해서 이름하기를, '위호(衛護)'라 하고, 혹은 형상(形象)을 그리고, 혹은 신(神)의 노비(奴婢)라고 칭하고서 무당의 집에 바치거나, 비록 노비는 바치지 아니하여도 혹은 위호(衛護)를 설치하고, 혹은 조부모의 신(神)을 무당 집에서 제사 지내는 자가 퍽 많사오니, 그 가장(家長)은 불효(不孝)로써 논(論)하되, 봉양(奉養)을 궐(闕)한 율(律)에 의하여 과죄(科罪)하고 영영 서용(敍用)하지 아니하며, 그 노비는 모두 관가에 몰수하게 하소서. 또 병(病)을 구(救)한다고 하여 대명(代命)이라 칭하고 노비를 무당 집에 헌납하는 자는 그 가장을 역시 제서에 위반한 율[制書有違律]로써 과죄하고, 노비는 역시 관가에 몰수하게 하소서.

이것은 위호(衛護)와 신노비(神奴婢)에 대한 서술이다. 많은 조선인은 조상의 위패를 만들어 사당에 모시는 것만으로는 만족하지 못했다. 그들은 조상의 혼을 그림으로 그려서 무당의 집에 모시고 기도를 올리게 했다. 이런 의례를 위해서 무당에게 상당한 재물을 제공했을 것이다. 의금부에서 특히 문제 삼은 것은 위호의 대가로 무당에게 지급된 신노비의 존재다. 이것은 한편으로는 조상이 살아 있을 때와 마찬가지로 노비의 보살핌을 받게 한다는 의미였다. 또한 노비는 '대명(代命)', 즉 '액받이' 명목으로 병 치료를 위해 넘겨지기도 했다.

주목할 만한 부분은 무당에게 위호를 맡기는 것이 불효의 범주에서 비난받고 있다는 사실이다. 조상에 대한 제사를 지낼 의무는 자손에게 있었다. 음사의 고전적인 정의 가운데 하나는 제사의 대상과 주체가 일치하지 않는 의례다. 따라서 자손에 의해 이루어지지 않는 조상 의례는 원칙적으로 잘못된 제사다. 제사를 무당에게 맡기는 것은 부모를 봉양하지 않는 것과 마찬가지라는 것이다.

> 야제(野祭) 및 무당 집과 송악(松岳)·감악(紺岳)·개성부(開城府) 대정(大井)과 각각 그 고을의 성황(城隍) 등지에 친히 가서 음사(淫祀)를 지내는 자 및 양가(良家)의 부녀(婦女)로서 피병(避病)한다 칭하고 무당 집에 부쳐 있는 자는, 그 가장(家長)을 제서유위율(制書有違律)로써 과죄하소서.

이 조항에서는 당시 무당의 굿이 어떤 방식으로 이루어졌는지를 확인할 수 있다. 굿을 벌인 장소에 따라 구분해보면 길가나 들과 같은 야외에서 이루어지는 야제(野祭), 무당의 집에서 이루어지는 경우, 명산이나 각 지역 성황당에서 이루어지는 경우 등이 있었다. 1부에서 살펴본 산신이나 성황에 대한 음사가 여기에 속한다. 지배체제가 경계했던 또 하나의 풍습은 여자들이 무당 집에 머물며 치병을 하는 것이었다. 흥미로운 점은 이런 금령을 어기면 여성 자신이 아니라 그 가장이 처벌을 받는다는 대목이다.

> 금령(禁令)을 범한 부녀(婦女)가 만약 가장(家長)이 없으면 그 장자(長子)를, 그 장자가 없으면 차자(次子)를, 차자가 없으면 장손(長孫)을, 장손

이 없으면 차손(次孫)을 죄주고, 만약 가장과 자손이 없으면 부녀자 '자신'에게 죄줄 것입니다.

만약 가장이 없으면 남자 자손들에게 책임을 묻는다. 가장도, 자손도 없는 경우에만 여성 자신이 처벌을 받는 것이다. 무당을 믿고 행하는 음사에 대한 책임 소재를 가부장적인 사적 관리에 두었던 것이라 이해할 수 있다. '어리석은 부녀자'가 아니라 집안 단속을 잘못한 남자가 벌을 받으라는 것이다.

무당을 처벌하기도 했다. 무당은 금령을 어기면 추방당했다. 무당이 무당으로 식별되는 것은 여기에 언급된 음사를 실행했을 때였다. 무당은 법적으로는 무적(巫籍)에 이름을 올리고 활인서와 같은 기관에 소속되었다. 그러나 처벌 대상이 되는 무당은 그 종교적 실천을 통해 규정되었다.

> 무녀(巫女)들이 혹은 고금(古今)에 없는 신(神)이라고 칭하든가, 혹은 당대에 사망한 장수나 정승(政丞)의 신이라고 칭하면서 별달리 신호(神號)를 정하고 제 스스로 이르기를, '신(神)이 내 몸에 내렸다'라고 하여, 요망한 말로 여러 사람을 혹(惑)하게 하는 자는 요망한 말, 요망한 글을 조작한 율(律)에 의하여 처참(處斬)하게 하소서.

무당이 자기에게 신이 내렸다고 하면 사형이다! 물론 실제로 이런 규정이 엄격하게 적용된 경우는 극히 드물었다. 여기에서 언급된 '요언혹중(妖言惑衆)'의 죄란 명의 법률인 『대명률(大明律)』에 나오는 조항이다. 이 법률은 대부분 조선에 그대로 적용되었다. 그런데『대명률』에는 직접적으로 무당을 처벌하는 '사무사술(師巫邪術)'에 대한 금지 조항도 있다.

사무(師巫)가 거짓으로 사신(邪神)이 내렸다고 하며 부적을 그려 주수(呪水)를 사용하거나, 부란도성(扶鸞禱聖)하거나,[196] 스스로 단공(端公), 태보(大保), 사파(師婆)라고 칭하거나, 망령되이 미륵불(彌勒佛), 백련사(白蓮社), 명존교(明尊教), 백운종(白雲宗) 등을 칭하는 모임을 가져 일체의 좌도이단(左道異端)의 술수를 부리거나, 또는 그림을 숨기고 향을 태우며 밤에 무리를 모아 모였다가 새벽에 흩어지고, 선한 일을 닦는 체하면서 인민을 선동하고 유혹한다면, 주모자는 교형(絞刑)에 처하고, 추종자는 각각 장(杖) 100대를 때리고 3천 리 유배 보낸다. ○만약 군민(軍民)이 신상(神像)을 꾸미고 징을 울리고 북을 치며 신을 맞이하는 굿[賽]으로 모이는 자는 장 100대를 때리되 죄는 우두머리가 받는다. 이장이 알면서도 자수하지 않으면 각각 태(笞) 40대에 처한다. ○민간(民間)의 춘추(春秋) 의사(義社)에는 이런 규정이 적용되지 않는다.[197]

이 법 조항에는 단공, 태보, 사파 등 민간 주술사들, 그리고 미륵불, 백련사, 명존교, 백운종 등 중국적인 요소가 짙게 드러나 있다. 그래서『대명률』을 조선의 실정에 맞게 이두로 번역한『대명률직해(大明律直解)』에서는 해당 구절을 다음과 같이 옮겼다.

박사(博士)와 무녀(巫女), 화랑(花郎) 등이 요사한 신을 의지하여 부적을 베껴 쓰거나, 미륵과 제석이 내려왔다고 망령되이 칭하거나, 향도(香徒), 일체의 사도(邪道), 정법을 어지럽히는 술수 및 도상을 숨기거나, 밤에 모였다가 새벽에 흩어지며 선한 일을 닦는 것처럼 꾸며 인민을 현혹하면, 주모자는 목 졸라 죽이고, 추종자들은 각각 장 100대를 때리고 멀리 유배 보낸다. 군민(軍民)이 신상(神像)을 꾸미고 피리를 불고 북을 치며 신을 맞이한다며 모이면 장 100대를 때리되 우두머리 된 자에게 죄를 물린다. 이장(里長)이 알고서도 고하지 않으면 각각 볼기 40대를 때리되, 그 가운데 민간에서 이미 전부터 행해지는 봄가을의 제사 모임은 금지하지 않는다.[198]

무당을 나타내는 사무(師巫)라는 표현을 박사, 무녀, 화랑 등 조선의 용어로 바꾸어놓은 것이 눈에 띈다. 그러나 이 법률은 현실에 문자 그대로 적용하기에는 지나치게 엄격했고, 예외가 너무 많았다. 만약 이 규정을 그대로 지켜서 무당과 마을 제사를 금지한다면 조선에서는 엄청난 규모의 학살이 일어났을 것이다. 그러나 실제로 그런 일은 일어나지 않았다. 게다가 대부분의 음사는 "이미 전부터 행해지는 봄가을의 제사 모임", 즉 처벌을 받지 않는 전통적이고 관례적인 연례 행사에 포함될 수 있었다.

500년 조선 역사에서 이 법률로 처벌받은 이는 무당이 아니라 좌도에 속하는 사람들이었다. 윤지충, 권상연 등의 천주교인, 동학의 2대 교주인 최시형(崔時亨)이 동학농민전쟁 이후에 바로 이 조항에 근거해서 처형당했다.[199]

중세 말 이후 유럽에서 일어난 마녀사냥의 광풍과 비교해본다면,

무당에 대한 처벌은 추방 정도가 한계였다. 1443년의 음사 금지령에
서도 무당에 대한 처벌은 주로 쫓아내는 것이었다.

> 금령(禁令)을 범한 무녀는 율(律)에 의하여 과죄(科罪)하되, 서울이면 외
> 방으로 쫓고, 외방이면 타도(他道)로 쫓아내소서.

> 무적에 올리지 아니하고 요무(要巫)라고 하면서 서울에 섞여 사는 자가
> 퍽 많사오니, 모두 성외(城外)로 쫓아내게 하되, 은닉한 자는 하여서는
> 아니 될 일을 한 율[不應爲事理律]로써 중(重)하게 과죄하고, 무적(巫籍)
> 에 등록하게 하소서.

> 무당과 각 사람이 만일 범죄한 것이 있는데, 그 동리의 관령(管領)과 방
> (坊)의 별감(別監)과 색장(色掌) 등이 검찰(檢察)하지 못하였으면 율(律)에
> 의하여 과죄하소서.

> 한양이면 사헌부에서, 외방(外方)이면 감사(監司)나 수령(守令)이 기습적
> 으로 창졸이 덮쳐서 항상 검거하여 엄격하게 금지하는 법을 시행하여,
> 항식(恒式)으로 삼으소서.

이런 조항은 무당을 말살하기보다는 한양 도성으로부터, 그리고
그 주변에서 지방으로 몰아내는 것이 목적인 것처럼 보인다. 그렇다
면 이능화가 말하는 것처럼 한양의 지배자들은 각 지방의 민속종교
에 대해서는 '교화'를 포기했던 것인가? 이것은 조선시대 민속문화

에 대한 국가의 지배 능력과 의지 모두에 관련되는 문제다. 전근대에 지방에 대한 교화는 왕을 대신해 통치를 위임받은 지방관의 책무였다. 그들은 유교에 의한 무속 정복의 최전선에 있었다.

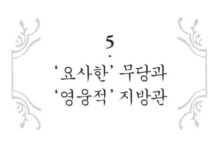

5.
'요사한' 무당과
'영웅적' 지방관

만들어진 무속 전통

한국의 무속은 무교(巫敎)라고도 불린다. 무속(巫俗)이라는 말이 본격적으로 사용된 것은 근대 이후다. 현대종교로서의 무속은 흥미로운 전통이다. 그것은 표준화된 교의 및 고정된 교단, 규범화된 의례 등 제도종교 전통의 일반적인 요소를 결여하고 있거나 부분적으로만 가지고 있다. 그러나 고유의 역사와 전통을 지녔다는 독립된 자의식을 가지고 있다는 점에서는 일반적인 의미에서의 민중종교(popular religion) 또는 민속종교(folk religion)와도 구분되어야 한다. 무속에는 전문화된 의례 서비스를 제공하는 종교 전문인 집단인 무당이 있고, 그 상징체계는 고대적, 심지어는 원시적인 것에 기원을 두고 있는 것으로 여겨진다.

다른 한편으로 현대적 용법으로서의 무속 범주에는 지역별로 상이한 전승이 하나의 한국 무속으로서 포함되어 있다. 한마디로 무속이라고 해도 지역마다 무당을 부르는 말도, 굿의 형태도 다르다. 때로는 마을 신앙, 가정 신앙 등 민속종교의 각종 요소가 무속에 포함되기도 한다. '무속 전통' 개념은 이런 차이에도 불구하고 하나의 '한국 무속'이 있는 것처럼 상상하게 한다.

그러나 무속 전통이란 비교적 최근에 만들어진 개념이라는 주장이 1990년대 이후로 제기되어왔다. 대표적으로 김성례는 문화적 원형으로서의 무속 전통이 한국 문화의 기층 또는 기원에 위치하고 있다는 인식을 비판하며 식민지 시대 이래 무속 담론의 계보를 추적했다. 그에 따르면 무속 전통의 진실성이라는 것은 '픽션'이다. 흥미로운 점은 픽션으로서의 무속 전통이 무당과 그 수요자가 아니라 담론 권력을 쥐고 있는 통치 권력 혹은 지식인 집단에 의해 창출되었다는 것이다.[200]

근현대의 지식인들은 무속을 민족문화의 원형이 담긴 전통으로 취급하려 했다. 이것은 유럽 민족주의자들이 그리스도교 이전의 이교 전통을 민족문화의 기원으로 삼았던 것과 기본적으로는 같았다. 그러나 한편으로 그들은 근대 지향적이었다. 지식인들에게 무속은 문명화 이전의 야만적인 관습을 담고 있는 '미신'으로 인식되기도 했다. 그렇다면 어떻게 무속에서 민족문화의 원형을 찾으면서도 동시대 무속의 미신성을 부정할 수 있었을까? 간단한 해법이 있었다. 무속의 기원을 먼 고대에서 찾고, 그것이 계속 쇠퇴·타락해서 오늘날에 이르렀다는 설명이다. 대표적으로 이능화는 한국 무속의 역사를 다음과 같이 설명했다.

> 조선 민족은 상고시대의 신시(神市)가 있어 자신들의 종교로 삼았으며,
> 천왕환웅과 단군왕검을 하늘에서 내려온 신, 혹은 신과 같은 인간이라
> 했다. 옛날에는 무당이 하늘에 제사하고 신을 섬겼으므로 사람들에게
> 존경을 받았다. 그러므로 신라에서는 무당이라는 말을 왕자(王者)의 호
> 칭으로 삼았고, 고구려에는 사무(師巫)라는 명칭이 있었던 것이다. 여
> 기서부터 마한의 천군(天君)·예(濊)의 무천(舞天)·가락(駕洛)의 계욕(禊
> 浴)·백제의 소도(蘇塗)·부여(夫餘)의 영고(迎鼓), 고구려의 동맹(東盟)에
> 이르기까지 단군 신교의 유풍(流風)과 잔존 민속이 아닌 것이 없으며,
> 이것이 이른바 무속의 신사(神事)이다.
> 후세로 내려와 문화가 진화하고 유교·불교·도교가 연이어 수입되어,
> 유교에는 길흉의 예, 불교에는 분수의 법, 도교에는 초제의 의식이 있
> 었고, 이 외래의 종교들이 고유의 풍속과 뒤섞이게 되었다. 이 외래의
> 종교들이 세간에서 받드는 바 되면서 다투어 종문(宗門)을 개창하니,
> 고유의 풍속은 사회의 배척을 받아, 외래 종교와 어깨를 나란히 하지
> 못한 채 오늘에 이르게 되었다.[201]

여기에 따르면 무속은 오늘날에는 잊힌 상고시대 종교의 후신이
다. 환웅과 단군 시대의 무당은 신과 인간을 중재하는 사제였다. 이
가상의 종교를 이능화는 '단군 신교'라고 부르고 있다. 단군 신교는
마한, 예, 가야, 백제, 부여, 고구려 등으로 이어졌다. 고대에도 이들
나라는 같은 종교로 묶인 '한 민족'이었던 것이다! 그리고 그 최종적

인 형태가 20세기까지도 남아 있는 무속이다.

그렇다면 왜 국가적·민족적 종교였던 단군 신교가 엘리트에게 천시받는 무속으로 몰락하고 말았는가? 이능화는 그것을 외래 종교의 도입 탓으로 보았다. 유교, 불교, 도교가 기존에 민족 고유의 종교가 하던 역할을 차지함으로써 무속은 민간의 풍습으로만 남게 되었다는 이야기다. 사실상 이것은 근세 이후 일본의 국학자들이 신토(神道)에 대해 갖고 있던 생각, 그리고 서구 낭만주의자들이 그리스도교 이전 이교(paganism)에 대해 갖고 있던 생각과 대단히 유사하다.

최남선도 이능화와 마찬가지로 단군 시대의 고대 신도(神道)가 무속의 기원이라고 보았다. 고조선이 멸망한 후 이 전통은 신라의 화랑(花郞), 국선(國仙)에게로 이어졌다. 그러나 이 민족 종교는 불교와의 경쟁에 밀려 쇠퇴하고 말았다. 또한 고대 신도가 가지고 있던 교화의 기능은 유교에게 빼앗겼다. 결국 고려시대 즈음에는 국가의 태평을 비는 의식만이 남았다. 마침내 조선에 이르러서는 그 흔적만을 희미하게 발견할 수 있다는 것이다.[202]

현재의 무속을 고대의 '단군 신교', '신도'의 흔적으로 파악하는 이런 입장에는 두 가지 함의가 담겨 있다. 하나는 고대 한국 문화를 지배했던 무속이 외래 종교의 도입으로 대체되어 쇠퇴했다는 것이다. 둘째, 고대의 국가와 결합되어 있었으나 이후 추방되어 민간 무당의 손에 맡겨진 무속은 자신의 고전적인 기원을 잊어버리고 미신으로 타락했다는 것이다. 이런 관점은 여전히 우리가 무속을 바라보는 시각 속에 녹아 있다. 무속은 (종교의 다른 기능을 결여한) 기복적인 미신이지만, 그 속에서 민족문화의 고대적인 원형을 찾을 수 있다는 견해가 그렇다. 그렇다면 무속이 더 이상 변질되지 않도록 과거의 모습을 보존해야 하고, 만약 원형이 심각하게 훼손되었다면 복원해야 한다.

그러나 역사적 접근을 택한다면, 무속에서 고대적인 요소나 민족문화의 원형을 찾는 것은 무리한 시도다. 분명 민중문화 속의 종교적 요소는 대단히 오랜 지속력을 가진다. 문자의 도움을 받지 못한 경우에도 마찬가지다. 때로는 석기시대의 이주나 문화적 접촉이 수천 년의 시간을 넘어서 흔적을 남기는 경우도 있다. 그러나 문화의 어떤 요소는 대단히 짧은 시간 동안 급격하게 변한다. 우리는 드물게 단편적인 증거들을 모아서 고대부터 최근까지 이어지는 견고한 문화의 지층을 찾아낼 수도 있다. 그러나 실제로는 여러 역사적 압력을 통해 변화해온 문화의 흔적이 훨씬 흔하게 발견된다.

따라서 고대 민족문화의 잔재라는 측면에서 바라본 무속은 민족의 개념처럼 '만들어진 전통'이다. 무속의 원형이란 것이 머나먼 과거에 온전한 형태로 존재했다는 것도 허구이고, 그것이 타락과 쇠퇴를 거듭하여 비루한 형태가 되었다는 것도 오늘날에 재구성된 이야기다. 우리는 이런 허구를 믿느냐 마느냐를 선택하는 것이 아니라, 그런 담론이 왜, 어떤 시대에 나타나서 유행했는지를 살펴야 한다.

기자에서 단군으로

당연한 이야기지만, 근현대 지식인의 필요에 따라 재구성된 담론 속에 등장하는 '전통으로서의 무속'이 아닌 '현상으로서의 무속'은 결코 근대에 새롭게 등장한 것이 아니다. 어느 시대에나 무당은 있었다. 무당의 종교 서비스를 필요로 하는 고객도 있었다. 다만 그들을 둘러싼 물적 조건은 계속 변화해왔다. 현대 자본주의 환경에서의 무속과 전근대 농경 사회에서의 무속은 대단히 다르다.

무속을 둘러싼 담론도 시대마다 다르다. 근대 지식인들은 무속을 '과거의 것', '미신적인 것'으로 타자화하는 한편, 그것을 선택적으로 지배·배제·포섭하는 과정에서 '민족적인 것'을 재발견하려고 했다. 근대 이전에도 비슷한 일이 일어났다. 그때의 '담론 주체'는 신유교의 세례를 받은 식자층인 유자 혹은 유생들이었다. 현재 우리가 알고 있는 조선시대 이전의 무속에 대한 많은 문헌이 그들에 의해 작성되었다. 그들은 결코 무속에 호의적이지 않았다. 그들은 무당이 풍속을 해치고 백성에 대한 교화를 방해하는 '음사'의 주도 세력이라고 인식했기 때문이다.[203]

그렇다면 전근대의 유자들은 무속의 기원에 대해 어떻게 상상했을까? 놀랍게도 그들은 근대 지식인들처럼, 무속은 머나먼 과거로부터 비롯되었으며 당시에는 지금보다 훨씬 순수하고 타락하지 않은 형태였다고 믿었던 것으로 보인다. 그들이 비슷한 관점을 가진 근현대 연구자들과 다른 점은, 무속의 기원을 단군과 고조선의 종교에서 찾지 않았다는 것이다. 유자들은 무속의 기원을 중국 은나라에서 찾았으며, 기자와 함께 한반도에 들어왔다고 생각했다.

현대 한국인들은 우리가 단군의 자손이라고 말한다. 그러나 조선시대에 단군은 한반도 지역에 최초로 국가를 세운 사람이지, 민족의 조상 같은 것이 아니었다. 조선인들은, 특히 엘리트 계층일수록 단군

보다는 기자를 중시했다. 기자는 은·주 교체기에 5천 명을 이끌고 조선으로 건너왔다는 전설의 주인공이다. 조선의 유자들은 이때 비로소 한반도에 문명이 전해졌다고 이야기한다. 무속이 시작된 것도 이때다. 이런 설명에 따르면 무속 또한 외래 종교인 셈이다.

무속의 기원이 기자에서 단군으로 옮겨간 것은 역사적 기원에 대한 인식의 변화와 관련이 있다. 근대의 민족주의적 지식인들은 기자의 이주를 통한 중화문명의 전래가 아니라 단군의 건국을 통한 민족의 발생이 한국사의 시작이라고 생각했다. 전근대 유자들이 기자로부터 모든 것이 시작되었다고 말했다면, 근대 지식인들은 단군으로부터 모든 것이 출발했다고 말해야 했던 것이다.[204] 이 극적인 전환을 이능화는 다음과 같이 표현했다.

> 함허자(涵虛子)가 말하기를 "기자(箕子)가 은나라의 부로(父老) 5천 명을 거느리고 동쪽 조선으로 올 때 의사와 무당 및 점쟁이들이 함께 왔다"고 했다. 그러므로 한국의 무풍은 그 근원이 은나라 무속에서 나온 것처럼 보인다. 그렇지만 나는 단군의 신교가 실로 우리 한국 무풍의 시초라고 생각한다. 또 요나라·금나라·원나라·청나라의 무속이 우리와 비슷한데, 그것은 이 지역들이 본래 한국의 옛 영토에 속했기 때문이다.[205]

근대적 민족 개념은 땅과 혈통의 개념을 중시한다. 그러나 전근대 유교 엘리트들에게 무엇보다 중요한 것은 '문화적' 기원이었다. 만약 무속이 오래된 것이라면 그것은 당연히 중국에서 온 것이다. 뒤에서 다루겠지만, 무당에 관한 가장 오래된 기록은 상고시대를 다루는

〈표 2〉 전근대 및 근대의 무속 기원 담론

	전근대 유자	근대 지식인
문명 기원	기자의 동래(東來)	단군의 개국
무속 기원	은나라의 무당들	단군의 신교(神敎)
기원의 성격	문화적 기원	민족적 기원

중국 문헌에서 나타나기 때문이다. 반면 근대 지식인인 이능화는 한국의 무속을 은나라가 아니라 요나라, 금나라, 원나라, 청나라와 같은 비(非) 한족(漢族) 국가들과 연결시키고 있다. 이유는 간단하다. "이지역들이 본래 한국의 옛 영토에 속했기 때문"이다! 그리하여 무속은외래 종교에서 민족 종교로 탈바꿈하게 된다.

그럼에도 불구하고 전근대 유자들과 근대 지식인들은 무속에 대해 한 가지 가정을 공유하고 있었다. 그것은 동시대의 무속이 '원래의 것'보다 못하다는 것이었다. 근대 지식인들에게 '단군 신교'는 미신이나 기복과는 관련이 없는, 윤리적이고 국가와 긴밀히 결합된 순수한 '하늘 숭배'였다. 그것이 오늘날과 같이 비루하고 미신적인 풍속으로 타락한 것은 본래 무속의 자리를 유교, 불교, 도교와 같은 외래 종교에 빼앗기고 시골과 저잣거리에 방치된 탓이다.

마찬가지로 전근대 유자들은 무당을 천하고 유교적 이상에 어긋나는 사술(邪術)을 일삼는 탐욕스러운 무리라고 보았다. 그런데 유교경전에는 고대의 이상적인 성왕(聖王)들의 시대부터 무당이 존재했다고 명시되어 있었다. 게다가 경전 속의 무당은 완전히 부정적인 존재도 아니었다.

유교 경전 속의 무당

조선시대 유자들이 고전 속 무당에 대해 가지고 있던 상식이 어느 정도였는지는 1734년(영조 10)에 있었던 경연에서 엿볼 수 있다. 이날 무당의 저주가 화제에 오르자 정필녕(鄭必寧)은 "사와 무를 써서 어지럽게 하다[用史巫紛若]"라는 『주역(周易)』의 구절을 인용하며 무당은 하·은·주의 삼대(三代) 시절부터 있었다고 말했다. 그러자 국왕 영조는 『주례(周禮)』에도 무당이 언급된다며 "지금 성인께서 다시 살아나신다고 해도 이런 사람들을 모두 없앨 수 없을 것"이라고 답했다.[206]

영조가 말한 대로 『주례』의 「춘관종백(春官宗伯)」 장에는 이런 구절이 있다. "사무(司巫)는 여러 무당의 정령(政令)을 관장하며, 나라에 큰 가뭄이 들면 무당들을 거느리고 춤을 추면서 비를 빈다."[207] 유자들에게 『주례』는 공자가 회복하려고 했던 이상적인 국가 체제인 서주(西周)의 예법을 담은 경전이었다. 이런 책에 무당이 천자의 궁정에서 기우제를 지냈으며 이들을 통솔하는 관직까지 있었다는 사실이 명시되어 있는 것이다. 앞서 살펴보았듯이, 조선 왕조는 기우제에서 무당을 배제하기 위해서 장기간 노력했다. 그런데 의례 개혁의 모델이 되어야 할 경전에서 오히려 무당의 국가 의례 참여를 인정하는 듯한 구절이 있는 것이다.

그뿐만이 아니었다. 『주례』에는 무당을 총괄하는 관리인 사무(司巫)가 상례(喪禮) 때에 '무강(巫降)'의 예를 맡았다는 구절도 있다. 그 주석에는 이렇게 되어 있다. "강(降)은 내린다[下]는 뜻이며, 무당이 신을 내리게 하는 예는 지금 세상에서 사람이 죽어 염(斂)한 뒤에 무당을 불러 길귀신[褐]을 내리게 하는 것이 그 유례다." 이것은 무당의 강신술이 고대의 주 왕실에서 이루어지던 성왕(聖王)들의 의례에서 기원하는 것으로 해석될 수 있었다. 순수한 유교 의례만이 이루어지는 국가를 만들려고 했던 조선의 유자들에게 이는 대단히 위험하고 난처한 구절이었다.

이에 대해서 이익(李瀷)은 파격적인 해석을 내놓는다. 그런 주석은 "성인의 뜻이 아니다"라는 것이다. 이익은 자신의 경험을 통해 이런 해석을 정당화한다. "나는 시골 무당이 노래와 춤으로 혼을 불러 죽은 자의 혼의 말을 지어내 어리석은 사람들을 유혹하여 재물을 따내는 것을 보았다. 나라에서 법으로 금지해 없애야 할 일인데, 어떻게 이런 말이 경전의 주석에 나온다는 것인가?" 당시 사람들은 영험한 무당의 기도가 이루어지는 일도 있다고 믿었다. 이익은 이렇게 말한다. "가끔 기도하고 제사하여 감응을 얻었다는 것도 모두 희마(戱魔)의 사기에 어리석은 백성들이 속은 것이다. 밝고 지혜 있는 자는 스스로 알아야 한다."[208]

이렇게 경전을 비판적으로 읽으며 무당의 의례를 인정하는 듯한 해석을 부정하는 것은 매우 급진적인 태도다. 많은 유자는 "어리석은 사람들을 유혹하고 재물을 빼앗는" 현실 속의 무당과 무당을 인정하는 듯한 경전 사이에서 혼란을 겪고 있었다. 이런 모순이야말로 유자들이 무당을 천시하고 부정하고 배제하면서도 완전히 제거하지는 못한 근본적인 원인이었다.

결국 조선을 비롯한 동아시아에서는 유럽의 마녀사냥 같은 학살 행위는 일어나지 않았다. 그것은 조선의 유교화가 유럽의 기독교화처럼 철저하게 이루어지지 못한 이유이기도 했다. 근세의 그리스도교와 유교는 모두 민속종교의 민간 주술사를 비난했다. 그러나 유교 국가에서는 유럽에서처럼 그들을 악마화하는 일이 불가능했다. 무당은 유교 국가가 이상으로 삼고 있는 고대 왕조에 참여했던 이들이 타락한 흔적이었다. 그들은 교화해야 할 대상이었지만 전면적으로 제거할 근거는 없었던 것이다.

신령한 무당과 천한 무당

19세기에 이규경(李圭景)이 쓴 백과사전적 저서인 『오주연문장전산고(五洲衍文長箋散稿)』에는 무속에 관한 글이 상당수 포함되어 있다. 그 가운데 「무격변증설(巫覡辨證說)」에서 이규경은 무당의 기원에 대해 다음과 같이 서술했다. "무당은 비록 천하지만 그 기원을 찾아보면 상나라의 무함(巫咸)으로, 무함 이 사람이 바로 무격의 조상이다."[209]

이처럼 유자들은 무당의 기원을 상(商)의 신령한 무당이었던 무함으로 보았다. 『사기(史記)』에서 무함은 천문에 밝은 대신으로 묘사될 뿐이지 무당으로서의 면모는 그다지 드러나지 않는다. 그러나 『초사(楚辭)』, 『산해경(山海經)』 등 신화적 문헌에는 무함이 하늘로 올라갔다거나, 무당의 나라인 무함국이 존재했다는 등의 전승이 기록되어 있다. 『초사』의 저자 굴원(屈原)은 「이소(離騷)」에서 점술가 영분(靈雰)에게 점괘를 받는다. 그리고 하늘에서 강림한 무함에게 계시를 받는다. 무함은 무당의 조상이자 신이었다.

고려 말 이규보는 무당을 배격하기 위해 「노무편(老巫篇)」이라는 시를 썼다. 그런데 그 첫머리에는 다소 엉뚱하게도 무함에 대한 찬사가 나온다.

옛날 무함은 신령하고 기이하여
다투어 산초와 양식을 품고 서로 의심을 풀었건만
하늘에 오른 후에 이은 자 누구인가
지금까지 막막한 천백 년이구나[210]

그러나 이규보의 진짜 뜻은 딴 데 있다. 무당의 시조인 무당은 그처럼 신령한 사람이었다. 그러나 "하늘로 오른" 무함을 계승한 무당은 없었다. 천 년이 넘는 세월이 흐르는 동안 무당을 자처한 사람들은 모두 거짓되고 신령하지 못한 이들이다. 그는 동시대의 무당에 대해서는 이렇게 비난한다.

해동은 이 풍속을 다 쓸어버리지 못해
여자는 격(覡)이라 하고 남자는 무(巫)라 하니
스스로 신이 이르러 내 몸에 내렸다 하나
나는 이를 듣고 웃고 탄식한다
굴속의 천 년 묵은 쥐가 아니면
숲속의 아홉 꼬리 달린 여우이리라[211]

이렇게 고대의 '신령한' 무당과 동시대의 '어리석은' 무당을 대비시키는 주장은 무당에 대해 이야기하는 유자들의 글에서 자주 볼 수 있다. 15세기 인물인 남효온(南孝溫)의 「귀신론(鬼神論)」도 그렇다. 그는 신과 인간은 한몸이니 만약 무당이 "무함처럼" 진실하고 거짓이 없다면 신명(神明)이 통할 수 있다고 전제한다. 그러나 그런 무당은 이제 없다. 지금의 무당은 좌도(左道)의 무리이며, 백성들을 어리석게 한다. 무엇보다 그들은 유교적인 예법 질서를 어지럽힌다. 하늘의 신인 해, 달, 별은 천자가 아니면 제사할 수 없다. 그런데 무당은 칠성신을 모신다고 한다. 명산대천은 제후가 아니면 제사할 수 없다. 그런데 무당은 산천의 신을 끌어들인다.

남효온은 무당의 말이 이치에도 맞지 않는다고 비판한다. 유자들이 널리 채택하고 있던 당시의 합리적인 의학 이론에 따르면 사람의 병은 "원기(元氣)가 고르지 못해서" 생기는 것이다. 그러니 무당이 귀신이 들려서 병이 났다고 처방하는 것은 속임수라는 것이다. 사람들이 의원을 찾아가지 않고 무당에게 의지하니 쓸데없이 돈만 갖다버리는 꼴이라는 비판도 덧붙인다. 마찬가지로 무당을 따르는 것은 윤리적이지도 못하다. 남효온은 인간의 화복(禍福)은 자기 행동의 선악에 달려 있다고 믿는다. 그런데 무당은 귀신을 잘 섬기면 복을 받고 소홀히 하면 화를 당한다고 주장한다. 이래서는 백성들이 신을(사실은 무당을) 섬기고 먹이는 데에만 열중하고 선한 행동은 하지 않는다는 것이다.[212]

이규경은 더 나아가 세상에는 '큰 무당'과 '작은 무당'이 있다고 주장한다. 물론 큰 무당은 과거에만 존재하고, 지금의 무당은 모두 작은 무당이다.

무당은 비록 천한 기예이지만 옛날 무당과 지금 무당의 우열을 논하자면, 형(荊), 초(楚), 오(吳), 월(粵)의 무당은 큰 무당[大巫]이고, 근세의 속된 무당[俚巫俗師]은 작은 무당[小巫]이다. 입술에 물동이를 붙이고 날카로운 칼 위에서 뛰는 것은 혹 귀신을 끼고 그 술법을 자랑하는 신이(神異)인 듯하다. 이는 사람들을 유혹하는 미끼로 사람들로 하여금 그 술법에 빠지게 유혹하여 편벽한 믿음[偏信]에 빠지게 하는 것이다. 아! 사람들이 귀신을 좋아하면서도 스스로 알지 못한다는 게 바로 이런 것이 아니겠는가?[213]

여기에서는 실제로 신과 통할 수 있었던 고대의 영험한 무당과, 속임수를 써서 백성들을 유혹하여 자기 이익만 챙기는 동시대의 무당을 대비시키는 전략이 명확하게 드러나 있다. 이런 구도를 통해 조선의 유자들은 경전과 고전 속에 등장하는 '신령한' 무당과 자신들이 실제로 마주치는 '천한' 무당 사이의 간극을 만들어낼 수 있었다.

그러나 이런 논리에는 한 가지 맹점이 있었다. 이에 따르면 이른바 '작은 무당'은 단지 어리석고 미숙할 뿐이다. 그들은 해롭기는 하지만 의도적인 악의는 없다. 그들은 남들을 속이고 있을 뿐만 아니라 스스로도 속고 있는 것이다. 그렇다면 유자가 이들의 행위를 금지시킬 명분이 부족해진다. 따라서 무속에 대한 배제가 전면적으로 이루어지기 위해서는 한 가지 조건이 덧붙여져야 했다. 즉 무당은 천하고 어리석고 탐욕스러울 뿐만 아니라 사악하기까지 해야 한다.

사악한 무당들

오늘날 많은 한국인은 '무속=기복'이라는 도식에 익숙하다. 무속은 윤리적인 지침보다는 물질적인 복을 가져다주고 병이나 재앙을 피하는 데 집중하는 것으로 보인다. 심지어 무속에 대한 이런 식의 관점은 다른 종교에 대한 시각에도 영향을 준다. 이를테면 교회나 절에서 교리적인 가르침보다 병 고침이나 복 받는 것에 집중하면 "무당이랑 다를 게 없다"라고 말한다. 심지어는 교파 소속과 관계없이 기복을 중시하는 한국 종교를 두고 '전통적인 무속의 영향'이라고 말하는 일종의 비교종교학도 종종 보인다.

엄밀하게 말하면 이런 비교는 틀렸다. '행복을 끌어들이는 것과 재앙을 멀리하는 것[祈福禳災]'은 원시종교부터 현대에 새롭게 등장하는 신종교에 이르기까지 종교가 일반적으로 지향하는 것이다. 그러니 한국 종교가 기복에 빠져 있는 것처럼 보이는 것은 무속의 영향이 아니다. 오히려 철학적 교리나 윤리적 가르침 같은 것은 종교의 본질이라기보다는 장식에 가깝다. 이런 제도적 '장식'이 부족하기 때문에 무속은 외부의 공격에 취약하다.

조선시대에 무속에 대해 가해졌던 비난도 그런 식이었다. 어린 나이에 왕이 된 숙종이 천연두를 앓고 있을 때였다. 어머니인 명성왕후 김씨는 무녀 막례(莫禮)를 궁중으로 불러 병을 물리치려 했다. 얼마 지나지 않아 대비가 죽자 조정 안팎의 유자들은 그 책임을 무녀 막례에게 물었다. 무녀가 대비에게 매일 찬 샘물로 목욕하게 하고 반찬의 가짓수를 줄이도록 한 탓에 아직 마흔 살 정도였던 대비의 건강이 급격히 상했다는 것이었다.

무당이 재물과 사치를 탐한다는 것도 흔한 비판이었다. 막례의 경우에도 궁인(宮人)들을 꾀어서 재화와 보물을 챙겼다고 한다. 신분에 맞지 않게 가마를 타고 다닌 것에 대해서도 많은 유자가 분개했다. 그러나 다름 아닌 대비의 의뢰로, 다름 아닌 왕의 병을 고치겠다는 무당을 제어할 수 있는 사람은 없었다. 결국 막례가 왕의 병을 고치기 위해 굿을 하다가 곤룡포를 걸친 일이 문제가 되었다. 조정에서는 막례를 처형하자고 했으나 숙종은 다음과 같은 말로 막았다.

"맹자는 '갑옷 만드는 사람은 사람 다칠까 염려할 뿐이고 무당과 장인도 그렇다'고 했다. 무녀가 궁 안에 들어와 기도하고 제사한 것은 매우 놀랍고 불경한 일이니 매를 맞다가 죽어도 할 말이 없을 것이다. 그러나 어리석고 무지한 자가 남의 병이 낫기를 빌다가 죽었다고 여기면 좋지 못할 것이다. 죽이지 말고 섬으로 유배 보내라."[214]

숙종의 말은 두 가지 점에서 흥미롭다. 첫째는 무당에 대해 언급하고 있는 고전적인 전거를 들어 무당을 옹호하고 있다는 점이다. 맹자는 사람을 죽이는 법을 연구하는 화살 장인과 사람을 살리기 위해 고민하는 갑옷 장인을 비교했다. 여기에 따르면 무당은 '사람을 살리려는 직업'에 속한다. 둘째, 무당은 고객을 속이려는 것이 아니라 병이 낫게 하려고 노력한다는 인식이다. 즉 병의 치유를 바라는 무당의 선의를 부정해서는 안 된다.

숙종과 같은 인식 속에서 무당은 사악한 존재가 아니라 단지 어리석을 뿐이다. 그들은 남을 속일 뿐만 아니라 스스로도 속고 있다. 그러나 병을 고치는 것이 아니라 남을 해치는 술수도 있다. 무당은 치

유자일 뿐만 아니라 저주의 실행자이기도 했다. 조선시대의 굵직굵직한 궁중 암투에는 무당에 의한 저주가 숱하게 등장한다. 무당에 의한 저주가 실질적인 효과를 가져올 수 있다고 믿는 문화에서 정치적 반대자에 대한 저주는 실제 상해 행위만큼이나 무거운 죄로 다루어졌다. 특히 궁중 저주 사건에서 흔하게 시도된 방법은 저주 대상의 거처 근처에 뼛가루 같은 '오염된' 물건을 묻어서 해로운 영향을 주려고 하는 '매흉(埋凶)'이었다. 저주 대상의 그림이나 인형을 만들어 저주하는 것도 흔한 방식이었다.

1651년(효종 2) 귀인 조씨(貴人趙氏)와 효명옹주(孝明翁主) 저주 사건을 보면, 매흉의 내용물에는 인간의 뼈 이외에도 "어린아이 시체의 머리와 두 손", "고양이 새끼를 죽여서 말린 것", "흰 병아리를 죽여서 말린 것", "벼락 맞은 나무", "무덤 위의 나무", "태어난 지 7일이 되지 않은 아이의 옷" 같은 것이 포함되어 있었다.[215] 끔찍한 물건 목록은 무당의 흉악함을 강조하는 요소였다. 무당의 저주 능력을 믿지 않는 사람이라도 이런 물건이 주변에 묻혀 있다고 생각하면 꺼림칙할 것이다.

무당의 사악함에 대한 가장 극적이고도 잔혹한 이야기는 아마도 이익의 술법에 대한 기록에 나오는 사례일 것이다. 먼저 남의 집 어린이를 훔쳐서 굶긴다. 그다음에는 맛있는 음식을 죽지 않을 정도로만 조금씩 먹인다. 아이는 점차 살이 쏙 빠지고 바짝 말라서 죽기 직전이 된다. 가엾게도 먹을 것만 보면 끌어당겨서 먹으려고 한다. 충분히 훈련이 되었다 싶으면 대나무통에 맛있는 음식을 넣어 놓고 아이를 유인한다. 아이는 음식이 먹고 싶어서 발버둥 치면서 대나무통을 뚫고 들어가려 한다. 이때를 놓치지 않고 날카로운 칼로 아이를 찔러 죽인다. 그런 다음 대나무통 주둥이를 꼭 막으면 아이의 원혼이 밖으로 나오지 못한다.

이제 대나무통을 들고 부잣집을 찾아다닌다. 그러고는 맛있는 음식으로 아이의 귀신을 유인해 여러 사람에게 병이 생기게 한다. 아이의 원한 때문에 집안사람들은 두통과 복통에 시달린다. 병자들이 돈과 곡식을 가지고 와서 병이 낫게 해달라고 사정하면 아이의 귀신을 거두어 들여 병이 그치게 하고 재물을 챙긴다.[216]

이런 주술이 그저 소문이었는지, 아니면 실제로 이루어진 시도였는지는 판단하기 어렵다. 그럼에도 어린이나 작은 동물을 굶주리게 한 후에 죽여서 그 원한의 힘을 이용해 남을 해치는 주술을 부릴 수 있다는 믿음은 상당히 널리 퍼져 있었다. 유자들이 보기에 무당이 기우제에 참여하거나 강신(降神)을 하는 일과는 달리 저주의 기술은 어떤 변명의 여지도 없는 사술(邪術)이었다. 이런 일을 일삼는(다고 믿어진) 무당은 어리석을 뿐만 아니라 사악한 존재였다.

아전과 무당

조선 후기에 이르러 유자들은 '어리석고 사악한' 무당을 국가 의례에서 배제하는 데 상당 부분 성공했다. 그러나 여전히 무당은 유교 국가 조선의 공적 영역에서 의례 집전자로 활동하고 있었다. 주로 각 지역의 제사를 통해서였다. 고려시대 이래로 지역 의례는 지방세력의 세를 과시하고 주민들을 결집하기 위한 수단이기도 했다. 조선시대에도 향리들은 이런 의례를 주도했다. 연례적으로 이루어지는 지방 제사를 주도한 이들은 아전과 무당이었다.

일례로 충청도 청안(淸安)에서는 2년에 한 번씩 3월 초에 아전들의 우두머리가 지역 사람들을 거느리고 장압산(長鴨山)에 올랐다. 그곳에 있는 큰 나무에는 국사신(國師神) 부부가 모셔져 있었다. 지역민들은 이 신을 맞이하여 읍내로 돌아온다. 그러면 무당들이 술과 음식을 차려놓고는 징을 울리고 북을 치며 관아와 여러 관청에서 제사를 지낸다. 20일이 지나면 신을 다시 큰 나무로 돌려보낸다.[217]

경상도 효령현(孝靈縣) 서악(西岳)에는 김유신 사당이 있었다. 삼장군당(三將軍堂)이라고도 불린 것으로 보아 김유신을 포함한 세 장군신을 모셨던 것으로 보인다. 이곳에서는 해마다 단오날이면 지역민들이 역참의 말을 끌고 가서 깃발과 북으로 신을 맞이해 거리를 행진하는 의례가 이루어졌다. 이 행사를 주도하는 이도 아전들의 우두머리였다.[218]

조선시대 아전은 지역의 토착세력으로 직위가 세습되었다. 길어야 몇 년을 머무는 지방관은 다양한 현지의 풍속을 제대로 알지 못했다. 그래서 지역 의례를 집전하는 것은 아전의 몫이었다. 공식적인 예제를 따르는 중앙의 의례와 달리 지방 제사는 대단히 다양했다. 유학 공부를 한 양반 관료인 지방관과 달리 향리는 의례에 무당을 참여시키는 데에 아무런 거리낌이 없었다.

이런 구조다 보니 지역의 신들은 중앙에서 파견된 지방관에게 결코 호의적이지 않다는 믿음이 강했다. 이와 관련된 흥미로운 괴담이 있다. 강원도 삼척에서 지방관이 급사하는 일이 자주 있었다. 그런 일이 있을 때마다 백발노인이 나타났다고 한다. 한번은 강원도 감찰사가 삼척에 머물고 있는데 백발노인이 창문을 들여다보았다. 그러고는 "(삼척)부사인 줄 알았더니 (강원도) 감사로군"이라고 중얼거리더니 문을 닫고 사라졌다고 한다. 그리고 얼마 지나지 않아 삼척부사가 죽었다.

백발노인은 태백산 신령이라고도 하고, 삼척에서 죽은 고려 공양왕과 관련이 있다고도 한다. 사람들은 태백산 신령을 무시무시한 존재라고 상상했다. 이 지역에는 퇴우(退牛)라는 풍습이 있었는데, 이 신에게 기도할 때는 신당 아래에 소를 바친 후에 절대 뒤를 돌아보지 않고 돌아가야 한다. 소를 아까워하는 마음에 뒤를 돌아보면 신이 재앙을 내린다는 것이다.[219] 이런 이야기에서는 무당과 토착세력이 섬기는 신의 위력에 대한 과시가 드러난다. 자신들의 신은 마음에 들지 않는 지방관 따위는 살해할 수 있을 만큼 강력하다는 뜻이다.

이런 현상을 조금 과장하자면 '텃세의 신격화'라고도 부를 수 있겠다. 국가가 파견한 관리가 토착세력과 갈등을 빚는 것은 어느 시대나 나타나는 일반적인 현상이다. 따라서 국가의 공식종교가 지역의 민속종교와 충돌하는 것도 결코 드문 일이 아니다. 그리고 유교 국가의 지방관에게는 자신이 의지하고 모범으로 삼을 만한 유력한 고전적 신화가 있었다.

서문표 모델

조선의 지배세력에게 무당은 음사를 일삼고 백성을 속이는 천박하고 미개한 존재였다. 그러나 다른 한편으로 무당은 고전문화와 연관되어 있다고 여겨졌다. 그러니 완전히 무시하거나 제거하기도 어려운 대상이었다. 조선 중기 이후 유교적 이념과 예제가 확립되면서 유자들은 이런 꺼림칙한 마음을 상당 부분 극복했다. 기우제와 같은 국가 의례는 순수한 유교적 요소로만 재정비되었다. 무당은 한양 도성과 그 주변 지역에서 '원칙적으로는' 추방되었다. 그러므로 중앙 관료들은 더 이상 공식적 의례에 동원되지 않고, 도성 근처에서 대놓고 모습을 드러내지도 않는 무당의 존재를 신경 쓸 필요가 없었다.

그러나 지방통치의 차원은 달랐다. 최종성은 조선 후기에 이르러 유교는 무속을 배제하고 왕도(王都)의 성역화를 상당 부분 이루어냈지만, "그것은 역으로 체제의 공식종교인 유교문화가 왕도를 벗어났을 때 현실적인 힘을 발휘할 수 없었다는 한계"를 보여주는 것이라고 평가했다.[220] 전근대 국가의 통치력은 지방 구석구석까지 문화적 지배력을 미칠 정도가 못 되었던 것이다. 그러나 지배세력에게는 지방의 민속문화를 통제해야 할 현실적인 필요가 있었다.

서영대는 이 문제가 조선 중기 이후 집권세력인 사림과 지방의 토착세력인 향리의 대립과 관련되어 있었다고 지적했다. 사림은 향촌사회에 기반을 두고 있었다. 그들은 자신들의 거점인 지방을 유교적 질서로 재편성할 필요가 있었다. 그런데 무속을 포함한 지방의 민속문화는 그들의 지배이념에 적대적일뿐더러, 경쟁자인 향리 세력의 권위를 지지해주고 있었던 것이다.[221] 앞서 살펴보았듯이, 무당에 의해 이루어지는 지역의 의례는 아전의 주도적인 참여로 수행되고 있었다.

그러므로 지방에서의 무속 탄압은 왕의 교화[王化]라는 명분으로 향촌 사회에서 토착세력에 대해 우위를 점하려고 했던 지방관 및 재지사족이 주도한 일이었다. 그러나 중앙의 관료들과 달리 그들에게는 법적·물리적 강제력이 없었다. 민속종교의 무대는 유자들 사이에서나 공유되는 예학(禮學)의 논리가 먹히는 곳도 아니었다. 따라서 향촌의 민속문화에서 무당을 배제하기 위해 음사라고 비난하는 것은 무의미했다. 무당의 종교적 '무능함'을 증명하는 일이 필요했다.

민속종교의 무대에서 무당과 경쟁해야 했던 지방관에게는 적절한 모델이 있었다. 그것은 전국시대 지방관이었던 서문표(西門豹)의 일화다. 서문표는 위나라 문후(文侯) 때의 인물로 부임지인 업현(鄴縣)에서 현지 토착세력 및 무당들과 충돌했다. 그들은 백성들에게 거금을 거두고, 하백(河伯)에게 아내를 바친다면서 처녀들을 산 제물로 물에 빠뜨리고 있었다. 이렇게 하지 않으면 하백이 홍수를 일으켜 백성들을 몰살시킬 것이라고 위협한 것이다.

서문표는 하백에게 아내를 바치는 현장에 직접 참여하기로 했다. 강가에는 장로와 아전, 지역유지들이 모여 있었고 지역민 수천 명이 구경하러 나와 있었다. 70대 무녀가 제자 10여 명을 이끌고 왔다. 제자들은 모두 비단으로 만든 예복을 입고 스승 뒤에 서 있었다. 서문표는 그들에게 말했다. "하백의 신부가 될 사람을 불러와라. 예쁜지 못생겼는지 보자."

장막을 걷고 산 제물이 될 여성이 나왔다. 그러자 서문표는 장로들과 무당에게 말했다. "이 여자는 못생겨서 안 되겠다. 큰 무당은 들어가서 더 예쁜 여자를 구해다가 나중에 다시 보내겠다고 하백에게 고하라." 그러고는 관리와 군사들을 시켜 늙은 무당을 물속에 던지게 했다. 갑작스럽게 일어난 일이었다. 지역민들은 경악했다. 서문표는 잠시 후 이렇게 말했다. "무당 할멈이 왜 이렇게 오래 있나? 제자가 가서 빨리 오라고 해라." 그러고는 제자 한 사람을 또다시 물에 던졌다. 또 말했다. "제자는 왜 이리 느린가? 다른 사람을 보내서 빨리 오라고 해라." 서문표는 이런 식으로 제자 세 명을 던지고, 지역의 우두머리인 삼로(三老)를 물속에 던졌다. 이렇게 해서 두려움에 떠는 현지 세력을 굴복시켰다.[222]

이 극적인 이야기는 지방관에 의한 무속타파의 몇 가지 모델을 제시해준다. 첫째, 무당은 토착적 지배층(조선의 경우 향리)과 결탁해 있으며 이들은 군주가 파견한 지방관의 권위를 거부한다. 둘째, 백성들은 그들 때문에 고통을 받다가 지방관의 파격적인 행위로 인해 해방된다. 셋째, 지방관은 일종의 성상파괴를 한 것이지만 그 때문에 재앙을 받지는 않는다. 마지막 항목이 특히 중요하다. 지방관이 무당이나 성소를 공격하고도 신령이나 귀신의 보복을 받지 않는다는 것은 무당의 영적인 힘이 허구라는 것, 또는 적어도 지방관의 권위보다는 열등하다는 것을 폭로하는 효과가 있기 때문이다.

함유일의 패배와 안향의 승리

무속에 적대적인 지방관에게 서문표는 이상적인 모델이었다. 그러나 현실은 달랐다. 특히 12세기의 고려인 함유일(咸有一)의 사례는 그런 시도가 때로는 실패로 끝났음을 보여준다. 함유일은 한국 종교사상 거의 최초의 무속타파 운동가다. 그러나 그의 시대에는 아직 신유교가 도입되지 않았고, 무당을 배제하는 사회적 분위기도 형성되지 않았다. 무속타파를 위한 명확한 이론도 없고, 권력의 도움도 받지 못한 그의 시도는 번번이 좌절될 수밖에 없었다.

함유일이 무당을 배척한 이유는 무속이 좌도나 음사라서가 아니라 인간과 귀신이 뒤섞여 있으면 인간에게 재변이 생긴다는 믿음 때문이었다. 그가 도감이 되자 수도에 있는 무당들이 모두 교외로 이사했다. 함유일은 민가에 있는 사당을 철폐하고 불태워버렸다. 그리고 산신당들도 부수어버리려고 했다. 그런데 그의 시도를 막는 이적이 계속해서 일어났다. 함유일은 구룡산(九龍山) 산신이 영험하다는 소문을 듣고 산신당으로 가서 산신의 화상을 활로 쏘았다. 그러자 갑자기 바람이 일더니 문이 닫히면서 화살을 막아냈다. 다음으로는 용수산(龍首山) 산신당을 불태워버렸다. 그러자 그날 밤 왕의 꿈에 산신이 나타나 도와달라고 간청했다. 왕은 다음 날 곧바로 산신당을 다시 세웠다.

함유일은 나중에 황주판관(黃州判官)으로 임명되었다. 그의 관할지에는 황주의 속군(屬郡)인 봉주(鳳州)도 있었다. 봉주 휴류암(鵂鶹岩)에는 영추(靈湫)라고 불리는 연못이 있었는데, 고을 사람들의 신앙 대상이었다. 함유일은 온갖 더러운 것을 가져다 연못을 메우라고 지시했다. 그러자 갑자기 구름이 일더니 폭우가 쏟아지고 천둥번개가 치기 시작했다. 연못을 메우던 사람들은 모두 놀라 엎드렸다. 잠시 후 하늘이 개고 나니 연못을 메웠던 쓰레기가 모두 먼 언덕 위로 옮겨져 있었다. 왕은 이 소식을 듣고는 오히려 영추 연못의 신을 사전(祀典)에 싣고 국가에서 제사를 지내게 했다.

함유일의 관직 경력이 끝난 것도 민속종교에 대한 그의 혐오가 발단이 되었다. 그는 삭방도감창사(朔方道監倉使)로 있으면서 등주(登州) 성황당의 국가 제사에 참여하게 되었다. 이곳의 무당은 성황신이 내려 나라의 길흉화복을 잘 알아맞히는 것으로 명성이 자자했다. 그러나 그는 성황신이 내린 무당에게 읍(揖)만 하고 절하기를 거부했다. 그는 이 사건 때문에 탄핵당했다.[223]

함유일이 무당을 거부한 것은 후대의 유자들이 내세우는 명분론이나 도덕론과는 별 관련이 없어 보인다. 그의 행동은 인간과 귀신이 섞여 있으면 인간에게 재앙이 생긴다는 개인적 신념에서 나온 것이었다. 흥미로운 점은 그런 그의 활동에 제동을 거는 사람이 언제나 왕이라는 사실이다. 왕은 꿈에 신의 요청을 받고 신당에 활을 쏘고 불태우는 함유일을 제지한다. 함유일이 파괴를 시도한 '영추의 신'이 영험함을 보이자 도리어 사전에 기재하는가 하면, 심지어 성황신이 내린 무당에게 절하지 않은 함유일을 파면한다. 이 시기에는 엘리트 집단 내에서조차 무속에 대한 비판적 관점이 공유되지 않았다는 것을 알 수 있다.

지방관이 무속을 공격한 행위가 엘리트 문화 내에서 긍정적인 평가를 받게 된 것은 역시 신유교 도입 이후로 보아야 할 것이다. 한국

신유교의 시초로 평가되는 안향(安珦)은 1236년 상주(尙州)의 지방관으로 파견되었다. 당시 고려에는 세 명의 무녀가 영험하다는 명성을 떨치고 있었다. 그들은 여러 군현을 돌아다니면서 공창(空唱)의 술법을 선보였다. "이르는 곳마다 공중에서 사람이 부르는 소리를 지어내었고 그 소리가 은은하게 울려 오는 것이 마치 길을 비키라고 호령하는 것[喝道] 같았다." 그러자 사람들이 그 소리를 듣고 앞다투어 굿을 했다. 심지어는 수령들까지 참여했다고 한다.

마침내 세 무녀가 상주에 왔다. 그런데 안향은 그들을 붙잡아서 곤장을 치고 칼을 씌워놓았다. 무당들은 귀신의 말이라고 하면서 안향과 상주 사람들에게 화가 있을 것이라고 위협했다. 그러자 상주 사람들은 모두 겁을 내었지만 안향은 전혀 동요하지 않았다. 며칠이 지나서 무당들은 용서해달라고 빌기 시작했다. 안향은 그제야 그들을 놓아주었고, 사람들은 더 이상 세 무녀를 따르지 않았다.[224] 안향의 외삼촌이자 그보다 스무 살 아래였던 우탁(禹倬) 역시 영해(寧海)의 사록(司錄)으로 있으면서 백성들이 섬기는 팔령신(八鈴神)의 상을 부수어 바다에 내다버렸다.[225] 비슷한 시기 충청도 청풍(淸風)에서는 고을 사람들이 나무로 된 인형을 얻어 신으로 모시고 있었다. 해마다 오뉴월이면 신상을 객사(客舍) 대청에 모셔두고 크게 제사를 벌였다. 김연수(金延壽)는 청풍에 부임하여 이 일을 주동한 무당과 관련자들을 모두 잡아다 곤장을 때리고 나무 인형을 불태워 없애버렸다.[226]

이런 사례에서는 지방관이 무당을 굴복시켰음에도 불구하고 귀신의 보복을 당하지 않았다는 모델이 재현되고 있다. 오히려 무당들은 그동안 자신들이 속임수를 썼다는 것을 고백하며 용서해달라고 굴복하고 있다. 함유일과 안향 사이에 있는 100여 년의 시간 동안 신령이나 무당의 힘이 약해지기라도 한 것일까?

강해진 것은 유자 쪽이었다. 안향은 한국 최초의 주자학자로 불리는 인물이다. 그는 왕의 미움을 받다가 파면당한 함유일과는 달리 고위직을 역임했으며 교육에 힘써 수많은 제자를 양성했다. 다음 왕조를 장악한 사대부는 자신들이 그의 도통을 잇고 있다고 믿었다. 따라서 그의 무속타파는 승리의 서사로 기억되어야만 했다.

영웅적 지방관들의 시대

승리와 정복의 선언이 각지에서 들려오기 시작했다. 지방의 음사를 성공적으로 제압한 영웅적인 지방관에 대한 조선시대의 서사는, 그들이 무당이 모시는 신령을 부정하고 사당을 훼손했음에도 불구하고 신의 빌미를 두려워하지 않았다는 언급으로 끝나곤 했다. 함유일처럼 무당에게 맞섰다가 신의 재앙을 받거나 왕의 노여움을 사는 일은 더 이상 생기지 않았다. 이제 지방관에게는 신유교라는 이념과 이전 시대보다 강화된 권력이 있었다.

고려 말 조선 초의 인물인 황우(黃瑀)가 충청도 영춘(永春)을 다스릴 때였다. 좌수(座首)의 딸이 병에 걸렸는데 마치 귀신이 들린 것과 같았다. 무당은 어느 나졸이 죽어서 성황신의 부하가 되었는데, 그 귀신이 들렸다고 말했다. 황우는 크게 화를 내며 흙으로 된 성황신의 신상을 곤장으로 친 후에 시냇물에 던져버렸다. 그러자 딸의 병이 금방

나았다. 민속종교의 장에서 통용되는 일반적인 절차에 따르자면, 이런 상황에서는 성황신을 달래는 의례를 해야 했다. 의례는 무당이 주도했을 것이다. 그러나 황우는 무당을 배제한 채 성황신을 처벌하는 방법을 택했다.

15세기 홍윤성(洪允成)은 나주목사(羅州牧使)로 있으면서 "백성들을 미혹하는" 성황사를 불태워버렸다. 이 시기에는 아직 국가에서도 지방의 성황당을 조심스럽게 다루며 신상을 신주로 교체하는 정도의 조치만 제한적으로 취하고 있었다. 그런데 홍윤성은 사당을 불태우는 파격적인 시도를 한 것이다. 이런 일이 가능했던 것은 나주의 성황이 국가 사전에 등재되지 않은 비공식적인 음사였기 때문이다.[227]

17세기 연안부사(延安府使) 이정악(李挺岳)도 자기 고을의 백성들이 사당의 신령에게 기도하느라 재물을 허비하는 것을 보고 개탄했다. 그는 부임한 지 얼마 안 되어 사당을 헐어버리고 말했다. "저 음사의 신이 해코지를 한다면 내 몸에 가해질 것이다." 그러자 지역민들이 깨닫고는 말했다고 한다. "전에는 우리가 어리석었구나."[228] 연안 사람들은 이정악의 용기에 감탄했다. 신을 모독하면 재앙을 입는다는 것은 당시의 상식이었다. 그런데 이정악은 만약 재앙이 닥친다면 자신이 모두 받겠다고 선언한 것이다. 지방관의 음사 타파는 그런 영웅적 서사로 장식되었다.

이 장르에서 가장 유명한 인물은 18세기에 제주목사(濟州牧使)를 지낸 이형상(李衡祥)일 것이다. 그가 부임했을 때 제주에는 "사당이 없는 마을이 없을 정도"였다. 게다가 제주는 육지와는 이질적인 종교 문화를 가지고 있었다. 유자 입장에서 보면 그는 마치 아일랜드의 드루이드교를 소멸시키고 그리스도교로 개종시킨 성 패트릭과 같은 인물이었다. 그는 129개의 신당을 불태우고 무격 285명을 농업에 종사하게 했다.

그가 불태운 신당 중에는 광양당(廣壤堂)이 있었다. 이곳의 신은 한라산신의 동생이며 고려시대에는 조정에 의해 광양왕(廣壤王)에 봉해지기도 한 한라호국신(漢拏護國神)이었다. 이 신은 조선시대에도 중시되어 제사를 받고 있었다. 이런 신성한 공간을 불태웠으니 제주 백성들은 그가 돌아가는 길에 물에 빠져 죽을 것이라 생각했다. 그런데 그가 바다를 무사히 건너갔다고 하자 "이상하게 여기지 않는 이가 없었다."[229]

결국 지방관이 무속을 타파하는 방법은 조정에서 이루어지는 논의와는 질적으로 달랐다. 제도적인 논의의 장에서 무속을 다루는 일반적인 방식은 경전의 전거와 과거의 전례를 통한 정도(正道)와 권도(權道) 사이의 저울질이었다. 그러나 지방관이 지역민들을 설득하는 상황에서는 이런 식의 이론적·예학적 논의는 거의 이루어지지 않는다. 두드러지는 것은 힘의 과시다. 무속의 타파는 대담하고 신속하고 폭력적일수록 성공할 가능성이 높았다. 그런 신성모독을 저지른 관리가 귀신의 보복을 받지 않는다는 것은 그들의 권능이 무당의 귀신보다 우위에 있다는 확실한 증거가 되었다.

모욕당한 신의 복수

만약 무당의 신당을 공격한 유자가 신에게 해코지를 당했다면 이런 식의 실천은 정당성을 크게 잃어버릴 것이다. 지금까지 살펴본 지방 관의 공덕을 다룬 글에서는 그런 '실패' 사례가 두드러지지 않는다. 그러나 민간의 전승에는 지방관이 무당의 사당을 훼손한 일 때문에 저주를 받았다는 기억이 남아 있다. 제주도의 신당을 불태우고도 무사히 육지로 돌아갔다고 하는 이형상의 경우에도, 현지 설화에는 당신(堂神)이 복수했다는 전승이 남아 있다.[230]

이형상이 육지로 돌아가자 아내가 울고 있었다. 이형상은 무슨 일이 일어났는지 눈치채고 말한다. "내가 제주도에 있을 때 귀신들이 억울해할 만한 일을 했다. 나는 백성을 위해서 한 일이니 잘못이 없다. 그러나 귀신들은 나에게 유감을 가질 것이다." 알고 보니 귀신들이 이형상은 너무나 강력해 복수하지 못하고 그의 아들들을 죽였던 것이다. 대성통곡을 하는 아내에게 이형상이 말했다. "내가 제주도에서 너무했구나."[231]

이 이야기에는 이형상에 대한 제주인들의 복잡한 마음이 잘 드러나 있다. 신들이 그토록 모욕을 당하고도 아무 일도 하지 않았을 리가 없다. 그러나 이형상은 육지로 돌아간 이후에도 승승장구했다. 그렇다면 아마도 가족이 저주를 받았을 것이다. 이형상의 자식들이 요절했다는 증거는 찾기 어렵다. 아마도 신들의 복수는 제주민들의 상상 속에서 일어난 사건일 것이다. 상상 속에서도 귀신들은 이형상이 너무 강력해 건드릴 수 없었다. 제주민들은 이형상이 사당의 귀신들보다 강력한 권능을 갖고 있다고 믿었던 것이다. 현실적으로 그 권능이란 지방관으로서의 권위였지만, 종교적 상상 속에서는 신들을 압도하는 종교적 힘으로 이해되었다.

전근대 사람들이 무당이 모시는 신의 힘을 대단히 실제적인 것으로 상상했다는 것은 15세기 인물인 길창부원군(吉昌府院君) 권람(權擥)의 사례에서도 살펴볼 수 있다. 세조 정권의 핵심 인물 가운데 하나였던 그는 은퇴 후 병을 치료하기 위해 감악산(紺岳山)에서 기도를 했다. 1464년(세조 10), 기도를 하는데 갑자기 세찬 비바람이 일었다. 그는 감악산신이 당나라 때 장수 설인귀라는 말을 듣고 무당의 몸에 들린 신에게 말했다. "신(神)께서는 당나라의 장수이고 나는 한 나라의 재상이니 시대는 다르지만 지위가 서로 비슷한데, 어떻게 이렇게 박하게 구는가?" 그러자 산신이 들린 무당이 그에게 호통을 쳤다. "그대가 감히 나와 맞서니 돌아가면 병이 날 것이다."

흥미로운 것은 이 에피소드를 소개하는 실록의 어조다. "그때 (사람들이) 이상하게 여겼다. 권람이 부처를 좋아하지 않고 집을 예(禮)로써 다스리면서도 신을 이렇게 모독하니, 사람들은 의아하게 여겼다."[232] 이와 같은 조선 전기 사람들의 인식은 오늘날의 관점에서 보면 대단히 기이하다. 무당이 동원된 감악산 기도가 '불(佛)'과는 대립되는 한편, 오히려 '예(禮)', 즉 유교에 가까운 범주로 취급되고 있다. 다시 말해 무당에게 빙의된 산신을 모욕하는 것은 예에 어긋나는 일이다.

비록 무당에게 빙의되었더라도 산신의 존재를 믿는 문화에서 그를 모욕하는 것은 대단히 불경한 일이었다. 실록을 작성한 사관의 인식도 마찬가지였다. 그러니 야사에 기록된 신들의 복수는 더욱 잔혹하고 직접적이었다.

　권필(權韠, 1569~1612)이 어린 시절 백악산에 갔을 때의 일이다. 산 정상의 신당에서는 정녀부인(貞女夫人)이라는 신의 화상을 모시고 있었다. 권필은 사람들이 백악산 여신인 정녀부인상에 기도를 올리는 것을 보고 분개했다. "이 여자가 무슨 물건이기에 이렇게 해괴하고 망측한가? 천지의 신들이 빼곡히 늘어서서 밝게 비추고 있거늘, 너 따위 여자 귀신이 남의 마음속을 나다니며 이 밝은 세상의 사람들을 현혹하는 꼴을 두고 볼 줄 아느냐?" 그러고는 영정을 찢어버렸다.

　그날 밤 꿈에 여신이 흰 저고리에 푸른 치마를 입고 나타나 말했다. "나는 옥황상제의 딸이다. 상제를 모시는 국사(國士)에게 시집을 가서 정부인(貞夫人)이라는 호를 받았다. 고려의 국운이 다하자 상제께서는 이씨를 도와 한양으로 천명을 옮기게 하고 국사를 목멱산(木覓山)으로 내려보내 동쪽 땅을 다스리게 하셨다. 내가 남편을 생각하는 마음을 한시도 놓은 적이 없어 상제께서는 그 뜻을 가상히 여겨 내가 백악산으로 내려가 목멱산과 마주 보게 해주셨다. 그때부터 내가 이 산에 내려와 있은 지 300년이 되었다. 그런데 너 같은 어린아이에게 능욕을 당하고 말았다. 나는 이제 상제께 상소하여 앞으로 수십 년 뒤에 돌아와 너에게 원한을 갚고야 말겠다."

　이후 권필은 1612년에 풍자시를 썼다가 광해군의 노여움을 사서 귀양을 가게 되었다. 공식 기록에 따르면 그는 본래 몸이 허약했는데 너무 혹독하게 곤장을 맞아 귀양 가는 길에 장독(杖毒)이 올라 죽고 말았다. 그런데 『천예록(天倪錄)』에 기록된 민간전승에서는 그의 죽음에 대한 다른 이야기가 전해진다. 귀양을 가던 권필이 객사에서 묵었는데, 한 여자가 머리맡에 서 있었다. 바로 어린 시절 꿈에서 보았던 부인이었다. 그는 권필의 귀에 대고 이렇게 말했다. "나를 알아보겠느냐? 내가 바로 정녀부인이다. 오늘에야 복수를 하겠구나." 그날 밤 권필은 죽고 말았다.[233]

국왕의 대리인인 지방관이 음사를 타파하고 왕의 교화를 전파했다는 승리의 이야기 이면에는, 자격이 없는 유자가 정당하고 강력한 신을 모욕했다가 보복을 당했다는 음울한 패배의 이야기도 전해진다. 유교 엘리트들은 한편으로는 무당을 비판했지만, 무당이 접신할 수 있다는 것을 완전히 부정하는 경우는 드물었다. 국왕을 대리하는 통치권을 가진 지방관이라면 그 신들을 힘으로 누르는 것도 가능했다. 그러나 일반 유생에게는 그런 식의 권위가 없었다. 그래서 민속종교의 무대에서 무당과의 경쟁에서 이겨야 했던 유자는 다른 전략을 택했다.

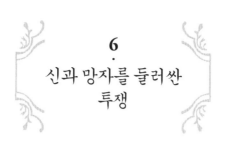

6.
신과 망자를 둘러싼
투쟁

민속종교의 무대에 선 유생들

국왕이든 지방관이든 통치자의 언어 속에서 유교와 무속의 관계는
일방적이었음이 분명하다. 그러나 민속종교의 장에서 이 관계는 좀
더 유동적이고 역동적이었다. 개인 문집이나 야담 자료에는 유자인
'선비'가 주술적 권능이나 의례의 주도권을 두고 무당과 경쟁하는 사
례가 빈번하게 나타난다. 유생이 주술적 실천의 주체로서 무당과 대
등하게 경쟁했다는 말은 조선시대 유교에 대한 우리의 선입견과 어
긋난다. 그러나 야사나 필기류에 나타나는 민속종교 현장에서 선비
들은 결코 "괴력난신을 말하지 않는" 사람들이 아니었다.

　강상순은 『용재총화』, 『용천담적기(龍泉談寂記)』 등 조선 전기 필기
류에 기록된 사대부의 축귀담에 주목했다. 이것은 유자가 민중들 사

이에서 전승되는 무속적·주술적 귀신 관념을 공유하고 있었기 때문에 생성된 이야기라는 것이다. 유자는 결코 민속적인 귀신담을 탈신비화하거나 부정하기만 하지 않았다. 강상순에 따르면 유자는 "오히려 그와 같은 기괴한 귀신의 존재를 실체로 인정하면서 다만 그것의 우열 관계를 뒤집고만 있을 뿐이다." 이런 이야기 속에서 유생은 민속종교의 주술적 세계관을 공유할 뿐만 아니라 그 체계 내에서 가장 강력한 능력을 발휘하는 전문가로 묘사되곤 한다. 다시 말해 "단지 더 큰 주술적 힘을 지닌 주체만 바뀌었을 뿐 그러한 주술이 횡행하는 세계 자체는 변한 게 없는 것이다."[234]

물론 공식종교의 장에서 유자의 이런 세계관은 잘 드러나지 않는다. 그럴 필요가 없었다. 유교는 제도에 기반을 둔 합리적인 의례관을 드러내면서 무속을 비규범적인 음사로 몰기만 하면 이 영역에서 충분히 우위를 점할 수 있었다. 그러나 민속종교의 장에서는 그런 논리가 먹히지 않았다. 귀신의 힘을 믿는 사람들은 정당한 자가 아니라 강력한 자에게 권위가 있다고 여긴다. 앞에서 살펴본 지방관들은 국가가 부여한 정치적 권위를 통해 그런 종교적 권위를 상당 부분 대체할 수 있었다. 따라서 무당이 모시는 신당을 폭력적인 방식으로 파괴하더라도 신의 보복을 당하지만 않으면 승리를 선언할 수 있었다.

그러나 권위의 보호를 받지 못하는 일반 유자들, 즉 유생 혹은 선비들은 스스로 종교적인 능력, 일종의 '영험'을 보일 필요가 있었다. 그런 유생은 무당이 장악하고 있는 신들의 영역에서 도덕적인 것만이 아니라 영적 우위를 주장해야만 했다. 유생이 주인공으로 등장하는 다양한 귀신 이야기를 통해서 그 필요성이 현저하게 드러났다. 홍미롭게도 그런 이야기는 그 원천이 민중 전통에 있든, 엘리트 전통에 있든 간에 일반적으로 유자의 붓을 통해 기록되었다.

귀신을 부리는 선비들

조선 후기에 임방(任埅, 1640~1724)이 쓴 『천예록(天倪錄)』에는 귀신을 부리는 선비에 대한 두 편의 이야기가 등장한다. 하나는 한준겸(韓浚謙, 1557~1627)과 관련된 이야기다. 그에게는 호남 땅에 사는 친족이 있었다. 그 선비는 수만 명의 귀신을 거느리는 능력이 있었다. 그는 젊은 시절 산속 절에서 공부를 할 때 늙고 불우한 승려를 잘 대접해 주었다. 어느 날 노승은 그를 몰래 불러내더니 귀신을 다스리는 술법을 전수해주었다. 부적 한 장을 베껴서 불사르자 수많은 귀신이 몰려들었다. 노승은 귀신들에게 이렇게 말했다. "나는 이미 늙었다. 이제 너희들을 이 젊은이에게 부탁했으니 지금부터는 이분을 따르도록 하라." 그 후 선비는 매년 정월 초하루가 되면 귀신들을 불러 점호를 했다.

한준겸은 선비에게 이런 능력이 있다는 걸 알고서는 자기가 다스리는 관아의 정청(正廳)을 내어주었다. 그러고는 그가 귀신을 부르는 것을 밖에서 몰래 엿보았다. 얼마 뒤 수만 명의 귀신 무리가 말을 몰고 들어왔다. 선비는 책자 하나를 꺼내 귀신들의 이름을 부르기 시작했다. 귀졸(鬼卒)들이 그를 도와 마치 관아에서 관리들을 점검하는 것처럼 귀신들의 출석을 확인했다. 이경(二更, 오후 9시~11시)에 시작된 점호는 오경(五更, 오전 3시~5시)이 되어서야 끝났다.

그런데 귀신 하나가 뒤늦게 도착했다. 다른 하나는 담을 넘어서 도착했다. 선비는 이들을 불러 죄를 물었다. 먼저 지각한 귀신이 말했다. "형편이 어려워 영남 선비 집에서 천연두를 퍼뜨렸습니다. 멀리서 오느라 이렇게 늦었습니다." 담을 넘은 귀신은 이렇게 변명했다. "기근이 든 경기 지방에 전염병을 퍼뜨리고 있다가 명부를 점검한다는 걸 알고 정신없이 오는 바람에 담을 넘었습니다."

선비는 큰 소리로 이들을 꾸짖었다. "이 자들은 나의 명을 어겼을 뿐만 아니라 위험한 병을 많이 옮겼으니 죄가 크다. 게다가 이곳은 재상 댁인데 감히 담장을 넘어 들어왔으니 죄가 더욱 막중하다. 늦게 도착한 놈은 곤장 100대를 때리고 담장을 넘은 놈은 수백 대를 쳐서 칼을 씌우고 족쇄를 채워 감옥에 가두어라." 그러고는 귀신들에게 재앙을 일으키지 말라고 영을 내린 후 돌아가게 했다. 귀신들은 절을 올리고는 물러났다.

흥미로운 것은 이 광경을 지켜본 한준겸의 반응이다. 그는 자기도 이 술법을 전수받을 수 있느냐고 물었다. 선비는 한준겸의 자질은 충분하지만 이런 일은 재야에 있는 선비가 할 일이지 재상이 할 일이 아니라면서 거절한다.

다른 이야기에는 임실에 사는 선비가 등장한다. 그 또한 귀신을 부리는 재주가 있어서 항상 두 명의 귀졸을 거느리고 다닌다고 주장했다. 그는 귀졸을 부려서 내기 장기에 지고도 벌을 받지 않겠다는 상대의 볼기를 까고 채찍을 맞게 했다. 시골집에서 굿판을 이탈해 근처에 있는 대숲 속으로 빙의되려고 하는 잡귀들을 몰아내기도 했다.

한번은 다른 선비와 함께 길을 걷다가 허공을 향해 말했다. "너는 왜 감히 이 죄 없는 사람을 잡아가려 하는가? 풀어주지 않으면 너를 벌하겠다." 저녁이 되어 두 선비는 한 시골집에 묵었는데, 그곳 사람들이 술과 안주를 푸짐하게 대접했다. 알고 보니 그 집의 딸이 병에 걸려 그날 죽었는데 잠시 후에 다시 살아났다는 것이다. 죽었다 살아난 딸은 귀신들에게 붙잡혀 끌려가고 있었는데 한 선비가 귀신을 꾸짖어서 쫓아냈다고 한다. 그날 밤에 찾아온 선비 중 한 사람이 바로 그 딸을 구해준 사람이었다.[235]

이런 이야기에서 선비들은 마치 '무당처럼' 귀신들과 소통을 하고 있다. 그러나 무당이 일반적으로 귀신을 '모시고', '달래는' 것과는 달리 선비들이 귀신을 다루는 방식은 훨씬 폭력적이고 권위적이다. 귀신을 다루는 술법은 관직에 있는 이들이 아닌 재야의 선비들이 할 일이었다. 그러나 그들은 관리처럼 귀신을 권위와 위엄으로 제압했다.

16세기의 선비인 원사안(元士安)은 꿈에 조상의 계시를 받아 용왕이 사용하던 경귀석(警鬼石)을 얻었다. 그는 이 돌을 이용해서 귀신 들린 누이동생을 고쳐주었다. 그 후로 장안의 사대부 집에 귀신이 들면 이 돌을 빌려 가곤 했다. 그런데 실수로 경귀석을 술독에 빠뜨린 후에는 신령한 힘을 잃어버렸다고 한다.[236]

이런 이야기 속 선비들은 사실상 술사(術士)와 거의 구분되지 않는다. 교단 도교(道敎)가 발달하지 않았던 조선에서는 직업적 도사보다는 민간의 술사가 퇴마와 축귀의 의례를 담당하는 경우가 많았다. 전우치(田禹治) 같은 전설적 인물이 전형적인 예다. 그런데 유명한 술사 중에는 유생의 제자를 자처하는 사람들도 있었다. 이를테면 17~18세기에 활동했던 정두남(鄭斗南)이라는 술사는 남의 집에 서린 사기(邪

氣)를 제거해주고, 무당이 저주 목적으로 매흉해놓은 물건을 찾아내는 것을 전문으로 했다. 그는 말년에 기가 쇠하여 귀신에게 시달리다 죽었다고 한다. 그의 스승은 함경도의 벼슬하지 않은 선비이며 역학(易學)으로 명성을 떨친 주비(朱棐)였다.[237] 민속종교 무대에서 선비는 무당과는 다른 방식으로 귀신을 다룰 줄 아는 전문가로 여겨지고 있었다.

귀신을 퇴치하는 무사들

좀 더 직접적이고 물리적인 방식으로 영적 존재를 다룬 사례도 있다. 이런 이야기의 주인공은 대개 무관 신분으로 지방의 수령이 된 사람들이었다. 앞에서 살펴본 바와 같이 관찰사나 목사 등의 지위에 오른 고위 지방관은 제도적 권위를 이용해 무당을 억제하고 사당을 파괴했다. 그러나 무관의 전략은 조금 달랐다. 그들은 자신들을 해치려하는 악귀를 무력과 술법을 통해 직접 상대하기도 했다.

함경도 북방 변경의 한 고을에 어느 무관이 수령으로 부임했다. 이곳에는 악취를 풍기는 괴물이 있어서 수령이 부임하면 10여 일 만에 갑자기 죽는다는 소문이 돌았다. 실제로 대여섯 명의 수령이 부임하자마자 급사했기 때문에 아무도 그곳에 가려 하지 않았다. 앞서 살펴본 삼척의 백발노인 이야기와 유사한 형태로 보인다. 그러나 결말이 다르다. 이번에 새로 부임한 수령은 괴물을 두려워하지 않고 혼자 동헌(東軒)에서 지내며 항상 장검을 곁에 두었다. 부임한 첫날부터 고기 썩는 냄새가 진동했고, 냄새가 심해지더니 안개 같은 기운이 둥둥 떠서 위협했다.

그렇게 열흘이 지났다. 이전의 수령들은 열흘을 넘기지 못하고 죽었기 때문에 관리들도 모두 달아난 상태였다. 수령은 혼자서 술을 퍼마시고 있었다. 밤이 되자 안개 기운이 뭉쳐서 두 개의 눈이 빛났다. 수령은 칼을 들고 돌진해 베어버렸다. 우레 소리가 들리더니 안개 기운은 흩어져버렸다. 냄새도 사라졌다. 그제야 수령은 칼을 거두고 그 자리에 쓰러져 그대로 잠이 들었다. 다음 날 시신을 거두러 들어온 관리들이 수군댔다. "예전 원님들 시체는 모두 동헌 위에 있었는데 이번 원님은 어째서 마당 아래에 있을까?" 시체를 치우려고 다가가자 수령이 벌떡 일어났다.

영남의 무사 이만지(李萬枝) 이야기도 비슷하게 시작된다. 그는 함경도 별해첨사(別害僉使)로 부임했는데, 이곳 관사에도 귀신이 나타나 첨사가 모두 살해당했다는 소문이 있었다. 용기가 뛰어났던 이만지는 그런 소문에 굴하지 않고 관사에 들어가 살았다. 밤이 되자 검은 보자기 같은 귀신 셋이 다가왔다. 이만지가 누구냐고 소리 치자, 귀신들은 말했다. "배가 고파요." 이만지는 먹을 것을 많이 차려주겠다고 약속하고는 "주문을 외며 손가락을 퉁겨 소리를 내었다." 그러자 세 귀신은 두려워했다. 이만지는 주먹을 쥐고 맨 앞에 있는 귀신을 내리쳤다. 귀신이 피하는 바람에 마룻바닥이 부서지고 말았다. 귀신들은 소리를 쳤다. "손님을 내쫓다니! 당장 돌아가겠다!" 다음 날 이만지는 무당을 불러 사흘 밤낮 동안 큰 굿을 했다. 그러자 귀신은 다시 나타나지 않았다.[238]

한 명은 칼을 휘둘렀고, 다른 한 명은 주먹을 휘둘러 귀신을 쫓아냈다. 무관들은 유자 혹은 관리로서의 권위보다는 용맹과 무력을 통해 자신을 해치려는 귀신을 퇴치했다. 흥미로운 것은 이만지의 사례인데, 그는 주문을 외는 등 술수를 사용하기도 하고, 일단 귀신을 쫓아낸 다음에는 굿을 해서 귀신들의 요구를 들어주기도 했다. 법적인 권위를 모방해 귀신을 심판하는 유생에 비하면, 무사의 축귀(逐鬼)는 일신의 용기와 무력에 좀 더 의지하는 형태였다.

오금잠신과 삼척 성황신

지방관이 민속종교를 장악하는 데는 유교적 예법에 어긋나는 음사를 타파하는 '공식적'인 해법과 귀신을 부리는 영적인 권위나 무력을 통한 좀 더 '민속적'인 해법이 있었다. 이 두 가지가 잘 융합된 사례가 삼척 오금잠신(烏金簪神) 타파 이야기다. 오금잠은 고려 때부터 삼척 사람들이 숭배하던 금비녀다. 삼척 사람들은 고려 태조 때부터 전해 내려온다는 이 비녀를 평소에는 작은 함에 담아 읍치 동쪽 구석 나무 아래에 묻어두었다. 그리고 해마다 단오 때가 되면 꺼내어놓고 아전과 백성들이 음식을 차려 제사를 지내고는 다음 날 다시 묻었다.[239]

예부터 전해지는 제사였기 때문에 관에서도 오금잠에 대한 제사를 막지 않았다. 그러다 16세기에 삼척부사로 부임해온 김효원(金孝元)이 처음으로 이를 문제 삼았다. 그는 몸소 사당에 가서 비녀를 깨부수고 불에 던졌다. 고을 사람들이 나와서 재앙이 닥칠 것이라며 수

군댔다. 그러나 김효원은 굴하지 않고 사당을 청소하고 성황의 위판을 모신 후 의관을 정제하고 제사를 지냈다. 그러자 사람들이 탄복했다.[240] 이 이야기는 앞에서 살펴본 지방관에 의한 음사 타파의 전형적인 예로 보인다.

『어우야담』에는 좀 더 민속종교적인 색채가 짙은 전승이 기록되어 있다. 김효원이 삼척에 부임해오자 고을 아전들이 관아에 거처하지 말고 다른 집에 가서 살라고 권했다. 김효원이 그 이유를 묻자 아전이 말했다. "요물이 있어서 많은 원님이 악귀를 만나 죽었습니다. 그래서 관아를 폐쇄한 지 오래되었습니다." 귀신을 두려워하지 않고 퇴치한 무관들의 이야기와 대단히 유사한 도입부다.

그는 관아를 청소하게 한 후 홀로 빈 관아에서 잠이 들었다. 분명 침실 문을 잠가두었는데, 문득 깨어보니 문이 열려 있었다. 그리고 뜰에 푸른 불꽃이 오가더니 커다란 항아리만큼 커져서 침실로 날아들어왔다. 김효원은 칼이나 주먹으로 귀신을 쫓아내지 않았다. 대신 이렇게 말했다. "사람과 귀신의 길은 다른데 왜 이렇게 괴롭히는가? 만약 원한이 있다면 자세히 말하고, 그렇지 않다면 썩 물러나라." 그러자 불꽃은 천천히 사라졌다.

김효원은 다시 잠이 들었는데, 꿈에 한 남자가 문틈으로 들어와서 말했다. "나는 이 고을의 성황신이다. 이 고을이 생기고부터 내 위판을 설치하고 산의 사당에서 제향을 해왔다. 그러던 중에 신라 왕의 셋째 딸이라고 하는 요사한 무당 귀신이 소백산에서 내려와 백성들을 현혹하며 괴이한 일을 하니, 간혹 영험이 있어 백성들이 미혹되었다. 그래서 나를 배척하고 사당을 빼앗아 그 귀신의 제사를 받들고,

내 위판을 철거해서 관청 안 시렁 위에 걸어두었으니 모욕됨이 이렇게 심할 수 없다. 원님께서 그 신을 내치고 나를 옛 사당에 돌아오게 해주면 이보다 더한 다행이 없을 것이다."

잠에서 깨어난 김효원은 날이 밝자 말을 준비하게 했다. 그가 밤 사이 죽었을 것이라고 생각한 고을 사람들은 놀라서 그를 따라 성황당으로 갔다. 김효원은 성황당에 걸린 비단 휘장과 제사물품을 모두 철거하라고 명령했다. 그러자 사람들은 말했다. "이 신은 영험하고 기이합니다. 그렇게 하면 큰 재앙이 닥칠 것입니다." 군졸들은 명령을 듣지 않았고, 도망치는 사람도 있었다. 김효원은 유생들에게 명령해 물품을 철거하여 마당에 쌓아놓고 불태우게 했다. 그러나 순금으로 만든 오금잠과 방울은 타지 않아서 두들겨 부수게 했다. 그러고는 관청으로 돌아와 시렁 위에 방치되어 있던 성황신의 위판을 찾아내어 사당에 안치하게 했다. 김효원은 예법에 맞는 청결한 희생과 술로 제사를 지냈다. 그날 밤 성황신이 꿈에 나타나 감사를 표하고 떠났다. 그 후로 고을의 재앙은 사라졌다고 한다.[241]

이 이야기는 오금잠신 타파에 대한 공식적인 이야기와 대략적인 줄거리가 일치한다. 그러나 신화적인 도식은 훨씬 구체적으로 제시되고 있다. 아전과 지역민들은 오금잠신을 숭배하고 있다. 그 신은 중앙에서 파견된 지방관을 살해하는, '텃세의 신격화'된 존재다. 김효원은 간밤에 오금잠신의 위협을 받지만, 용기를 내어 물리친다. 그러자 사당의 '원래 주인'인 성황신이 나타나 자신을 복위시켜달라고 요청한다. 오금잠신은 신라 왕의 공주이고 무당이 섬기는 신이다. 반면 성황신은 '남성'이고 '위패'에 모셔져 있다. 음사 타파를 지역민들이 강경하게 거부하자 김효원은 '유생들'을 동원하여 기존의 신당을 철거하고 성황신의 위패를 제자리에 돌려놓는 데 성공한다. '무당-여신-금비녀'가 '유생-남신-위패'로 대체되는 구조다.

이런 도식화를 통해 이 이야기에는 공식적인 서사에서는 나타나지 않는 또 하나의 주제가 드러나게 되었다. 바로 유자는 신과 직접 소통할 수 있을 뿐만 아니라, 무당보다 훨씬 올바른 방법으로 모실 수 있다는 주장이다. 여기에서 오금잠신은 오랜 기원을 가지고 있는 토착 신이 아니라 원래 정당한 유교식 방법(위판)으로 제사를 받고 있던 성황신을 몰아낸 악귀다. 부사 김효원은 그 신을 올바르게 모실 수 있는 유일한 사람이다. 그는 지역민들의 반대에도 불구하고, 현지 유생들과 함께 악신을 몰아내고 정당한 신인 성황신을 '제자리'에 돌려놓았다.

이런 이야기는 어디까지나 유생들 측의 프로파간다에 가까운 것이다. 김효원보다 100여 년 후인 1660년에 삼척부사가 된 허목(許穆)은 자신이 부임할 당시에도 삼척에는 여전히 오금잠이 있다고 기록했다. 단오날에는 무당들이 모여서 사흘 동안 큰 굿을 했는데, 아전의 우두머리인 호장(戶長)이 의례를 주도했다. 그 제사가 금지된 것은 1650년대에 삼척에 부임한 정언황(丁彦璜) 때였다고 한다. 그는 김효원처럼 오금잠을 파괴한 것이 아니라, 석실(石室)에 보관해 잠가두었다고 한다.[242]

18세기 기록에도 오금잠은 건재했다. 채제공(蔡濟恭, 1720~1799)은 「오금잠가(烏金簪歌)」라는 시를 지어서 이 풍습을 비판했다. 이 시를 통해 두 차례나 금지되었는데도 불구하고 오금잠 숭배는 타파되지 않고 유지되었다는 사실을 알 수 있다.

오금잠은 고려 때부터 전하여 지금에까지 이르렀다고 하는데,

삼척 사람들이 이를 높여 신으로 제사한다.

사당은 옛 성의 뒤에 있는데

해마다 5월 5일이 되어

비녀신이 나와 돌면 다투어 먼저 보려고 하네.

늙은 무당 고운 무늬 옷 입고 앞에서 인도하며,

큰 부채 펼쳐 들고 나풀나풀 춤추는데

척주(陟州) 안의 수백 호 가운데

엎드려 절하지 않는 자 한 사람도 없구나.

구슬픈 음악 소리 끊어졌다 다시 이어진다.

비녀는 스스로 말하지 못해 무당이 대신 전하는데

'네 집 식구가 모두 몇 명인가.

복을 주고 재앙을 내림은 모두 나의 권한이로다.'

우매한 백성은 아까운 것 없이 무릎을 꿇고 바치니

종이와 베·곡식·돈이 쌓인다네.

오호라! 오금잠아!

사람들로부터 후하게 받았는데 장차 어떻게 보답할래.

하늘이 위에 계시고 신들이 줄을 지어 있으니,

아마도 네 마음대로 하기는 어렵지 않겠느냐?

병든 이 낫기를 구하고 가난한 자 부자 되기 바라는데

네 책임과 걱정이 많을 것이고 나도 이 때문에 걱정이로다.

비녀야! 비녀야!

신당의 신이 되지 않은 것만 못하니

신의 지위 도랑에 던져버리려 해도 마음 편치 않겠구나.

삼가고 어리석음을 배우지 마라.

소인이 맡은 임무 그르치면서

인민을 저버리고 고기만 낭비한다.[243]

오늘날에도 오금잠신은 삼척 지역의 단오제에서 중요한 역할을 하고 있다. 식민지 시대의 기록에는 오금잠이 언급되지 않는 대신 유교식 성황제가 열리고 있다. 흥미롭게도 당시 지역민들 가운데는 성황제마저 미신이라고 하며 철폐하려는 시도가 있었다. 그리고 2012년 단오 이후로는 오금잠제를 복원하기 위해 새로 오금잠을 만들어 무당의 주도로 굿을 하기 시작했다.[244] 당시 나는 복원된 첫 오금잠제를 볼 기회가 있었다. 비녀는 황금이 아닌 검은 옻칠이 된 나무로 되어 있었고, "오금잠신(烏金簪神)"과 "성황지신신위(城隍之神神位)"라고 새겨진 두 개의 위패 사이에 놓여 있었다. 김효원 때 여신과 남신으로 나뉘어 사당을 놓고 다투던 두 신이 하나로 결합된 것이다.

신을 고발한 허균

유자가 무당보다 올바른 방식으로 신과 접촉할 수 있다는 논리는 민속종교의 무대에서 제도적 권위 없이 무당과 맞서야 했던 유생에게 더없이 강력한 무기였다. 비록 그런 사고방식이 일반 민중에게까지 폭넓게 받아들여지기는 어려웠겠지만, 무당의 영적인 권위를 부정하기 위해서는 그들보다 훨씬 강력한 종교적 권위가 필요했다. 허균이 지은 「견가림신(謹加林神)」은 유자가 무당보다 신과 더 가까이 있으며 직접적인 관계를 맺을 수 있다는 주장을 극적으로 보여주는 글이다.[245]

허균은 유배지인 함산(咸山) 성황사에서 한 무당을 만났다. 그곳은 백성들이 정성스레 제사를 모시는 곳이었다. 사당 안에는 신상(神像)이 하나 모셔져 있었다. 어느 날 갑자기 하늘에 캄캄한 먼지가 덮이고 흙비가 쏟아지고 회오리바람이 거세게 일어났다. 다음 날 무당이 들어와서 신의 자리를 정돈하고 신상의 머리를 손질하고 옷을 정성껏 단장해주었다. 또 흙바람이 불어닥치자 무당은 다시 신상을 단장했다. 허균이 왜 그런 일을 하느냐고 묻자 무당은 이렇게 답했다.

함신(咸神)은 남편이고, 임신(林神)은 아내입니다. 함신이 첩[媵]에 빠져 아내를 못생겼다고 하였습니다. 아내가 화가 나 첩을 찾아와서는 닥치는 대로 짓밟고, 비바람을 몰고 와서는 비를 뿌리며, 욕설을 퍼붓고, 남편 저고리를 잡아 찢고, 첩의 머리털을 뽑았습니다. 갔다가는 또 곧 돌아오는 게 밤낮도 없습니다. 무당의 영(巫靈)이 영험하지 못해 힘으로 싸움을 말리기 어렵기에 갓이며 옷이나 고쳐주면서 토우(土偶)를 꾸며주고 있는 겁니다.

무당은 비바람이 부는 원인을 두 산신 사이의 치정 싸움으로 지목하고, 신상을 꾸며주며 달래고 있었다. 이 이야기를 들은 허균은 유자로서 부부싸움을 하느라 제 할 일을 다 하지 않는 신을 고발하고 처벌해야 한다고 마음먹는다. "신이 감히 남편에게 발악하다니, 내가 신의 허물을 열거하여 북두성에게 저주하겠다." 그는 즉시 향을 사르고 제문을 낭독했다.

우리 하느님[后皇]께서 토지 나누고 고을 나누고 맡은 신 각기 두어 백성 보살피도록 하였는바 햇볕 쬐고 비 잘 내려 농사들 잘 짓게 하였는데 만일 제 직책 잃는다면 하늘이 반드시 벌 내리어 사당(祀堂)을 때려쳐서 신의 수치 되게 하리라.

이제 이 두 신은 한 쌍의 금실 좋은 부부로 한 시냇물로 한계 삼아 땅을 갈라서 각기 주인 되어 제사를 끊임없이 천 년 동안 받아왔으니 의당히 복을 내리어 그 토지 풍족하게 하고 우순 풍조하게 하여 기장 이삭 잘 키워야 하거늘 어찌하여 계집 놓고 다투어서 그 눈동자 노하여 번득이뇨.

뇌신(雷神)을 잡아타고 번개 창 손에 쥐고는 안개 헤치고 바람 밟고서 들어와 신의 휘장 베어버리고 그 허리 잘라버리고 신의 깃발 망가뜨리네. 날뛰며 물어뜯고 내동댕이치니 그 위세 등등하여라. 금실 좋은 부부가 서로 으르렁대며 좋았던 남편을 원수로 여기네. 따라서 악기(惡氣)가 찾아와 가축(家畜)이며 꼴을 해치고 우리 농사 망쳐버리니 백성들 근심거리 되었구려. 한 번도 극심한데 세 번 다섯 번 마지않았네.

상제(上帝)는 매우 밝으시니 그들의 죄 잘 살피시고 그들의 죄 성토(聲討)할 제 내 혀를 명하소서. 또 뇌사(雷師)를 조칙하여 날아와 요기를 물리치게 하소서. 천둥 소리 번갯불로 구름 타고 바람 몰고 팔괘신[八威]과 사나운 말에 요란한 방울 소리며 금빛 나는 도끼로 내려와 그들 소굴 소탕하여 후련하게 그 귀신 박멸하소서. 그 눈은 파버리고 그 목을 잘라버리며 귀적(鬼籍)은 똥에 버리고 날뛰는 걸 경계하소서. 그래서 백성들이 재앙 면하여 이맛살 찌푸리지 않게 하고 찰벼며 기장 푸짐하게 수확하여 제각기 안정을 누리도록 하소서.[246]

무당과 달리 그는 부부 성황신을 달래는 것이 아니라, 그들의 권위를 초월하는 천신인 후황(后皇)과 북두(北斗)에게 직접 호소한다. 뿐만 아니라 그들에게 허균 자신의 "혀에 명하여", "뇌사(雷師)"와 "팔위(八威)"와 같은 신들을 보내 성황신을 벌하고 그들의 "눈을 파버리고 목을 잘라"버리라고 요청한다. 허균은 말을 마치고 재배(再拜)를 한 후 무릎을 꿇고 하늘의 응답을 기다렸다. 그러자 머리에 투구를 쓰고 붉은 도포를 입은 신장(神將)이 깃발을 들고 내려와 허균에게 말했다.

무당이 너를 속인 것이다. 신의 잘못이 아니다. 가림(嘉林)의 신은 여자가 아니고 그도 남자다. 신이 신을 공격하다니 그런 이치가 어디에 있겠는가? 바람과 안개의 재앙은 오직 백성이 불러온 것이다. 난폭하고 요사한 백성이 무당을 믿어서 음사를 하고 불경하고 오만하며 더러운 짓만을 일삼았다. 간사한 거간꾼들은 기교를 부려서 이익을 취했다. 이 고을을 맡아 부임한 자들도 올바른 관리가 없어서 바른 체하면서 속으로 욕심을 부리고 명예를 훔쳤다. 기만과 협박으로 파렴치하게 그릇된 일을 했다. 교화가 퍼지지 않으니 위아래가 서로 속였다. 이런 식으로 신을 섬기니 신이 노하는 것이 당연하다. 재앙이 내리는 것은 모두 여기에서 비롯한 것이다. 그런데 자기네들 허물은 생각 않고 오히려 업신여기며 신들이 질투하여 다툰다는 헛소문을 거리낌 없이 내고 있으니 신이 더욱 화를 내며 재앙이 더해진 것이다. 천둥으로 벌을 내린 것은 오직 무당을 벌하기 위해서이다.

허균이 자신이 어리석었다며 머리를 조아려 사죄를 하고 고개를 들자 신장은 이미 하늘로 올라간 뒤였다.

이 풍자적인 글에는 무속에 대한 허균의 비판적인 관점이 녹아 있다. 이것은 유자의 의례적 권위가 지역 신인 성황을 초월하며, 더 보편적인 상위 범주인 천신과 직접 소통할 수 있음을 과시하는 것이기도 하다. 이 영적인 권능은 도덕적인 위민(爲民) 의식과도 연결되어 있다. 즉 무당은 신이 내리는 재앙 앞에서 그저 신을 달랠 뿐이지만, 유자는 백성을 위해 직접 하늘에 호소하여 신을 탄핵할 수 있다는 것이다.

지리산 성모와 김종직

이처럼 허균이 산신을 탄핵한 사건은 환상적인 시의 형태로 기록되어 있다. 그러나 비슷한 일이 좀 더 '현실적'인 필치로 표현된 사례도 있다. 앞에서 승려 천연에 의해 파괴된 지리산 성모에 대해 이야기했다. 그리고 성주향교의 공자상을 철거한 김종직에 대해서도 다루었다. 그런데 김종직은 함양군수로 있을 때 지리산에 올라 성모상을 본

일이 있었다. 이때 그의 태도는 향교의 공자상을 봤을 때와는 꽤 달랐다.

김종직이 천왕봉에 오르자 구름과 안개가 일어나 경치가 잘 보이지 않았다. 동행한 승려들이 성모 사당에 들어가 작은 불상을 손에 들고 날씨가 개게 해달라고 빌었다. 김종직은 처음에 승려들이 장난을 치고 있다고 생각했다. 그런데 승려들이 말했다. "세속에서 이렇게 하면 날이 갠다고 합니다."

그러자 김종직은 손발을 씻고 관대를 정제한 다음 석등(石燈)을 잡고 올라가 사당에 들어가서 술과 제물을 올리고 성모에게 제사를 지냈다.

> 저는 일찍이 선니(宣尼: 공자)가 태산(泰山)에 올라 구경했던 일과 한자(韓子)가 형산(衡山)에 유람했던 뜻을 사모해왔으나, 직사(職事)에 얽매여 소원을 이루지 못했습니다. 그런데 이번 중추(仲秋)에 남쪽 지경에 농사를 살피다가, 높은 봉우리를 쳐다보니 그 정성이 그치지 않았습니다. 그리하여 마침내 진사(進士) 한인효(韓仁孝), 유호인(俞好仁), 조위(曺偉) 등과 함께 운제(雲梯)를 타고 올라가 사당의 밑에 당도했는데, 비·구름의 귀신이 빌미가 되어 운물(雲物)이 뭉게뭉게 일어나므로, 황급하고 답답한 나머지 좋은 때를 헛되이 저버리게 될까 염려하여, 삼가 성모께 비나니, 이 술잔을 흠향하시고 신통한 공효로써 보답하여주소서. 그래서 오늘 저녁에는 하늘이 말끔해져서 달빛이 낮과 같이 밝고, 명일 아침에는 만리 경내가 환히 트이어 산해(山海)가 절로 구분되게 해주신다면 저희들은 장관(壯觀)을 이루게 되리니, 감히 그 큰 은혜를 잊

겠습니까.[247]

그러자 다음 날 날이 밝아져 사방이 환했다. 김종직은 성모 사당에 다시 들어가 석상에 술잔을 올리고 감사를 표했다. 유교의 성인인 공자의 상마저 부정하다고 여겼던 그가 지리산 성모에게 이처럼 정성껏 제사를 올렸다는 것은 기이해 보인다. 그는 문헌을 인용하며 민속적인 성모상 숭배를 비판하고 있다. 그럼에도 불구하고 성모의 음덕을 얻기 위해서는 유교식 제사를 올려야 했다. 결국 그의 의도는 허균과 그다지 다르지 않았다. 어떤 성격의 신이든 무당이나 승려는 올바르게 섬길 수 없다. 신을 바르게 모실 수 있는 방법은 오직 유교식 제사뿐이며, 정당한 제사를 올릴 수 있는 것은 오직 유자뿐이다.

꿈속에서 신과 만나는 선비들

허균은 자신의 글에서 신을 직접 만나보았다고 말하고 있으나, 대부분 유자들이 신과 접하는 방식은 김효원의 사례와 같이 꿈을 통해서였다. 무당이 자신의 몸에 신을 내리게 해서 메시지를 받는 것과 마찬가지로, 유자는 꿈속에서 신의 목소리를 들었다. 꿈은 특별한 강신(降神)이나 접신(接神) 훈련을 하지 않은 사람도 신과 접촉할 수 있는 유용한 수단이었다.

유자들이 꿈을 통해 만난 신은 다양했다. 임진전쟁 당시 진안현감(鎭安縣監)이었던 정식(鄭湜)은 전쟁을 피해 나주 흑산도로 건너갔다.

섬에 머문 지 몇 개월이 지나 호남 땅이 많이 안정되었다는 소문이 들려왔다. 그래서 일행과 함께 고향으로 돌아갈 준비를 하고 있었다. 그러던 어느 날 꿈에 백발노인이 나타나서 말했다. "나는 이 섬의 주인이다. 내일 그대에게 순풍을 내어주겠다. 대신 그대의 말이 준마라서 마음에 드니 두고 가라."

정식이 잠에서 깨어나 꿈 이야기를 했는데 놀랍게도 집안사람들이 모두 똑같은 꿈을 꾸었다. 그런데 유생이었던 큰아들이 강경하게 말했다. "남아가 큰일에 처해서 어찌 꿈 따위를 믿는단 말입니까? 하물며 지금 왜적이 육지에 있는데 말을 빈 섬에 버리고 육지로 가는 것은 좋은 방법이 못 됩니다." 정식이 고민하다가 잠이 들었는데, 꿈에 다시 백발노인이 나타났다. "그대는 말 한 마리를 아까워하여 내 말을 믿지 않는구나. 그대의 처자를 남겨두어라. 그렇지 않으면 무사히 바다를 건너가지 못할 것이다."

정식은 두려워하며 말을 남겨놓고 가려고 했으나, 이번에도 큰아들이 반대했다. 결국 배가 출발했다. 그러자 다른 배는 잘 나아가는데, 정식과 가족들이 탄 배만 빙빙 돌면서 앞으로 나아가질 못했다. 재산을 모두 물속에 던져도 마찬가지였다. 작은 배에 말과 처자를 실어 흘려 보냈지만 헛수고였다. 결국 배는 침몰하고 온 가족이 빠져 죽고 말았다.[248]

이 이야기에서 꿈은 흑산도의 신을 자처하는 백발노인이 인간과 소통하는 수단이었다. 완고한 유생인 정식의 큰아들은 그의 메시지를 무시하자고 주장했다. 그것은 '괴력난신'을 거부하는 유자에게는 정상적인 행동이었다. 그러나 이야기를 지은 조선시대 '집단 저자'

는 신의 뜻을 거역하면 재앙을 불러올 것이라는 믿음을 갖고 있었다.

　반면 신의 뜻에 귀를 기울인 자에게는 보상이 있다. 꿈에서 마마신을 만난 선비의 이야기도 그렇다. 한양의 한 선비가 영남으로 내려갔다가 어느 시골집에 묵으려 했다. 그런데 그 집 주인은 아이가 마마에 걸려 생명이 위독하다면서 거절했다. 선비가 어쩔 수 없이 다른 곳에서 묵고 있는데 꿈에 노인이 찾아왔다. 노인은 자신이 아까 들른 집의 손님으로 머물고 있다고 말했다. 선비는 말했다. "주인이 문에서 막고 들어오지 못하게 해서 낭패를 보았습니다." 노인이 말했다. "주인이 무례한 데다 나에 대한 대접도 성의가 없어서 그 아이를 죽이려는 참이오." 선비는 주인의 대접이 어땠는지를 물었다. 노인이 답했다. "이놈의 집엔 꿩에 쇠고기, 건시 같은 먹을거리가 있는데도 꼭꼭 숨겨놓고 내준 일이 없소. 그래서 내가 그놈을 미워하오."

　꿈에 나타난 노인은 마마신이었다. 선비는 이렇게 말했다. "그건 참 미워할 만합니다. 하지만 아이까지 죽이는 것은 너무하지 않습니까? 내 생각에는 그냥 깜빡하고 내오지 못한 것 같습니다. 내가 내일 아침에 이야기해서 내오게 하겠습니다." 마마신은 거부했지만 선비가 사정을 해서 겨우 허락을 받았다. 이튿날 선비는 집주인을 찾아갔다. 선비는 아이를 살려주겠다면서 집에 있는 꿩고기와 쇠고기, 건시를 내오게 했다. 주인은 선비가 집에 있는 음식을 신기하게 알아맞히자 놀라워하며 음식을 꺼내왔다. 그리고 두 상에 음식을 가득 차려 하나는 선비에게 주고 다른 하나는 방안 벽의 빈 위패 앞에 놓게 했다. 한참을 먹고 나자 아이는 멀쩡하게 살아 일어났다.

　이야기는 거기에서 끝나지 않는다. 노인은 그날 밤 다시 선비의 꿈에 나타났다. 그는 선비에게 그의 부탁을 들어주었으니 이번엔 자기 부탁을 들어달라고 말했다. 듣자 하니 그는 죽어서 마마신이 되기 전에 영남 어느 고을에 사는 사람이었다. 그가 죽은 지 2년이 지나 대상제(大祥祭)를 지내는 날이 얼마 남지 않았다. 하지만 제삿날 그는 다른 일이 있어 흠향하러 가지 못할 듯했다. 그러니 선비가 자식들을 만나 제삿날을 며칠 미뤄달라는 것이었다. 선비는 마마신의 자식들이 낯선 선비의 말을 어떻게 믿고 제삿날을 미루겠냐고 반문했다. 그러자 마마신은 자신이 숨겨놓은 밭문서의 위치를 알려주며 증거로 삼으라고 했다. 결국 선비는 자식들을 만나 마마신의 외모를 설명하고 숨겨진 밭문서까지 찾아내어 대상제 날을 옮기게 했다.

비슷한 다른 이야기의 주인공인 선비는 영남으로 가다 문경새재에서 마마신을 만났다. 마마신은 얼마 전에 죽은 친구였는데, 준마를 타고 시종들의 호위를 받으며 수백 명 아이들을 데려가고 있었다. 그는 경기 지방에 천연두를 퍼뜨려 아이들을 많이 죽게 했으며, 이번에는 영남 지방으로 가는 중이었다. 선비는 더 이상 병을 퍼뜨리지 말라고 친구를 설득했다. 마마신이 된 친구는 어쩔 수 없는 운명이라며 거절했지만 선비의 간절한 부탁에 백성들을 죽이지 않겠다고 약속하고 떠났다.

선비가 안동 땅에 다다르자 이미 마마가 극성을 부려 아이들 중 반이 죽어 있었다. 선비는 제물과 세 잔의 술을 준비하여 제사를 지냈다. 그러자 그날 밤 꿈에 친구가 나타나서 말했다. "이 마을 사람들은 지은 죄가 많아 용서할 수 없었다. 그래서 이 마을 아이들을 모두 죽이려 했다. 그러나 자네가 정성을 다해 살려내려 하고, 나도 이미

자네와 약속을 했으니 어쩔 수 없이 따르겠네." 다음 날 마을의 죽어 가던 아이들이 모두 의식을 회복했다. 마을 사람들은 "앞다퉈 그를 찾아와 절을 올리며 신통한 사람으로 떠받들었다."[249]

본래 마마신을 달래어 천연두가 무사히 지나가게 하는 것은 무당의 전문 분야이자 주된 수입원이었다. 그런데 이 두 이야기에서는 무명의 선비가 꿈에 마마신을 만나 달래서 병을 몰아내고 있다. 이런 서사 속에서 유생은 무당을 대체할 수 있는 의례 전문가다. 신을 몸에 받아들이는 대신 꿈속에서 만나 대화를 하고, 굿을 하는 대신 유교식 제사를 하고 있을 뿐이다.

조상의 신을 모실 자격

무당이 신을 접하고 모시듯이, 유자도 꿈을 통해 신과 접촉할 수 있으며, 나아가 더욱 '올바르게' 할 수 있다는 사고는 파격적으로 보인다. 그런데 이 문제에 대해 17세기 인물인 이식(李植)은 다소 독특한 주장을 펴고 있다. 자식들에게 남긴 글에서 그는 무당이 귀신을 불러오는 현상 자체의 실제성을 인정한다. 『주례』, 『주역』 등 경전에 무당이 등장하며, 시동(尸童)을 쓰는 고대의 예법 또한 무당이 하는 일과 다르지 않다는 것이다. 시동을 쓰는 예법이란 어린아이의 몸에 조상의 혼이 내려오게 해서 조상을 대신하게 하는 일이었다.

시동을 쓰는 예법이 사라지고 유교 의례에서 위패를 사용하면서 무당은 공식적인 제사에서 배제되었다. 그러자 이제는 무당이 직접 음사를 짓고, "정당하지 못한 귀신에게 기도하게[禱非其鬼]" 되었다. 이 때문에 무당의 제사는 재앙만 가져오고 복은 내려주지 못하게 되었다는 것이다. 그럼에도 불구하고 이식은 무당이 재계하고 복장을 갖추어 북 치고 춤을 추면서 귀신을 부르면 분명 "감응하는 이치[感應之理]"가 있으니, 무당이 귀신과 접할 수 있다는 것은 부정할 수 없다고 말한다.

무당이 귀신을 부르는 것은 예법이 될 수 없는 음사임이 분명하다. 이식은 정당한 제사가 아닌 무당의 의례에서도 혼령을 느낄 수 있는데, 자손 된 자가 정신을 집중하고 몸을 정결하게 하는 등 정성을 바쳐서 선조의 혼령을 구한다면 마찬가지로 징험이 있지 않겠느냐고 묻는다.

즉 무당이 귀신을 부르는 행위를 허망한 행위로 취급할 게 아니라, 유자가 그에 못지않게 정성을 들여서 신과 접해야 한다는 주장이다. 또한 무당을 영적 행위의 전문가라고 하며 그에게 의존한다면, 무당에게 붙어 있는 사귀(邪鬼)가 집안에 해를 끼치게 될 것이며, 선조의 신령들도 귀신들로 인해 더러워지게 될 것이니 무당을 멀리하라는 경계다. 이식은 기본적으로 무당이 귀신을 불러와 감응할 수 있다는 사실을 인정하고 있다. 그러나 한편으로는 무당의 행위는 예법에 맞지 않고 불러오는 귀신도 사귀라 복이 없다는 표준적인 유자의 논리를 제시하고 있다.

흥미로운 점은 무당이 영적인 존재와 접촉하는 능력이 보통 사람보다 뛰어나다고 인정하고 있다는 것이다. 그러나 선조의 혼령을 바르게 모실 수 있는 것은 다름 아닌 자손들이다. 그러므로 유자는 마치 무당이 귀신을 부를 때처럼 "정신을 집중하고 몸을 정결하게 하여 정성을 바쳐서 구해야[專意致潔盡誠以求之]" 한다는 것이다.

이렇게 자손들이 무당의 힘에 의지하지 않고 스스로 무당의 역할을 대체해야 조상의 신령이 무당의 사귀에게 더럽혀지는 일 없이 편안하고, 집안도 재앙을 피할 수 있다는 이야기다.[250] 이 관점에 따르면, 무당은 귀신과 접하는 능력은 유자보다 뛰어나지만 그들이 부르는 신은 올바른 신이 아니므로 복을 가져다줄 수 없다. 따라서 궁극적으로는 의례 시행자, 대상, 방법이 모두 정당하게 이루어지는 유교식 제사만이 효과가 있다.

조선시대 유자들은 모두 귀신과 접하는 무당의 능력을 믿었던 것일까? 다양한 시각이 있었을 것이다. 무당과 귀신에 대한 이야기를 풍부하게 전하고 있는 유몽인의 『어우야담』에는 신이 내려 영험한 능력을 발휘한 무당의 얘기도 있고, 속임수를 써서 사람들을 속이는 무당도 등장한다. 심지어 역병을 앓아서 열이 오른 아이에게 신기가 생긴다는 속설 또한 기록되어 있다.

여기에 대해 유몽인은 이렇게 말한다. "역병에 걸리면 열이 나는데, 열은 불이다. 불의 성질은 밝고 불은 심장을 관장한다. 마음은 본디 허령(虛靈)하기 때문에 열이 날 때는 귀신처럼 영험해지고 불처럼 밝아져서, 듣지 않아도 들리고 보지 않아도 보인다. (…) 열과 불은 매우 밝아서 형체가 없는 것에 대해서도 볼 수 있게 한다. 어찌 신이 알려줄 리가 있겠는가? 아녀자들은 그런 것을 보고서 손을 모아 신에게 빌고 있으니, 우스운 일이다."[251]

전근대 사람들에게 신령과 감응하는 것은 자연 현상과 같은 것이었다. 현상 자체는 인정하되 다양하게 해석되었다. 거기에는 인격적인 신령의 존재를 믿는 것부터 음양오행의 기를 통한 '성리학적' 해석까지 다양한 차원이 있었다. 가장 회의적인 입장을 가진 이들조차 무당이 귀신과 접하는 현상을 전면적으로 부정하기는 어려웠다. 그러기 위해서는 이런 현상을 보다 유교적인 방식으로 설명할 수 있는 대안적인 해석이 필요했던 것이다.

제사와 굿 사이

지금까지 검토해본 기록만 보면 민속종교로 침투해 들어가려는 유자들의 유교화 시도는 순조로운 것 같다. 유생은 무당처럼 신들 또는 죽은 자들과 꿈을 통해서 소통할 수 있었다. 심지어는 무당이 어찌하지 못하는 산신의 재앙이나 마마신이 퍼뜨리는 역병도 제어할 수 있었다. 조상신과 가장 바르게 접촉할 수 있는 이는 그의 기를 물려받은 자손이었다.

그러나 이런 선언에 속아서는 안 된다. 이런 이야기는 모두 유자가 작성한 것이다. 그것은 현실이 아니다. 유생은 자신이 무당의 역할을 완전히 대체할 수 있을 뿐만 아니라 신과 조상을 무당보다 훨씬 더 잘 모실 수 있다고 믿었다. 그러나 이런 사고가 당시 민중의 폭넓은 동의를 받았다는 증거는 없다. 오히려 야담 자료에는 이와 대조되는 또 다른 이야기도 나타난다. 그것은 조상신이 유교식 제사보다 무당의 굿을 더 선호할 것이라는 주장이다.

어느 이름난 재상이 승지(承旨)로 있을 때의 일이다. 그는 새벽에 의관을 차려입고 입궐하려 하다가 시간이 너무 일러서 다시 돌아와 잠깐 선잠이 들었다. 꿈에서 죽은 어머니를 만났다. 그는 말에서 내려 절을 하고 말했다. "어머니! 왜 가마를 타지 않고 혼자 걸어오십니까?" "나는 이미 죽은 사람이라 세상에 있을 때와 같지 않다. 그래서 걸어오는 것이다." "지금 어디로 가십니까?" "용산 강가에 살고 있는 우리 집 노비가 자기 집에 사당을 차린다고 하기에 흠향하러 가는 길이다." "저희 집에도 기신제(忌晨祭)와 시제(時祭)가 있고, 또 삭망절(朔望節)에 차례(茶禮)도 있는데, 왜 노비 집 사당에 가서 흠향을 하십니까?" 그러자 어머니는 이렇게 답했다.

> 제사가 있다 해도 신도(神道: 망자의 귀신)들은 그것을 중요하게 여기지 않고 오직 무당의 굿[神祀]만 중요하게 여긴다. 굿이 아니면 혼령이 어떻게 한바탕 배불리 먹을 수 있겠느냐?[252]

이 이야기에서 망자인 어머니는 유자인 아들의 제사를 거절하고 무당의 굿[神祀]을 선택한다. 앞서 허균과 김효원의 일화는 유자가 성황신을 모시는 데 있어 무당들보다 도덕적·영적 우위를 행사했다는 점을 보여준다. 그러나 '조상'인 망자에 대해서는 이 권력관계가 역전된다. 유교는 가례 체제를 정비하면서 조상의 영에 대해 독점적인 접근권을 주장했다. 신유교의 표준적인 이론에 따르면 죽은 자는 혼과 백이라는 두 종류의 기로 나뉘어 흩어진다.

죽은 자의 영에 대한 이런 인식은 우리의 직관과 어긋난다. 사람들은 적어도 죽은 자에 대한 기억이 남아 있는 동안에는, 만약 영혼이 있다면 그가 살아 있을 때와 마찬가지로 인격을 가지고 있을 거라고 '느낀다.' 파스칼 보이어는 우리 마음속에서 타자에 대한 정보를 처리하는 시스템이 죽은 자에 대해서는 분열과 충돌을 일으키면서 이런 직관을 만들어낸다고 주장한다.[253] 죽은 자는 그저 시체다. 우리는 그것을 알고 있다. 그러나 우리는 여전히 그 시체에서 살아 있던 시절의 인간을 찾는다.

공식적인 예학과 자연스러운 정서 사이의 충돌이 잘 표현된 이야기가 있다. 평안도 어느 고을의 수령이 대낮에 동헌에 앉아 있는데 죽은 아버지가 걸어왔다. 그러고는 음식과 술을 요구했다. 수령은 아버지가 이미 죽었다는 것도 잊고 대접했다. 아버지가 사라진 다음에야 정신이 들었다. 그날은 죽은 아버지의 생일이었다. 그 집안에서는 죽은 자의 생일날에 차례를 지내는 풍습이 예에 어긋난다고 생각해 챙기지 않았다. 그런 일이 있은 다음에야 조상의 생일에 차례상을 마련하는 규칙을 만들게 되었다는 것이다.[254]

아마도 유교의 의례 매뉴얼에 따르면, 죽은 사람의 생일은 챙기지 않는 쪽이 맞을 것이다. 그러나 그런 원칙보다 중요한 것은 망자에 대한 정서다. 죽은 부모가 살아 있을 때와 마찬가지로 생일상을 올리고 싶은 인지상정은 타자에 대한 정보를 처리하는 인간 마음의 구조와 잘 어울린다.

무당이 묘사하는 망자는 혼백(魂魄)의 기로 흩어지는 비인격적인 존재가 아니라, 개체성을 가지고 있으며 의례에 대한 요구와 욕망을 가진 자율적인 존재다. 그런 점에서 무당을 통한 조상 의례는 예학적 정통론이 아니라 효(孝)의 도덕률 속에서 재평가된다. 다시 말해 조상신 측에서 제사보다 굿을 선호한다면 유자는 설령 그것이 유교적 원칙에 어긋난다 할지라도 무당의 도움을 받지 않을 수 없다. 이것이야말로 유교식 가례가 정착된 이후에도 무당의 조상굿이 완전히 사라지지 않은 결정적인 이유였다.

선비들의 임사체험

이외에도 조선 후기의 야담 및 필기류의 서사에서는 무당이 유자에 대해 우위를 점하는 영역이 종종 묘사된다. 대다수는 망자와 죽음의 세계를 다루는 경우다. 물론 사람이 죽으면 어떻게 되는지에 대한 신유교의 표준적인 이론은 혼백론이었다. 그러나 이런 지적인 논의는 망자가 개체적인 인격을 유지하며 귀신이 된다는 좀 더 직관적인 민속적 인식과 늘 경합해야 했다. 그리고 이례적인 사건들, 즉 사람이 죽었다가 깨어나는 '임사체험' 상황에서 죽음에 대한 무당의 해석이 우위를 점할 수 있는 조건이 되었다.

죽은 사람이 다시 살아나는 일은 드물지만 종종 일어나는 일이다. 많은 문화에서는 이런 현상을 경험한 사람이 죽은 자의 세계를 보고 왔다고 믿는다. 심폐소생술과 연명치료 발달로 과거에 비해 '죽은' 사람이 소생하는 일이 많아진 현대에도 여전히 이런 믿음은 남아 있다. 전근대 환경에서 저승에 다녀온 사람들의 이야기는 지금보다 훨씬 현실성을 가진 것으로 받아들여졌을 것이다.

임진전쟁 당시 의병장으로 활동했던 고경명(高敬命, 1533~1592)은 순창군수(淳昌郡守)를 지내던 시절에 병에 걸려 죽었다. 온몸이 차가워졌는데 심장 아래에 아직 온기가 있어 염습을 하지 않고 두었다고 한다. 그런데 하루가 지난 후에 다시 살아나 일어나서 말했다. "저승사자가 나를 불러서 길을 가다가 어느 관부에 이르렀다. 저승사자가 들어가자 관리가 '데리고 오라고 한 사람은 이 사람이 아니다'라며 돌려보냈다. 순창 경내에 들어오니 민가에서 북소리가 둥둥 울렸다. 사자가 '여기 들어가 잠시 쉬면서 술과 음식을 먹고 가자'고 했다. 내가 그 집에 들어가니 무당이 '우리 성주(城主)께서 오셨다'라고 하면서 자리로 맞았다. 그러고는 잔을 받들어 술을 권하며 사자를 대접해 취하게 해서 보냈다. 그리고 관아에 들어오니 얼떨결에 깨어났다." 그 민가에 가서 알아보니, 아직 굿을 하고 있었고 무당에게 물어보니 그런 일이 있었다고 말했다.

이런 임사체험 이야기의 주인공 중에는 왕족인 명원군(明原君) 이호(李灝)도 있다. 그의 증언은 다음과 같다. "처음에는 온몸이 아프더니 잠시 후 아픔이 없어졌다. 몸이 창틈을 뚫고 나왔는데 아득해서 끝이 없었다. 어두컴컴한 데를 오가다가 한곳에 다다르니, 퉁소 소리와 북소리가 울리고 무당이 나를 불렀다. 머뭇거리다가 들어가려고 하자 여러 귀신이 와서 막았다. '신출내기 귀신은 우리가 먹는 자리에 낄 수 없다.' 뜰 옆에 상수리 잎이 가지런히 놓여 있고 조밥을 나누어 놓았는데 여러 귀신이 먹기를 권했지만 화가 나서 먹지 않았다."[255]

물론 이런 이야기들이 해당 인물의 증언을 어느 정도나 반영하는지는 분명하지 않다. 그러나 이런 체험담은 그 주인공이 실존하는 양반, 왕족 등으로 설정되어 있으며, 유교 지식인들에 의해 수집·기록된 야담집에 실려 있다. 따라서 공식적으로 선언되는 이념적 교의와는 달리 상당수 유자는 세계관이나 영혼관을 무속과 공유하고 있었으며 무당의 전문 영역에 대해 의외로 많은 부분을 인정하고 있었으리라 짐작할 수 있다.

임사체험 이야기에서 죽음을 경험한 이들은 자신이 귀신의 몸으로 무당의 굿에 참석했다고 말하고 있다. 고경명처럼 후하게 대접을 받은 이도 있고, 명원군처럼 고참 귀신들의 텃세에 뒷전으로 밀려난 이도 있었다. 어느 쪽이든 무당의 굿이 죽은 자들을 대접할 수 있다는 믿음이 강하게 표명되어 있다. 유자들 또한 이런 민속종교적 세계관 속에 살고 있었던 것이다.

진짜 무당과 가짜 무당

유자는 무당이 죽은 자의 혼령과 정말로 접할 수 있다고 믿었을까? 공식적인 견해에 따르면, 그것은 일종의 사기술이었다. 정문부(鄭文孚, 1565~1624)라는 사람이 있었다. 의병장으로 유명한 인물이지만 민간전승에 따르면 그는 전쟁 초기에 포로가 되어 일본군에 잡혔다가 겨우 탈출하여 어느 무녀의 노비가 되었다. 그는 굿을 하고 남은 술과 떡을 먹으며 연명했다.

하루는 무녀가 남편에게 감색 새 옷을 입고 싶지 않냐고 물었다. 어떤 집 주인이 감색 새 옷을 입었는데 그 옷을 빼앗아 주겠다는 것이었다. 무녀는 정문부에게 북을 지게 하고 그 집에 가서 귀신의 말처럼 꾸며 새 옷 때문에 재앙이 닥칠 것이라고 협박했다. 그러자 주인이 재앙을 피하기 위해 옷을 벗어주었다. 무녀는 옷을 가져다 남편에게 주었다.

이런 일을 겪으며 정문부는 무당을 혐오하게 되었다. 그는 전쟁 후 길주목사(吉州牧使), 안변부사(安邊府使) 등의 지방관직을 맡게 되었다. 임지에 갈 때마다 그는 무당에게 힘든 부역을 지게 하고 명령을 따르지 않으면 혹독하게 처벌했다.[256]

이익 또한 무당의 속임수에 대해 쓴 바 있다. 그는 자신이 어릴 때 들은 이야기를 다음과 같이 기록해두었다.

> 골짜기에 마을이 있었는데 어떤 여자가 집을 깊이 지어놓았다. 빙빙 돌아 들어가면 도리어 외사(外舍)와 가까이 붙게 되는데 여자는 항상 그 안에 머물렀다. 길흉을 물으러 오는 사람이 있으면 사람을 시켜 먼저 외사에 맞아 따져 묻게 하고 여자는 창을 사이에 두고 모두 엿들었다. 그러다 그 사람이 여자가 있는 곳에 들어오면 상대가 온 이유를 묻기도 전에 먼저 말했다. 이렇게 해서 그에게 복종하는 자가 점점 많아졌다.[257]

죽은 자를 부르는 무당의 접신술은 사기이며 누구나 흉내 낼 수 있다는 인식 또한 있었다. 승려 동윤(洞允)은 어느 집에서 무당을 불러 술과 음식을 마련해 혼령을 위한 굿을 하는 것을 보았다. 동윤이 그 집에 들어가 먹을 것을 달라고 하자 주인이 꾸짖으며 쫓아냈다. 화가 난 동윤은 몰래 마을 아이에게 죽은 사람의 나이, 음성, 용모, 친척, 생전의 행적 등을 자세히 물었다. 그러고는 굿하는 곳으로 쳐들어갔다. 얼굴을 붉으락푸르락하게 바꾸고 몸을 떨며 죽은 사람의 목소리를 흉내 내며 주인을 꾸짖었다. 죽은 사람이 생전에 있었던 일을 하나하나 말하고 친척들 이름을 부르며 무당 흉내를 내니 온 집안사람들이 통곡했다. 무당은 말문이 막혀 아무 말도 못하고 동윤은 상석에 앉아 배불리 먹고 재물을 잔뜩 받아 나왔다.[258]

이런 이야기가 말하는 바는 분명하다. 무당이 죽은 자들의 혼령과 신령을 불러서 영험한 일을 하는 것은 속임수다. 성대모사를 잘하고 정보력이 뛰어난 사람이라면 얼마든지 흉내 낼 수 있다. 이것은 다소 구차하고 억지스러운 비판이다. 오늘날에도 무당은 단골과의 지속적인 접촉을 통해 집안 사정을 듣고 이를 바탕으로 조상굿을 벌인다. 그것은 잘 짜인 각본을 통해서 진행되지만 실행하기 위해서는 고도의 훈련이 필요한 프로레슬링과 같다. 그러나 민속종교의 무대에서 무당과 경쟁해야 했던 유자들은 무당의 속임수를 폭로할 필요가 있었던 것이다.

무당이 혼령을 부르는 자신의 능력이 '진짜'라는 것을 증명해 유자를 굴복시켰다는 이야기도 있다. 남원부사와 전라도 관찰사를 지낸 송상인(宋象仁, 1569~1631)에 얽힌 이야기다. 『천예록』에 따르면 그는 남원에 부임하자마자 관내에서 무당의 활동을 금지했다고 한다. 남원에서 무당이 발각되는 즉시 사형에 처한다는 특명도 내려졌다. 이 조치가 역사적으로 실제 이루어진 일인지는 분명하지 않으나, 앞서 논의한 바와 같이 조선 후기 지방관에게 무속타파는 중요한 책무였다. 송상인의 명령에 의해 남원의 무당들이 죄다 다른 고을로 옮겨 갔다는 서술도 있다. 표준적인 서사를 따른다면, 이것은 음사를 타파한 영웅적인 지방관의 이야기로 마무리되었을 것이다.

그런데 이야기는 여기에서 끝나지 않는다. 송상인은 남원의 광한루에서 당당하게 무당의 행색을 하고 말을 탄 미인을 만난다. 송상인은 자신이 무당을 금지하는 영을 내렸는데 죽음이 두렵지 않느냐고 물었다. 그러자 그녀는 무당에도 '가짜'와 '진짜'가 있다고 주장하며, 자신은 '진짜 무당[眞巫]'이므로 금지 대상이 아니라고 답했다. 무당은 자신이 실제로 귀신을 부를 수 있는 '진짜 무당'이라는 것을 증명하기 위해, 최근에 죽은 송상인의 친구를 자기 몸에 내리게 한다. 무당은 둘 사이의 내밀한 이야기를 낱낱이 늘어놓아 송상인을 통곡하게 만든다. 이런 일이 있은 후 강직한 유자였던 송상인은 "이제야 무당도 진짜가 있음"을 알았다고 하면서 그 무당에게 많은 상을 내리고 무당을 배척하는 일을 그만두게 되었다는 것이다.[259]

'진짜 무당'과 '가짜 무당'의 대비는 고대의 영험한 무당과 당대의 요사한 무당을 분리했던 유자의 무속 논의가 필연적으로 처하게 된 딜레마와 연관되어 있다. 무당이 문제가 되는 것은 사특한 귀신을 끼고 요사한 술수를 부리거나, 혹은 귀신을 부린다고 주장하면서 사람들을 속이기 때문이었다. 만약 무당이 실제로 귀신을 불러올 수 있다고 믿어지고, 그 귀신이 부정적 범주로 인식되지 않는다면 무당은 유자에게도 그 영험함을 인정받을 가능성이 있는 것이다.

이 경우 가장 이상적인 대상이 바로 '친근한 망자의 영혼'이었다. 원한에 차서 살아 있는 자들에게 해를 끼치는 죽은 자가 아니라, 살아 있는 자와 친근한 관계에 있었던 부모나 친구의 영이라면 유자도 이를 사귀(邪鬼)라고 부를 수는 없었다. 무당은 개체성을 유지하고 있는 망자에 대한 독점적인 접근권을 주장하고 있었다. 이것은 적어도 공식적으로는 귀신의 인격성을 말하기를 꺼려 했던 유자가 쉽게 관여할 수 없는, 무당의 고유하고 독자적인 활동 영역이었다.

여기에는 한 가지 딜레마가 잠재되어 있었다. 만약 현실의 무당이 고대의 무당과 같은 영험을 보인다면 그를 '큰 무당[大巫]', '영험한 무당[靈巫]' 혹은 '참된 무당[眞巫]'으로 인정해주어야 하는가? 바로 이런 의문이 민속종교의 무대에서 유자가 무당에 대해 일방적인 우위를 주장할 수 없는 최후의 장벽이 되었다.

민속종교의 무대 위에서는 유생도 무당도 의례의 주도권과 영적 권위를 놓고 경쟁하는 각각의 종교 전문인일 뿐이었다. 이 조건 속에서 유자는 사회적 지위와 권위에 있어 우위에 있었고, 무당은 광범위한 민중의 종교적 심성과 수요를 충족시키기에 더욱 익숙하고 적합한 체계를 가지고 있었다. 결과적으로 국가 의례 체계에 포섭되어 있어 유교의 침투가 용이한 성황, 산신 등의 지역신에 대한 의례에서는 유자의 장악력이 커져갔다. 그러나 망자의 영과 죽음의 세계에 대한 접근권에서는 무당의 우세가 유지되었다. 결국 민속종교 무대에서 조선은 마지막 순간까지도 '유교화'를 완수하지 못했다.

맺음말

어린 시절 이원복의 『먼나라 이웃나라』를 읽었을 때가 떠올랐다. 가톨릭과 개신교의 차이를 설명하는 부분이었다. 개신교 역사가 오래된 지역의 어린이가 "우리나라 교회는 왜 이렇게 초라할까?" 하고 묻는다. 가톨릭 국가들의 화려한 대성당에 비해서 개신교 교회는 밋밋해 보인다는 이야기였다. 한국의 전통적 종교건물들 또한 중화권의 화려한 사당들에 비교하면 그렇게 보인다. 불교 사찰 정도를 제외하면 한국 종교에서 '종교적 이미지'를 떠올리기는 어렵다.

이 책은 '유교화'라는 말의 의미를 종전과는 조금 다른 각도에서 바라보면서 출발했다. 그것은 사상적·제도적 문제만이 아니었다. 오히려 문화 전반을 개조하려는 종교개혁에 가까운 일이었다. 그것은 급진적인 성상파괴의 실천이었다. 고려시대까지 금속으로 만들어졌던 왕의 상은 땅에 묻혔고, 산신과 성황신은 그 개성과 인격성을 박탈당한 채 나무 위패로 교체되었다.

16세기에 이르러 열정에 불타는 유생들은 불상을 파괴하고, 신당을 불태우고, 신상을 부수어 내다버렸다. 성상파괴주의의 귀결은 유교 자신의 가장 신성한 대상인 공자상의 철거였다. 개성과 평양에 남아 있던 유서 깊은 공자상은 국가에 의해 제거되었다. 상을 섬기는 것은 불교와 같으며, 그것은 오랑캐의 풍습이라는 논리였다.

유교화의 또 다른 목표는 무속타파였다. 먼저 공식적 국가 의례에서 무당이 배제되었다. 그리고 무당은 물리적으로 도성과 그 주변에서 추방당했다. 각 지역에 파견된 지방관은 무당과 토착세력이 주도하는 지역 의례와 그들의 신당을 제거했다. 이 시기 '음사 타파'는 식민지 시대와 군사정권 시대의 '미신 타파'로 이어졌다. 오늘날 많은 지역적 민속 의례는 문화재 지정을 통한 복원과 보존이라는 형태로 명맥을 이어가고 있다.

그럼에도 불구하고 유교화는 완벽하게 이루어지지 않았다. 불교와 무속은 국가의 억제 속에서도 근현대까지 살아남았다. 무엇보다 유교는 신과 망자에 대한 의례적 권한을 무속으로부터 빼앗는 데 실패했다. 모든 사람이 양반의 후예를 자처하며 유교식 제사를 지내는 세상이 되었지만, 여전히 사람들은 무당을 찾아간다. 오히려 유교는 종교로서의 생명력을 상당 부분 잃어버렸다. 오늘날 유자를 자처하는 사람의 수는 아무리 넓게 잡아도 무당보다 적을 것이다.

나는 이 책을 통해 조선시대 종교사의 한 측면을 가능한 한 폭넓은 자료를 통해 보이려고 했다. 이것은 전근대 한국 종교에 대한 서술인 동시에, 오늘날 한국의 종교문화가 구성된 기반을 드러내려는 시도이기도 하다. 유교화는 공식종교와 민속종교라는 두 개의 무대에서 서로 다른 방식으로 진행되었다. 그 결과는 공식종교에 대한 장악과 민속종교에서의 경합이었다.

흔히 한국의 종교문화는 '유교적'인 권위주의와 '무속적'인 기복주의로 서술되곤 한다. 가부장적 문화는 유교 탓이고, 종교인들이 세속적 욕망에 몰두하는 것은 무속의 영향이라는 식이다. 실제로는 인과관계가 거꾸로 되어 있다. 공식종교의 무대를 정복한 엘리트 전통은 권력으로 문화를 장악하고 지배할 수 있다는 선례를 남기고 거기에 유교라는 라벨을 붙였다. 민속종교의 무대에서 다른 토착적 의례를 박탈당한 대중이 일상적으로 복을 빌고 재앙을 피하기 위해 의지할 수 있는 것은 무속이었다.

불교, 기독교 등 현대 한국의 제도종교에서 '유교적'인 권위주의나 '무속적'인 기복주의가 보일 수 있다. 그러나 그것은 옛 전통의 잔재 같은 것이 아니다. 언제 어디에서나 인간은 종교를 통해 질서 잡힌 지배체제를 구축하려 하는가 하면, 풍요와 행복이 가득한 삶을 누리려고 한다. 그러나 그런 다양한 욕망이 뒤엉키는 방식은 시대마다 달랐다. 조선의 유교화 상황에서 일어난 무당과 유생의 대결은 그런 욕망을 둘러싼 역동적인 과정이었다.

주

1 『태조실록』 3권, 태조 2년(1393) 1월 21일. 이외에도 진주(晉州)의 성황은 호국백(護國伯)에, 그 외 명산, 대천, 성황, 섬의 신들은 호국의 신[護國之神]으로 봉해졌다.

2 조선 왕조가 성립된 이후 배극렴(裵克廉) 등이 낭독한 회맹문(會盟文)에도 송악성황은 황천(皇天), 후토(后土)와 더불어 신들의 대표로 언급되었다. 『태조실록』 2권, 태조 1년(1392) 9월 28일.

3 『태종실록』 11권, 태조 6년(1406) 1월 7일. 한양 천도 이후에는 송악 성황신에게 주던 녹(祿)을 백악(白嶽)의 성황신에게 옮겨주었다는 것을 알 수 있다.

4 『열왕기』 하, 23:14.

5 최종성, 「조선시대 유교와 무속의 관계 연구: 儒·巫 관계유형과 그 변천을 중심으로」, 『샤머니즘연구』 4 (한국샤머니즘학회, 2002).

6 Keith Thomas, *Religion and the Decline of Magic* [이종흡 옮김, 『종교와 마술, 그리고 마술의 쇠퇴』 (나남, 2014)]

7 秋葉隆, "家祭の行事", 赤松智城, 秋葉隆 編, 『朝鮮巫俗の研究』 (1938) [심우성 옮김, 『조선무속의 연구』 下 (동문선, 1991), 184~190].

8 2부에서 다루고 있는 자료와 논의 상당 부분은 나의 논문인 한승훈, 「전근대 무속 담론과 민속종교에서의 유교와 무속의 관계」, 『민속학연구』 46 (국립민속박물관, 2020)에 발표한 연구 성과를 반영한 것이다.

9 J. R. Wolfe, "A Visit to Korea," *The Foreign Missionary* 44 (1885), 162. 번역은 다음을 따랐다. 방원일, 『초기 개신교 선교사의 한국 종교 이해』 (서울대학교 박사논문, 2011), 80. 이하 동일.

10 이와 관련된 자료와 논의는 다음을 참조할 것. 방원일, 『초기 개신교 선교사의 한국 종교 이해』, 84~94.

11 로드니 스타크, 유광석 옮김, 『종교경제행위론』 (북코리아, 2016), 103~112.

12 방원일, 『초기 개신교 선교사의 한국 종교 이해』, 82.

13 『宣和奉使高麗圖經』 17권 「祠宇」. 이 문헌에는 그 외에도 '합굴룡사(蛤窟龍祠)', '오룡묘(五龍廟)' 등의 신당이 소개되어 있다.

14 『고려사』 56권, 「적성현(積城縣)」.

15 『고려사』 105권, 「정가신(鄭可臣)」.

16 『宣和奉使高麗圖經』 17권 「祠宇」.

17 『태조실록』 1권, 태조 1년(1392) 8월 13일; 『세종실록』 20권, 세종 5년(1423) 6월 29일; 38권, 세종 9년(1427) 11월 10일; 41권, 세종 10년(1428) 8월 1일; 60권, 세종 15년(1433) 6월 15일.

18 노명호, 『고려 태조왕건의 동상』 (지식산업사, 2012).

19 『近思錄』 9권 治法.

20 최종석, 「여말선초 명(明)의 예제(禮制)와 지방 성황제(城隍祭) 재편」, 『역사와 현실』 72 (한국역사연구회, 2009), 212~230.

21 『고려사』 42권, 공민왕 19년 4월 22일. "皇帝遣朝天宮道士徐師昊, 致祭于高麗首山及諸山之神, 首水及諸水之神. 高麗爲國, 奠于海東, 山勢磅礴, 水德汪洋. 實皆靈氣所鍾, 故能使境土安寧, 國君世享富貴. 尊慕中國, 以保生民, 神功爲大. 朕起自布衣, 今混一天下, 以承正統. 比者, 高麗奉表稱臣, 朕喜其誠, 已封王爵. 考之古典, 天子於山川之祀, 無所不通, 是用遣使, 敬將牲幣, 修其祀事, 以答神靈, 惟神鑑

之." 비슷한 제사는 고려만이 아니라 안남(安南: 베트남), 점성(占城: 참파) 등에서도 이루어졌다. 『太祖高皇帝實錄』 48권, 洪武 3년(1370) 1월 10일.

22 『고려사』 42권, 공민왕 19년 4월 22일. "洪武三年春正月三日癸巳, 皇帝御奉天殿, 受群臣朝, 乃言曰, '朕賴天地祖宗眷祐, 位於臣民之上, 郊廟社稷, 以及岳鎭海瀆之祭, 不敢不恭. 邇者, 高麗遣使, 奉表稱臣, 朕已封其王, 爲高麗國王, 則其國之境內山川, 旣歸職方. 考諸古典, 天子望祭, 雖無不通, 然未聞行實禮, 達其敬者. 今當具牲幣, 遣朝天宮道士徐師昊前往, 用答神靈.' 禮部尙書臣崔亮, 欽承上旨惟謹, 乃諭臣師昊, 致其誠潔以俟. 於是, 上齊戒七日, 親製祝文, 至十日庚子, 上臨朝, 以香授臣師昊, 將命而行, 臣師昊以四月二十二日, 至其國, 設壇城南, 五月丁酉, 敬行祀事於高麗之首山大華嶽神, 及諸山之神, 首水大南海神, 及諸水之神, 禮用告成. 臣師昊聞, 帝王之勤民者, 必致敬於神. 欽惟皇上, 受天明命, 丕承正統, 四海內外, 悉皆臣屬, 思與溥天之下, 共享昇平之治, 故遣臣師昊, 致祭于神. 神旣歆格, 必能庇其國王, 世保境土, 使風雨以時, 年穀豐登, 民庶得以靖安. 庶昭聖天子一視同仁之意, 是用刻文于石, 以垂視永久. 臣師昊謹記."

23 『고려사』 42권, 공민왕 19년 7월 16일. "夫嶽鎭海瀆, 皆高山廣水, 自天地開闢, 以至于今, 英靈之氣, 萃而爲神. 必皆受命於上帝, 幽微莫測, 豈國家封號之所可加?"

24 『明太祖寶訓』 2권, 洪武 20년 7월 丁酉.

25 『고려사』 42권, 공민왕 19년 7월 16일. "其孔子善明先王之要道, 爲天下師, 以濟後世, 非有功於一方一時者可比, 所有封爵, 宜仍其舊."

26 『고려사』 42권, 공민왕 19년 7월 16일. "一, 各處州府縣城隍, 稱某府城隍之神·某州城隍之神·某縣城隍之神. (…) 一, 天下神祠, 無功於民, 不應祀典者, 卽係淫祀, 有司毋得致祭."

27 『고려사』 43권, 공민왕 20년 12월 20일.

28 『고려사』 135권, 우왕 9년(1383) 9월; 우왕 11년(1385) 9월.

29 『태조실록』 1권, 태조 1년(1392) 8월 11일.

30 『태종실록』 25권, 태종 13년(1413) 6월 8일.

31 진순은 주희(朱熹)의 제자다. 『태종실록』에서는 예조에서 참고한 『문헌통고(文獻通

考)』에서 진씨(陳氏)라고만 표기한 이 인물을 진무(陳武)라고 쓰고 있으나 오류다.

32 『北溪字義』下, "今立廟儼然, 人形貌垂旒端冕衣裳而坐."

33 『세종실록』 8권, 세종 2년(1420) 6월 1일; 8일; 14일.

34 『세종실록』 23권, 세종 6년(1424) 2월 11일.

35 상하통제에 대해서는 최종성, 「조선전기 유교문화와 민속문화의 병존: 산천의 상
   하통제」, 『유교문화연구』 2 (성균관대학교 동아시아학술원, 2001).

36 20세기 이후에 남아 있는 전주 성황신상도 다섯 구인데, 이들은 각각 주신인 김부
   대왕(신라 경순왕), 부인인 허씨와 최씨, 태자 주(姝), 그리고 최씨 소생의 또 다른
   왕자라고 한다. 심승구, 「전주 성황제의 변천과 의례적 특징」, 『한국학논총』 40 (국
   민대학교 한국학연구소, 2013).

37 『完山誌』, 壇祠.

38 『신증동국여지승람』 4권, 개성부 상.

39 『세종실록』 49권, 세종 12년(1430) 8월 6일; 76권, 세종 19년(1437) 3월 13일.

40 『세조실록』 36권, 세조 11년(1465) 6월 1일; 39권, 세조 12년(1466) 5월 18일; 7월
   24일; 7월 27일.

41 현용준, 「내왓당」, 『한국민족문화대백과사전』 (http://encykorea.aks.ac.kr) (1997)

42 『성종실록』 165권, 성종 15년(1484) 4월 16일; 22일.

43 『성종실록』 97권, 성종 9년(1478) 10월 13일; 『三灘集』 14권, 행장; 『중종실록』 20
   권, 중종 9년(1514) 4월 21일; 31권, 중종 13년(1518) 1월 18일.

44 『중종실록』 31권, 중종 12년(1517) 12월 17일.

45 『명종실록』 31권, 명종 20년(1565) 1월 1일.

46 『명종실록』 32권, 명종 21년(1566) 1월 25일, "敗禮亂俗, 使吾東方二百年文明之
   治, 廢爲夷狄之敎."

47 『명종실록』 32권, 명종 21년(1566) 1월 24일; 25일; 26일.

48 『資治通鑑』 204권, 則天順聖皇后上之下 垂拱 4년(688) 6월.

49 『명종실록』 32권, 명종 21년(1566) 1월 26일.

50 『潛谷先生筆譚』.

51 『삼국사기』 32권, 「제사」; 『제왕운기』 하, 「본조군왕세계연대(本朝君王世系年代)」; 『고려사』 55권. 「오행」 3; 『佔畢齋集』 문집 2권 「遊頭流錄」.

52 지리산 성모상에 대해서는 다음과 같은 연구가 있다. 김갑동, 「고려시대의 남원과 지리산 성모천왕」, 『역사민속학』 16 (한국역사민속학회, 2003); 송화섭, 「지리산의 노고단과 성모천왕」, 『도교문화연구』 27 (한국도교문화학회, 2007); 김지영, 「지리산 성모에 대한 조선시대 유학자들의 인식과 태도 - 지리산 유람록을 중심으로」, 『역사민속학』 34 (한국역사민속학회, 2010).

53 나경수, 「무속 타파의 유·불 유착 사례로서 지리산성모상 훼철과 그 후 복원의 아이러니」, 『남도민속연구』 28 (남도민속학회, 2014).

54 『고봉집』 1권, 「천연을 끌고 의신암에 이르러 시를 지어 주다(携天然 到義神 作詩 贈之)」, "衣纓荷世系, 弓馬事閭閻, 陷身讒構間, 剝膚罪難雪. 毀體託山林, 憂心空悒悒. 浮遊靡自安, 歲月寄一瞥." 이하 번역은 성백효·이성우·장순범·임정기·송기채·정태현 옮김, 『국역 고봉집』 (민족문화추진회, 1988~1997)을 따랐다.

55 "我行向頭流, 中路聞異說. 高巓有神廟, 妖鬼憑居闃. 禍福隨手翻, 敝俗爭媚悅. 紛紛巫覡徒, 狙憸作災孼, 逶迤幾百年, 怵惕無敢撤. 壞衲昧何自, 一擧迅掃滅, 石骸蕩相分, 陰魅已永絶. 聞來起欽想, 見面意所切. 嗚箏七佛庵, 憩堂日欲昳, 又顔遇凜然, 聞知急提挈."

56 유몽인, 신익철·이형대·조융희·노영미 옮김, 『어우야담』 (돌베개, 2006), 201~202.

57 『정종실록』 3권, 정종 2년(1400) 3월 8일.

58 『정종실록』 6권, 정종 2년(1400) 10월 6일; 『태종실록』 3권, 태종 2년(1402년) 1월 16일; 17권, 태종 9년(1409) 4월 30일.

59 『태종실록』 1권, 태종 1년(1401) 윤3월 22일.

60 『태종실록』 11권, 태종 6년(1406) 4월 19일; 20일; 25일; 5월 9일; 25일; 12권, 태종 6년 7월 16일; 18일.

61 『태종실록』 15권, 태종 8년(1408) 4월 2일.

62 『삼봉집』 5권, 「불씨잡변」, 事佛得禍.

63 『세종실록』 6권, 세종 1년(1419) 12월 10일; 11일.

64 『태종실록』17권, 태종 9년(1409) 4월 23일.

65 장례와 불교식 의례가 이루어지는 혼전의 전통은 고려시대로부터 유래한 것이다. 윤기엽, 「고려 혼전(魂殿)의 설치와 기능」. 『한국사상사학』 45 (한국사상사학회, 2013) 참조.

66 『세종실록』10권, 세종 2년(1420) 11월 25일.

67 『세종실록』59권, 세종 15년(1433) 1월 30일; 2월 16일.

68 『세종실록』81권, 세종 20년(1438) 6월 26일; 28일; 30일; 82권, 세종 20년(1438) 7월 7일; 11일.

69 『세종실록』94권, 세종 23년(1441) 12월 2일.

70 『문종실록』12권, 문종 2년(1452) 3월 13일; 20일; 21일; 22일; 27일.

71 『문종실록』1권, 문종 즉위년(1450) 2월 18일; 26일; 27일; 28일; 3월 1일; 3일; 4일; 5일; 4월 10일; 5월 29일.

72 『세조실록』30권, 세조 9년(1463) 4월 7일; 31권, 세조 9년(1463) 9월 5일.

73 『세조실록』29권, 세조 8년(1462) 11월 5일; 31권, 세조 9년(1463) 9월 27일.

74 『세조실록』33권, 세조 10년(1464) 5월 2일; 34권, 세조 10년(1464) 9월 30일; 35권, 세조 11년(1465) 3월 1일; 39권, 세조 12년(1466) 7월 15일.

75 『예종실록』2권, 예종 즉위년(1468) 11월 8일; 4권, 예종 1년(1469) 윤2월 22일; 6권, 예종 1년(1469) 6월 6일; 18일.

76 『성종실록』7권, 성종 1년(1470) 8월 29일.

77 『성종실록』103권, 성종 10년(1479) 4월 17일; 19일; 21일; 26일.

78 『연산군일기』28권, 연산 3년(1497) 10월 24일.

79 『임하필기』22권, 「문헌지장편」.

80 『연산군일기』37권, 연산 6년(1500) 4월 19일; 56권, 연산 10년(1504) 10월 25일.

81 『중종실록』2권, 중종 2년(1507) 1월 16일; 17권, 중종 7년(1512) 11월 10일; 『명종실록』13권, 명종 7년(1552) 5월 6일.

82 『어우야담』, 781~782; 이보다 덜 신화화된 판본은 다음에서 확인할 수 있다. 『大東野乘』, 「竹窓閑話」.

83 『태종실록』 11권, 태종 6년(1406) 5월 27일.

84 『성종실록』 117권, 성종 11년(1480) 5월 28일; 29일; 30일; 118권, 성종 11년 6월 1
일; 2일; 3일; 5일; 7일; 10일; 11일; 12일; 15일; 16일.

85 『어우야담』, 198~200.

86 김용옥, 『혜능과 셰익스피어』 (통나무, 2000), 68~69.

87 『태조실록』 6권, 태조 3년(1394) 11월 17일; 『태종실록』 13권, 태종 7년(1407) 6월
28일; 11월 15일; 23권, 태종 12년(1412) 6월 1일; 7일; 24권, 태종 12년(1412) 10
월 23일; 11월 21일; 26권. 태종 13년(1413) 12월 24일; 30권, 태종 15년(1415) 7월
28일; 8월 24일; 31권, 태종 16년(1416) 2월 15일; 『세종실록』 22권, 세종 5년(1423)
11월 29일; 『효종실록』 21권, 효종 10년(1659) 윤3월 20일; 27일; 『승정원일기』
155책, 효종 10년(1659) 3월 29일; 윤3월 3일; 11일; 29일; 172책, 현종 3년(1662)
1월 20일; 22일; 23일; 267책, 숙종 4년(1678) 12월 7일; 『숙종실록』 8권, 숙종 5년
(1679) 3월 1일; 『승정원일기』 269책, 숙종 5년(1679) 3월 3일; 313책, 숙종 12년
(1686) 2월 6일; 7일; 338책, 숙종 15년(1689) 11월 27일; 『숙종실록』 28권, 숙종 21
년(1695) 6월 30일; 62권, 숙종 44년(1718) 12월 7일; 『승정원일기』 512책, 숙종 45
년(1719) 1월 26일; 『경종실록』 7권, 경종 2년(1722) 4월 12일.

88 『현종개수실록』 25권, 현종 12년(1671) 12월 5일.

89 『승정원일기』 172책, 현종 3년(1662) 1월 20일; 22일; 23일; 『현종실록』 5권, 현종
3년(1662) 1월 20일; 『승정원일기』 313책, 숙종 12년(1686) 2월 12일.

90 『세종실록』 65권, 세종 16년(1434) 8월 16일; 『중종실록』 24권, 중종 11년(1516) 3
월 9일; 『효종실록』 19권, 효종 8년(1657) 12월 13일.

91 『정조실록』 33권, 정조 15(1791) 11월 7일; 8일.

92 채제공은 당시 조선에서 준용되던 『대명률(大明律)』, 「형률(刑律)」의 "발총(發塚)" 조
항을 근거로 이런 말을 했으나 실제 해당 조항엔 그런 말이 없다. 신주 훼손에 대해서
는 『대명률』 「호율(戶律)」의 "기훼기물가색등(棄毀器物稼穡等)" 조항에 따로 언급되
어 있다. 여기에서는 "남의 신주를 훼손한 자는 장(杖) 90대[毁人神主者, 杖九十]"라
되어 있다.

93 김병태, 「명말청초 '전례논쟁'의 선교사적 이해」, 『한국기독교와 역사』 28 (한국기독교역사연구소, 2008); 송태현, 「볼테르와 중국」, 『외국문학연구』 48 (한국외국어대학교 외국문학연구소, 2012).

94 『순조실록』 2권, 순조 1년(1801) 2월 26일; 3월 29일; 4월 25일; 3권, 순조 1년(1801) 5월 22일; 『邪學罪人嗣永事推案』, 嘉慶 6년(1801) 10월 9일; 천주교인의 압수품목은 다음 자료에서 확인할 수 있다. 『邪學懲義』, 「妖畫妖書燒火記」.

95 『庚子燕行雜識』. 이하 연행록 자료의 번역은 『국역 연행록선집』 (민족문화추진회, 1982)의 것을 따랐다.

96 『戊午燕行錄』 4권.

97 『燕轅直指』 3권, 「留館錄」 상, 임진년(1832) 12월 22일.

98 『赴燕日記』, 「往還日記」, 무자년(1828) 6월 25일.

99 『惺所覆瓿藁』 11권, 「金宗直論」.

100 『佔畢齋集』 文集 1권, 「謁夫子廟賦」.

101 「謁夫子廟賦」. "歲旃蒙之首時, 余鯉趨乎玆黌. 群狂簡之君子, 瞻夫子之廟庭. 撫中唐之文杏, 欣時雨之敷榮. 鬪金鏞以磬折, 起闕里之遐想."

102 「謁夫子廟賦」. "入余跽而仰視, 忽旰睢以懍惘. 何於穆之淸廟, 塼泥土而肖像. 無異夫浮屠之宮兮? 安得髣髴乎東門之堯顙?"

103 『史記』 47권, 「孔子世家」.

104 「謁夫子廟賦」. "矧歲久而日遜, 宜繪綵之漫喪. 冕旒十二, 網蝥蟲兮. 河目海口, 塵離雕兮. 赤白陀剝, 若蝕山龍兮. 蝸涎畫字, 暈于衣裳兮. 塊四聖與十哲, 亦東西之相望, 或冠倒而笏墮, 或眸曜而指亡."

105 아사노 유이치, 신정근·함윤식·김종석·길훈섭 옮김, 『공자신화: 종교로서 유교 형성 과정』 (태학사, 2008).

106 『文獻通考』 44권, 「祠祭褒贈先聖先師」, 神宗 熙寧 8년.

107 「謁夫子廟賦」. "匪聖靈之宜宅, 慨廟貌之不臧, 雖邊豆之潔蠲, 恐鬼物之旁窺."

108 「謁夫子廟賦」. "昔夫子之周流, 志不陋夫九夷. 我東海之文明, 曾仁賢之所治, 苟尊崇之有道, 應夫子之來綏."

109 「謁夫子廟賦」. "況夫子之精神, 譬如水之在地中, 求之則在, 道之斯通. 何必觀形像而祠祀, 冀胙蠁之昭融? 範黃金猶不可爲, 而又土木之是肖?"

110 『論語』, 「八佾」, "夏后氏以松, 殷人以柏, 周人以栗."

111 「謁夫子廟賦」, "亟撤土塑, 返黃祇兮. 毋令魑魅, 有憑依兮."

112 그러나 정확히 언제부터 한양의 문묘에 신주만을 두었는지는 분명하지 않다. 이에 관련해서 가오밍스(高明士)는 성종 23년(1492)에 처음으로 문묘의 위판에 궤[櫃櫝]를 설치했다는 『증보문헌비고』의 기사를 근거로 조선에서 목주제(木主制)를 시행한 시기를 '1492년 이전'으로 보았다[高明士, 오부윤 옮김, 『한국 교육사 연구』(대명, 1995), 304~305]. 후술할 몇 가지 이유에서 이 시기는 좀 더 끌어올릴 필요가 있다.

113 『新增東國輿地勝覽』 4권 「開城府」 上; 51권 「平壤府」.

114 『新增東國輿地勝覽』 28권 「星州牧」. 이것은 김종직 스스로가 소상을 없앴다는 「점필재선생연보(佔畢齋先生年譜)」의 기록과는 어긋난다. 강중진이 성주목사가 된 것은 김종직의 사후이기 때문이다.

115 『세종실록』 32권. 세종 8년(1426) 4월 5일.

116 『삼국사기』 8권, 「신라본기」 8, 성덕왕 16년(717) 9월. "入唐大監守忠廻, 獻文宣王·十哲·七十二弟子圖, 卽置於大學."; 『東國闕里志』 附錄, 「新羅王子獻聖像史蹟」, "新羅聖德王十六年(唐開元丁巳), 秋九月, 王子太監守忠(一云鄭河城君), 入侍于唐, 歸獻文宣王眞本像, 及十哲七十二弟子畫像, 乃命置太學." 그러나 이들 기록은 시대착오적이다. 공자에게 '문선왕'이라는 시호가 붙은 것은 이보다 뒤인 739년의 일이기 때문이다.

117 『舊唐書』 24권(志4), 「釋奠」.

118 『高麗史』 62권(志16), 「文宣王廟」.

119 『高麗史』 32권(世家32), 忠烈王 29년 윤5월 戊寅, "國學學正金文鼎, 以宣聖十哲像, 及文廟祭器, 還自元."

120 『高麗史』 105권(列傳18), 「安珦」. "又以餘貲, 付博士金文鼎等, 送中原, 畫先聖及七十子像, 幷求祭器樂器, 六經諸子史以來."

121 『大東野乘』71권,「柳川箚記」, "國學學正金文鼎, 以先聖十哲像及文廟祭器還自有元. (…) 更建國學, 安以塑像, 東西廡七十子, 則用位板."

122 『高麗史』74권(志28),「國學」. 이는 기존의 문묘가 너무 좁다는 원의 사신 야율희일(耶律希逸)의 지적에 따른 것이었다.

123 『高麗史』32권(世家35), 忠肅王 7년 9월 戊寅.

124 『高麗史』124권(列傳37),「王三錫」.

125 『高麗史』62권(志16),「文宣王廟」, 恭愍王 16년 7월 庚子.

126 『高麗史』62권(志16),「文宣王廟」, 神位.

127 高明士,『한국 교육사 연구』, 233.

128 『세종실록』「五禮」, 吉禮序例, 神位.

129 『태종실록』7권, 태종 4년(1404) 2월 6일. "陞郕國公曾子, 沂國公子思于先聖配位. 初, 曾子在十哲之位, 子思在從祀之列. 左政丞河崙奉使入朝, 得二子圖像而來, 獻議塑像陞于配位. 又塑子張像, 列于十哲." 이것은 개성의 문묘에서 이루어진 조치다. 당시 한양의 문묘는 화재로 소실된 후 재건 중이었기 때문이다. 그러나 이 신위 배치는 이후 모든 문묘에 공통적으로 적용되었던 것으로 보인다. 한양 문묘가 재건될 당시 변계량(卞季良)이 쓴 비문에도 이 신위 재편 내용이 포함되어 있다.『태종실록』20권, 태종 10년(1410) 9월 29일.

130 맹자가 배향된 시점은 분명하지 않다.『증보문헌비고』에서는 태조 때 중국의 제도를 따라 포함시킨 것으로 추측하고 있으나 근거는 없다(『增補文獻備考』204권,「文廟」).

131 Deborah Sommer, "Destroying Confucius", in Thomas A. Wilson ed., *On sacred grounds: culture, society, politics, and the formation of the cult of Confucius*, London : Harvard University Asia Center, 2002.

132 위의 책, 117. 솜머가 인용하고 있는『오례통고(五禮通考)』자료의 원출처는 "正文廟聖賢繪塑衣冠, 令合古制"라는『명회전(明會典)』의 기록이다. 그는 이 '옛 제도'를 원의 제도로 추정하고 있으나, 그보다는 원에 대한 반감으로 당·송대의 성현상을 복원하려 했다고 보는 것이 자연스러울 것이다.

133 단 곡부의 공자 사당만은 예외였다. 위의 책, 126.

134 『정종실록』 3권, 정종 2년(1400) 2월 2일; 『태종실록』 13권, 태종 7년(1407) 3월 21일; 5월 6일; 18권, 태종 9년(1409) 7월 7일.

135 1400년대 초반에 개성에서는 배위의 재편과 소상 제작이, 한양에서는 소실된 건물의 재건과 위판 규격 제정이 이루어졌다.

136 『세종실록』 67권, 세종 17년(1435) 3월 23일. "使臣行禮, 謂通事曰, 有聖像乎, 答曰, 有神位牌."

137 『遼海編』 3권, 「朝鮮紀事」. "其廟扁曰大聖殿, 廟制, 靈星門儀門正殿兩廡, 聖賢俱塑像, 並與華同."

138 『세종실록』 127권, 세종 32년(1450) 윤1월 13일.

139 『遼海編』 3권, 「朝鮮紀事」. "辛未, 平壤起程. 城中謁宣聖, 檀君, 箕子三廟. 廟皆木主."

140 『점필재문집(佔畢齋文集)』에 실린 「점필재선생연보」에는 김종직이 성주향교에 간 것이 갑술년(1454)으로 되어 있으나 그 자신이 쓴 「알부자묘부(謁夫子廟賦)」에는 을해년(1455)으로 되어 있어 후자를 따랐다.

141 단, 김종직의 「알부자묘부」가 실제로 기록된 시점이 언제인가를 의심해볼 필요가 있다. 그가 중앙정계에 있던 1480년대는 국왕에 의해 성균관 문묘에 소상을 세우자는 주장이 제기되었을 시점이므로 이를 간접적으로 비판하기 위해 이 글을 썼을 가능성도 있기 때문이다.

142 『朝鮮賦』, "孔庭設像, 皆塑而常."

143 『성종실록』 214권, 성종 19년(1488) 3월 9일. "又詣文廟, 行四拜禮. 入殿上, 見先聖及四聖十哲塑像, 語臣曰, 此與中國塑像稍異. 臣曰, 塑像同於道佛, 故王京文廟, 不設像, 唯木主也. 正使曰, 是合於禮. 臣又曰, 此亦當改爲木主, 然其來已久, 故不改耳.' 正使曰, 元有則不妨矣."

144 『朝鮮賦』, "聖賢皆塑像, 與平壤同." 『조선부』에서 평양과 개성의 문묘에 대한 이상의 두 구절은 문연각 사고전서본 등 일부 판본에서는 빠져 있다.

145 『朝鮮賦』, "西京所不能髭, 開城所不能偕. 則在乎祭不像設以瀆亂."

146 『大學衍義補』65권, 「釋奠先師之禮」上.

147 『東坡全集』49권, 「私試策問八首」; 『朱子語類』(90권, 禮7) 「祭」.

148 『明名臣琬琰續録』9권, 「刑部侍郎林公言行録」, "蘇學廟像歲久, 多剥落者. 或欲
因其舊, 而加以修飾. 公奮然曰, 塑像非古. 我太祖於太學, 易以木主, 百年陋俗,
乃革彼. 未壞者, 猶當毁之. 幸遇其壞, 易以木主, 有何不可."

149 당 개원 연간의 소상 관련 조치에 대해서는 앞에서 다루었다. 북송 태조 대에는
선성(先聖), 아성(亞聖: 안회), 십철에 대해서는 소상, 72현(賢)과 21선유(先儒)는
화상을 만들었다. 희령(熙寧) 7년(1074)에는 맹자를 안회와 동렬에 놓으면서 소상
을 만들어 국자감으로부터 전국의 학묘(學廟)에 보급했다. 『宋史』 105권(禮志
58), 「文宣王廟」. 문묘 석실에 대해서는 다음과 같은 기록들이 있다. 『蜀中名勝
記』1권, "設孔子坐像, 其坐斂跳, 向後屈膝, 當前七十二弟子侍坐兩旁."; 『晦庵
集』68권, 跪坐拜説, "成都府學有漢時禮殿, 諸像皆席地而跪坐."

150 구준은 소상에 대해 임악의 묘지에서는 "百年陋俗"이라고 했지만 『대학연의보』
에서는 "千古之陋習"이라고 표현하고 있다. 그에 따르면 이들은 모두 명 태조에
의해 혁파되어 옛 제도를 회복했는데, 전자의 경우 옛 제도란 송나라, 후자의 경
우는 불교 도입 이전을 가리키게 된다.

151 「謁夫子廟賦」, "謂聖神之履運, 煥頓制之復古. 妥木主以釋菜, 用以彰夫昭報. 光
聖德於不顯, 體姬室之規模. 何必重夫改作, 尚因襲乎前圖."

152 『성종실록』120권, 성종 11년(1480) 8월 丙子. "傳于承政院曰, 中朝國子監, 及我
國平壤開城府之學, 皆用塑像, 以祀先聖先師. 子欲於成均館大成殿用塑像, 於卿
等意何. 對曰, 先儒云, 土木肖像, 無異浮屠塑像, 不可. 傳曰, 儒者, 以別嫌異端,
故有是論也. 然元朝高麗, 豈無所見, 而爲之歟. 都承旨金季昌曰, 自祖宗朝, 用位
版, 莫如仍舊. 左承旨蔡壽曰, 文廟用塑像, 自元朝始. 意謂塑像, 出於胡俗, 而高
麗又從而效之也. 傳曰, 子意以謂, 用塑像, 則望之尊嚴. 元朝之法, 如不可法也,
則高麗, 奚爲效尤也."

153 『芝峯類說』19권 「學校」, "按三代以上, 祀神皆有主. 而塑像之設, 自佛教入中國
始也. 在昔文廟之制, 中國塑像, 本國則用位版. 唯開城平壤二府之學, 安塑像, 亦

元時自中國來者."

154 채수는 자신의 문집에서도 개성 문묘의 소상이 원에서 온 것이라는 주장을 반복하고 있다. 『懶齋集』1권, 「遊松都錄」, "至成均館謁聖, 五聖十哲, 皆土塑, 元人所造也."

155 최근의 문화 연구에서 '민중' 개념은 기존의 계급적·경제적 의미와는 다른 방식으로 재정의되곤 한다. 이를테면 이케가미 요시마사(池上良正)는 종교에 있어 민중을 "일정한 제도적 틀 안에서 종교의 이념과 교의를 조작하고 점유하는 사람들, 즉 종교적 엘리트와 종교사상적 엘리트"에 대치되는 개념으로 규정하고 있다. 池上良正, 『悪霊と聖霊の舞台─沖縄の民衆キリスト教に見る救済世界』(東京: どうぶつ社, 1991). 18~19.

156 『성종실록』120권, 성종 11년(1480) 8월 29일.

157 『성종실록』236권, 성종 21년(1490) 1월 6일. "沈澮啓曰, 臣向見開城府學宮, 大成殿宣聖十哲塑像, 或臂足斷折, 或彩色剝落. 若上國使臣見之, 則國家尊崇之意, 掃地矣. 且塑像不合古制, 改以位板何如. 成俔曰, 平壤學宮, 宣聖十哲, 皆塑像, 且遼東泮宮, 設塑像, 我國自前朝, 皆設塑像, 其來已久. 上曰, 塑像前朝舊物, 恐不可卒改. 學宮其速修理."

158 『明世宗肅皇帝實錄』180권, 嘉靖 9年 11월 癸巳; 11월 辛丑.

159 『明世宗肅皇帝實錄』180권, 嘉靖 9年 11월 辛丑, "孔子章服之加, 起於塑像之瀆亂也. 今宜欽遵我聖祖, 首定南京國子監規制, 制木以爲神主, 仍擬定大小尺寸, 着爲定式. 其塑像, 國子監責令祭酒等官, 學校責令提學等官, 即令屏撤. 勿得存留. 使先師先賢之神, 不複依土木之妖, 以別釋氏之教."

160 박종배, 「명 가정 9년의 문묘 사전 개혁과 조선의 대응: 문묘 개정 문제를 중심으로」, 『동양학』34 (단국대학교 동양학연구소, 2003), 10~11.

161 이를테면, 공자의 '문선왕(文宣王)' 묘호를 없애자는 논의는 명종 11년(1556)과 선조 7년(1574), 그리고 선조 33년부터 광해군 2년(1600~1610)까지 세 차례에 걸쳐 제기되었다. 그런데 명종 11년의 문제 제기는 명 사신이 도착하기 전에 명의 제도와 통일하자는 임기(林芑)의 주장에서, 선조 7년의 것은 당시 명에 다녀온 사

신 조헌(趙憲)에 의해 제기된 것이었다. 그리고 명말인 17세기 초에는 예제 수용에 대한 명 사신들의 압력이 강화되면서 다시 논란이 일어났다. 박종배, 「명 가정 9년의 문묘 사전 개혁과 조선의 대응: 문묘 개정 문제를 중심으로」, 12~17.

162 『使朝鮮錄』下권, 「平陽勝蹟」, "東邦守文敎, 敬道崇廟貌. 皇化重儒風, 漸摩知所效."

163 『使朝鮮錄』下권, 「謁孔子廟記」, "神坐皆以木主, 得古遺意."

164 『중종실록』84권, 중종 32년(1537) 3월 4일. "天使二十九日入平壤, 欲見箕子廟檀君廟. 臣等日, 路由文廟前, 若過行則須謁聖也. 天使乘轎至文廟前, 儒生祗迎. 天使入而謁聖, 見夫子塑像, 稱嘆日, 眞文獻之邦也."

165 당시 서계(徐階) 등에 의해 제기된 반론에 대해서는 다음을 참조. 黃进兴, "道统与治统之间:从明嘉靖九年(1530)孔庙改制论皇权与祭祀礼仪", 『优入圣域: 权力、信仰与正当性』(陕西师范大学出版社, 1998), 159~161.

166 『芝峯類說』19권 「學校」; 『增補文獻備考』209권, 「鄕學」; 高明士, 앞의 책, 304 ~305 등.

167 『선조실록』8권, 선조 7년(1574) 2월 18일, "開城府儒生, 以撤埋塑像爲未安, 上疏. 上命收議于大臣. 左右相皆以爲當改正, 餘以爲不必改. 上從左右相議."

168 『大東野乘』71권, 「柳川箚記」, "甲戌夏, 命去松都國學先聖十哲塑像, 代以位板. (…) 至是有言, 塑像以佛, 不合明宮之薦, 命收議. 易以位板埋塑像于某地, 府之士子父老, 陳疏請止, 不從. 方其埋也, 府官不先料理掩翳之物, 以致臨事顚倒. 事聞, 命罷科罪."

169 아사노 유이치, 『공자신화: 종교로서 유교 형성 과정』, 583~584.

170 대표적으로 다음 논의를 참고할 것. 정요근 외, 『고려에서 조선으로: 여말선초, 단절인가 계승인가』(역사비평사, 2019), 22~99.

171 브루스 링컨, 『거룩한 테러』(돌베개, 2005), 29~34.

172 『성종실록』180권, 성종 16년(1485) 6월 7일.

173 클리퍼드 기어츠, 김용진 옮김, 『극장국가 느가라』(눌민, 2017).

174 한양 동쪽에 위치했던 저자도는 비가 오면 물에 잠겼기 때문에 기우제를 지내기에 적합한 장소로 여겨졌다. 이 섬은 1960년대 압구정 현대아파트를 짓는 과정에서 준

설토로 쓰이면서 사라졌다.

175 최종성, 「王과 巫의 기우의례 – 폭로의례를 중심으로」, 『역사민속학』 10 (한국역
사민속학회, 2000).

176 최종성, 「국행 무당 기우제의 역사적 연구」, 『진단학보』 86 (진단학회, 1988), 65~67.

177 강호선, 「조선 태조 4년 국행수륙재 설행과 그 의미」, 『한국문화』 62 (규장각 한국
학연구원, 2013).

178 이욱, 「조선전기 원혼을 위한 제사의 변화와 그 의미」, 『종교문화연구』 3 (한신대
학교 종교와문화연구소, 2001); 「조선시대 국가 사전(祀典)과 여제(厲祭)」, 『종교
연구』 19 (한국종교학회, 2000).

179 최종성, 「조선시대 유교와 무속의 관계 연구」, 『샤머니즘연구』 4 (한국샤머니즘학
회, 2002).

180 위 도식에 대한 상세한 설명은 다음을 참조. 한승훈, 「전근대 무속 담론과 민속종
교에서의 유교와 무속의 관계」, 『민속학연구』 46 (국립민속박물관, 2020), 79~81.

181 최종성, 「조선시대 王都의 신성화와 무속문화의 추이 – 법제를 통한 淫祀정책과
서울에 대한 문화의식을 중심으로」, 『서울학연구』 21 (서울시립대학교 서울학연
구소, 2003).

182 이능화, 서영대 역주, 『조선무속고』 (창비, 2008), 204~205. 이능화는 『조선불교
통사』에도 이와 거의 비슷한 문장을 써놓았다. 이능화, 동국대학교 불교문화연구
원 조선불교통사역주편찬위원회 편찬, 『역주 조선불교통사』 6 (동국대학교 출판
부, 2010), 99~100.

183 이능화, 『조선무속고』, 206~217.

184 『태종실록』 35권, 태종 18년(1418) 2월 11일.

185 『세종실록』 3권, 세종 1년(1419) 1월 29일.

186 『세종실록』 8권, 세종 2년(1420) 6월 26일.

187 『동각잡기』 상, 「본조선원보록」.

188 『증보문헌비고』 206권, 「학교고」 5.

189 『연산군일기』 44권, 연산 8년(1502) 6월 3일; 49권, 연산 9년(1503) 5월 1일; 『중

종실록』22권, 중종 10년(1515) 윤4월 18일.

190 『연산군일기』59권, 연산 11년(1505) 9월 15일; 『연려실기술』6권, 연산조 고사본말.

191 최종성, 「國巫와 國巫堂」, 『비교민속학』21 (비교민속학회, 2001), 422~423.

192 '강필'은 영적인 체험을 하는 상태에서 붓을 통해 메시지를 받는 방법을 말한다. 박병훈, 「동학 강필 연구」, 『종교연구』80/1 (한국종교학회, 2020), 236~237.

193 이능화, 『조선무속고』, 140~141.

194 우스다 잔운, 이시준 옮김, 『암흑의 조선』(박문사, 2016), 26~27.

195 『세종실록』101권, 세종 25년(1443) 8월 25일.

196 청대의 『육부성어(六部成語)』에 따르면 '부란도성(扶鸞禱聖)'은 무술(巫術)의 하나로, 모래를 담은 쟁반 안에 글씨를 새기며 신성(神聖)이 하강했다고 하는 것이었다.

197 『大明律』11권, 「禮律」, 祭祀, 禁止師巫邪術. "凡師巫假降邪神 書符呪水 扶鸞禱聖 自稱端公大保師婆 及 妄稱彌勒佛白蓮社明尊教白雲宗等會一應 左道異端之術 或隱藏圖像燒香 集衆夜聚曉散 佯修善事煽惑人民 為首者絞 為從者各杖一百流三千里 ○若軍民裝扮神像 鳴鑼擊鼓迎神賽會者杖一百罪坐為首之人 里長知而不首者各笞四十 ○其民間春秋義社不在此限."

198 『大明律直解』11권, 「禮律」祭祀, 禁止師巫邪術. "凡 博士 巫女 花郎等亦 邪神乙 憑據爲 呪水符作乙 書寫爲旀 彌勒及 帝釋 下降是如 妄稱爲旀 香徒一切邪道亂正之術 及 圖像乙 隱藏爲旀 夜聚曉散 佯修善事 眩惑人民爲在乙良 爲首者 絞死爲遣 隨者乙 各杖一百遠流齊 軍民亦 神像乙 裝飾爲旀 鳴螺擊鼓 迎神會集祈祝爲在乙良 杖一百爲乎矣 爲頭人乙 與罪齊 里長亦 知遣 先告不冬爲在乙良 各笞四十爲乎矣 此亦中 民間已前禁止 不冬爲乎事."

199 『정조실록』33권, 정조 15년(1791) 11월 8일; 『고종실록』37권, 고종 35년(1898) 7월 18일

200 김성례, 「무속전통의 담론 분석 - 해체와 전망」, 『한국문화인류학』22, (한국문화인류학회, 1990); 「무속전통론의 창출과 유용」, 『아시아문화』22 (아시아문화, 2006); 『한국 무교의 문화인류학』(소나무, 2018), 81~158. 이 주제에 대해서는 다음과 같은 후속 논의가 있다. 김동규, 「한국 무속의 다양성 - 학적 담론과 무당

의 정체성 사이의 "고리효과", 『종교연구』 66 (한국종교학회, 2012); 신자토 요시노부, 「종교로서의 한국무속: 무속 담론에서 무교 개념의 형성 과정을 중심으로」, 『종교연구』 78/3 (한국종교학회, 2018).

201 이능화, 『조선무속고』 71~72.

202 최남선, 『조선상식문답』 (동명사, 1946), 109.

203 Boudewijn Walraven, "Popular religion in a Confucianized society", *Harvard East Asian Monographs* 182 (1999), 163.

204 민족주의적 단군 인식의 형성 시기와 배경에 대해서는 다음 논의를 참조. 서영대, 「근대 한국의 단군 인식과 민족주의」, 『東北亞歷史論叢』 20 (동북아역사재단, 2008).

205 이능화, 『조선무속고』, 465~466.

206 『承政院日記』 영조 10년(1734) 11월 22일.

207 『周禮』, 「春官宗伯」. "司巫掌羣巫之政令, 若國大旱, 則帥巫而舞雩."

208 『星湖僿說』 13권, 下禓亡魂. "〈春官〉, '司巫, 凡喪事, 掌巫降之禮.' 註, '降, 下也. 巫下神之禮, 今世或死既斂, 就巫下ㅁㅁ, 其遺禮.' 此恐非聖人之意. 余見, 村巫歌舞招魂, 作亼魂語誣誘愚俗, 以賭財. 國宜有法以禁絶之, 豈合反著在經訓耶? (…) 其禱祀或應者, 莫非戲魔之套弄, 愚氓被瞞也. 明智者自知之耳."

209 『五洲衍文長箋散稿』 26권, 「巫覡辨證說」, "巫覡雖賤, 原其所自出, 則商之巫咸, 巫咸寔爲巫覡之祖也."

210 『東國李相國集』 2권, 「老巫篇」, "者巫咸神且奇, 競懷椒糈相決疑, 自從上天繼者誰, 距今漠漠千百朞."

211 『東國李相國集』 2권, 「老巫篇」, "海東此風未掃除, 女則爲覡男爲巫, 自言至神降我軀, 而我聞此笑且吁, 如非穴中千歲鼠, 當是林下九尾狐."

212 『秋江集』 5권, 「鬼神論」, "神人一體, 巫若誠一無僞若巫咸, 則豈不感通神明哉? (…) 今之巫者, 牽執左道, 以愚黔黎爲事. 若夫日月星辰, 非天子則不祭, 巫設七星之神. 名山大川, 非諸侯則不祭, 巫引山川之神. 凡人之疾病, 出於元氣之不調, 巫指爲鬼神之祟, 强爲無稽之說, 以糜無益之費. 凡人之禍福, 出於自作之善惡,

巫以爲祭鬼而致福. 愚人尊之信之, 衣之食之, 蠹國害民, 莫此爲甚."

213 『五洲衍文長箋散稿』26권, 「巫覡辨證說」, "巫雖賤技, 以古今論其優劣, 荊楚吳粵之巫, 大巫也, 近世俚巫俗師, 小巫也. 至若脣黏水盆蹈利刃, 是或挾鬼而誇其術之神異也. 此是惑人之釣餌, 使人墜其術中, 惑而偏信者也, 吁! 人之好鬼神而不自知焉者, 類如是夫?"

214 『숙종실록』14권, 숙종 9년(1683) 12월 15일; 15권 숙종 10년(1684) 2월 21일.

215 『自點等逆獄推案』3, 1651년 12월 14일.

216 『星湖僿說』5권, 「厭魅蠱毒」.

217 『東國歲時記』三月 月內.

218 『신증동국여지승람』25권, 경상도 군위현 사묘.

219 『어우야담』, 787~788; 『眉叟記言』37권, 「陟州記事」.

220 최종성, 「조선시대 유교와 무속의 관계 연구」, 253.

221 서영대, 「한국 무속사의 시대구분」, 『한국무속학』10 (한국무속학회, 2005), 23.

222 『史記』126권, 滑稽列傳.

223 『고려사』99권, 함유일.

224 『高麗史』105권, 安珦. "忠烈元年, 出爲尙州判官. 時有女巫三人, 奉妖神惑衆. 自陜州, 歷行郡縣, 所至作人聲呼空中, 隱隱若喝道. 聞者奔走, 設祭莫敢後, 雖守令亦然. 至尙, 珦杖而械之, 巫托神言, 怵以禍福. 尙人皆懼, 珦不爲動. 後數日, 巫乞哀乃放, 其妖遂絕."

225 『신증동국여지승람』24권, 경상도 영해도호부 명환 우탁.

226 『신증동국여지승람』14권, 충청도 청풍군 명환 김연수.

227 15세기 당시 나주에는 남해(南海)의 신과 앙암 용진(仰岩龍津)의 신이 국가 제사의 대상이 되어 있었으나 성황신은 지역에서만 숭배되고 있었다. 『세종실록』76권, 세종 19년(1437) 3월 13일.

228 이상의 네 사례는 정약용이 기록한 것을 바탕으로 했다. 『목민심서』3권, 禮典 祭祀.

229 『星湖僿說』10권, 城隍廟; 『신증동국여지승람』38권, 제주목사묘; 이능화, 『조선무속고』, 455~457; 『耽羅巡歷圖』.

230 이형상의 신당 파괴에 대한 대한 제주의 전설들에 대해서는 다음을 참조. 현길언, 「역사적 사실과 문학적 인식—이형상 목사의 신당 철폐에 대한 설화적 인식」, 『탐라문화』 2 (제주대 탐라문화연구소, 1983), 95~125; 김새미오. 「병와 이형상의 제주지방 의례정비와 음사철폐에 대한 소고」, 『大東漢文學』 63 (대동한문학회, 2020), 126~130.

231 김영돈·현용준·현길언, 「영천 이목사」, 『제주설화집성』 (탐라문화집성, 2003), 421.

232 『세조실록』 34권, 세조 10년(1464) 9월 2일.

233 임방, 정환국 옮김, 『교감역주 천예록』 (성균관대학교 출판부, 2005), 301~302; 『광해군일기』 52권, 광해 4년(1612) 4월 2일.

234 강상순, 「조선 전기 귀신 이야기에 잠복된 사회적 적대」, 『민족문화연구』 56 (고려대학교 민족문화연구원, 2012), 108~109, 133.

235 『교감역주 천예록』, 111~118.

236 『어우야담』, 259~261.

237 홍만종·황윤석, 신해진·김석태 역주, 『증보 해동이적』 (경인문화사, 2011), 206~207.

238 『교감역주 천예록』, 353~357.

239 『신증동국여지승람』 44권, 강원도 삼척도호부 풍속.

240 『南冥先生別集』 8권, 「師友錄」.

241 『어우야담』, 592~594. 유몽인은 이 이야기를 전한 것이 김효원의 신당 타파에 참여한 유생 가운데 한 명이며 나중에 평창군수를 지낸 이숙(李淑)이라고 기록해놓았다.

242 『眉叟記言』 37권, 「陟州記事」.

243 『樊巖集』 7권, 「望美錄」 下. 번역은 『조선무속고』, 418~419를 따랐다.

244 문혜진, 「삼척 오금잠제(烏金簪祭)의 변천에 관한 일고찰」, 『무형유산』 3 (국립무형유산원. 2017), 137~141.

245 『惺所覆瓿藁』 12권, 「譴加林神」. 이 시에 대해서는 김풍기가 그 민속지적 성격에

주목하여 상세히 분석한 바 있다. 김풍기, 「허균의 「견가림신」(譴加林神)에 나타난 민속지(民俗誌)적 성격과 그 의미」, 『한문학논집』 50 (근역한문학회, 2018).

246 「譴加林神」, "曰我后皇, 分土畫州, 各有主神, 俾民蕯麻, 暘若雨若, 以利其穧, 苟失其職, 天必降尤, 戮社伐廟, 爲神之羞. 今兹二神, 夫婦好仇, 限一衣帶, 裂地以侯, 苾祀相望, 享之千秋, 宜降福祐, 以豐其曬, 風順雨調, 黍苗油油, 胡爭姬寵, 怒閃其眸. 乘以豐隆, 持其電矛, 揚霧蹳颮, 來艾神幬, 擘斯其腰, 仍毁神旒. 大噉跳擲, 威壓恣歐. 猜猜瞷瞷, 指奸爲讎. 因沴以臻, 害牧害芻, 害于我稼, 爲民之憂. 一之爲甚, 三五不休. 惟皇孔昭, 鑑其作孼, 聲罪以討, 命我喉舌. 詔諸雷師, 飛捷月孛. 轟霆爍電, 駕矞驅颮, 八威猛馬, 流鈴金鉞, 下盪其巢, 鬼爽屠割. 其胔剮剝, 其頸顆劫, 錄魂矢延, 以警其厥. 俾民免災, 無蟊其頒, 稌黍穫穫, 各安于室." 번역은 다음을 따랐다. 신승운 옮김, 『국역 성소부부고』 (민족문화추진회, 1983).

247 『佔畢齋集』 文集 2권, 「遊頭流錄」. 번역은 다음을 따랐다. 임정기 옮김, 『국역 점필재집』 (민족문화추진회, 1997).

248 『어우야담』, 225~226.

249 『교감역주 천예록』, 221~228.

250 『澤堂先生別集』 16권, 家誡, "巫實降神. 周禮有司巫氏, 易言史巫紛若. 漢時園寢置巫, 此與用尸童, 同一理也. 後世用尸禮廢, 而巫亦不復爲祭祀之用, 自作淫祠, 禱非其鬼. 然後巫爲有禍而無福, 不可近也. 然其潔齊盛服, 鼓舞降格, 明有其氣, 知其亦有感應之理. 噫, 彼求以非禮, 而尚能以無感有, 況我以子孫之身, 求祖先之來格, 寧有不應? 正宜因彼驗此, 專意致潔盡誠以求之, 未可以巫所致爲虛誕也. 若以巫爲靈異勝於平人, 使之致神求福, 則彼所挾者邪鬼. 而雜亂於家內, 必大致災孼, 崇奉甚, 則必有久遠絕滅之禍. 祖先神靈, 反爲其鬼所瀆亂, 不安享於祭祀, 尤爲害理."

251 『어우야담』, 216~220, 277~279.

252 원문의 "雖有祭祀, 神道不以爲重, 獨以巫人神祀爲重. 若非神祀, 魂靈安得一飽乎?"를 번역본(『교감역주 천예록』, 330)에서는 "우리 집에 제사와 신도(神道)가 있긴 해도 별로 중히 여기지 않는다만 무당이 사당에서 하는 신내림만큼은 중요하게

여긴단다. 내림굿이 아니라면 혼령이 어찌 한 번이라도 흠향을 할 수 있겠느냐?'
로 옮겼다. 여기에서는 (유교식) 제사와 (무당의) 신사를 대비시키고 있는 맥락을
중시하여 위와 같은 새로운 번역을 제안한다.

253 파스칼 보이어, 이창익 옮김, 『종교, 설명하기』(동녘사이언스, 2015), 372~373.

254 『교감역주 천예록』, 211~213.

255 『어우야담』, 230~231.

256 『어우야담』, 218–220

257 『星湖僿說』20권, 經史門, 「方臘」.

258 『어우야담』, 220.

259 『교감역주 천예록』, 325~328.

참고문헌

『庚子燕行雜識』, 『景宗實錄』, 『高麗史』, 『高峯集』, 『高宗實錄』. 『舊唐書』, 『近思錄』, 『南冥先生別集』, 『論語』, 『大東野乘』, 『大明律』, 『大明律直解』, 『大學衍義補』, 『東閣雜記』, 『東國歲時記』, 『東國李相國集』, 『東坡全集』, 『懶齋集』, 『林下筆記』, 『明名臣琬琰續錄』, 『明世宗肅皇帝實錄』, 『明宗實錄』, 『明太祖寶訓』, 『明會典』, 『戊午燕行錄』, 『文宗實錄』, 『文獻通考』, 『眉叟記言』, 『樊巖集』, 『赴燕日記』, 『北溪字義』, 『史記』, 『使朝鮮錄』, 『邪學罪人嗣永事推案』, 『邪學懲義』, 『三國史記』, 『三峯集』, 『三灘集』, 『宣祖實錄』, 『宣和奉使高麗圖經』, 『惺所覆瓿藁』, 『成宗實錄』, 『星湖僿說』, 『世祖實錄』, 『世宗實錄』, 『宋史』, 『肅宗實錄』, 『純祖實錄』, 『承政院日記』, 『新增東國輿地勝覽』, 『於于野談』, 『燕山君日記』, 『燕轅直指』, 『睿宗實錄』, 『五洲衍文長箋散稿』, 『完山誌』, 『遼海編』, 『六部成語』, 『自點等逆獄推案』, 『資治通鑑』, 『潛谷先生筆譚』, 『佔畢齋集』, 『正祖實錄』, 『定宗實錄』, 『帝王韻紀』, 『朝鮮賦』, 『周禮』, 『朱子語類』, 『中宗實錄』, 『增補文獻備考』, 『芝峯類說』, 『蜀中名勝記』, 『秋江集』, 『耽羅巡歷圖』, 『太祖實錄』, 『太宗實錄』, 『澤堂先生別集』, 『顯宗改修實錄』, 『顯宗實錄』, 『晦庵集』, 『孝宗實錄』

강상순, 「조선 전기 귀신 이야기에 잠복된 사회적 적대」, 『민족문화연구』 56 (고려대학
　　교 민족문화연구원, 2012).

강호선, 「조선 태조 4년 국행수륙재 설행과 그 의미」, 『한국문화』 62 (규장각 한국학연
　　구원, 2013).

고명사, 오부윤 옮김, 『한국 교육사 연구』 (대명, 1995).

기대승, 성백효·이성우·장순범·임정기·송기채·정태현 옮김, 『국역 고봉집』 (민족문
　　화추진회, 1988~1997).

김갑동, 「고려시대의 남원과 지리산 성모천왕」, 『역사민속학』 16 (한국역사민속학회,
　　2003).

김동규, 「한국 무속의 다양성 – 학적 담론과 무당의 정체성 사이의 "고리효과"」, 『종교
　　연구』 66 (한국종교학회, 2012).

김병태, 「명말청초 '전례논쟁'의 선교사적 이해」, 『한국기독교와 역사』 28 (한국기독교
　　역사연구소, 2008).

김새미오. 「병와 이형상의 제주지방 의례정비와 음사철폐에 대한 소고」, 『大東漢文學』
　　63 (대동한문학회, 2020).

김성례, 「무속전통의 담론 분석 – 해체와 전망」, 『한국문화인류학』 22 (한국문화인류학
　　회, 1990).

＿＿＿, 「무속전통론의 창출과 유용」, 『아시아문화』 22 (아시아문화, 2006).

＿＿＿, 『한국 무교의 문화인류학』 (소나무, 2018).

김영돈·현용준·현길언, 『제주설화집성』 (탐라문화집성, 2003).

김용옥, 『혜능과 셰익스피어』 (통나무, 2000).

김지영, 「지리산 성모에 대한 조선시대 유학자들의 인식과 태도 – 지리산 유람록을 중
　　심으로」, 『역사민속학』 34 (한국역사민속학회, 2010).

김풍기, 「허균의 「견가림신」(譴加林神)에 나타난 민속지(民俗誌)적 성격과 그 의미」,
　　『한문학논집』 50 (근역한문학회, 2018).

나경수, 「무속 타파의 유·불 유착 사례로서 지리산성모상 훼철과 그 후 복원의 아이러
　　니」, 『남도민속연구』 28 (남도민속학회, 2014).

노명호, 『고려 태조왕건의 동상』 (지식산업사, 2012).

문혜진, 「삼척 오금잠제(烏金簪祭)의 변천에 관한 일고찰」, 『무형유산』 3 (국립무형유산원. 2017).

민족문화추진회 편, 『국역 연행록선집』 (민족문화추진회, 1982).

박병훈, 「동학 강필 연구」, 『종교연구』 80/1 (한국종교학회, 2020).

박종배, 「명 가정 9년의 문묘 사전 개혁과 조선의 대응: 문묘 개정 문제를 중심으로」, 『동양학』 34 (단국대학교 동양학연구소, 2003).

방원일, 『초기 개신교 선교사의 한국 종교 이해』 (서울대학교 박사논문, 2011).

서영대, 「근대 한국의 단군 인식과 민족주의」, 『東北亞歷史論叢』 20 (동북아역사재단, 2008).

_____, 「한국 무속사의 시대구분」, 『한국무속학』 10 (한국무속학회, 2005).

송태현, 「볼테르와 중국」, 『외국문학연구』 48 (한국외국어대학교 외국문학연구소, 2012).

송화섭, 「지리산의 노고단과 성모천왕」, 『도교문화연구』 27 (한국도교문화학회, 2007).

신자토 요시노부, 「종교로서의 한국무속: 무속 담론에서 무교 개념의 형성 과정을 중심으로」, 『종교연구』 78/3 (한국종교학회, 2018).

심승구, 「전주 성황제의 변천과 의례적 특징」, 『한국학논총』 40 (국민대학교 한국학연구소, 2013).

유몽인, 신익철·이형대·조융희·노영미 옮김, 『어우야담』 (돌베개, 2006).

윤기엽, 「고려 혼전(魂殿)의 설치와 기능」, 『한국사상사학』 45 (한국사상사학회, 2013).

이능화, 동국대학교 불교문화연구원 조선불교통사역주편찬위원회 편찬, 『역주 조선불교통사』 (동국대학교 출판부, 2010).

_____, 서영대 역주, 『조선무속고』 (창비, 2008).

이욱, 「조선시대 국가 사전(祀典)과 여제(厲祭)」, 『종교연구』 19 (한국종교학회, 2000).

_____, 「조선전기 원혼을 위한 제사의 변화와 그 의미」, 『종교문화연구』 3 (한신대학

교 종교와문화연구소, 2001).

임방, 정환국 옮김, 『교감역주 천예록』(성균관대학교 출판부, 2005).

정요근 외, 『고려에서 조선으로: 여말선초, 단절인가 계승인가』(역사비평사, 2019).

최남선, 『조선상식문답』(동명사, 1946).

최종석, 「여말선초 명(明)의 예제(禮制)와 지방 성황제(城隍祭) 재편」, 『역사와 현실』 72 (한국역사연구회, 2009).

최종성, 「국행 무당 기우제의 역사적 연구」, 『진단학보』 86 (진단학회, 1998).

_____, 「조선시대 王都의 신성화와 무속문화의 추이 - 법제를 통한 淫祀정책과 서울에 대한 문화의식을 중심으로」, 『서울학연구』 21 (서울시립대학교 서울학연구소, 2003).

_____, 「조선시대 유교와 무속의 관계 연구: 儒·巫 관계유형과 그 변천을 중심으로」, 『샤머니즘연구』 4 (한국샤머니즘학회, 2002).

_____, 「조선전기 유교문화와 민속문화의 병존: 산천의 상하통제」, 『유교문화연구』 2 (성균관대학교 동아시아학술원, 2001).

_____, 「國巫와 國巫堂」, 『비교민속학』 21 (비교민속학회, 2001).

_____, 「王과 巫의 기우의례 - 폭로의례를 중심으로」, 『역사민속학』 10 (한국역사민속학회, 2000).

한승훈, 「전근대 무속 담론과 민속종교에서의 유교와 무속의 관계」, 『민속학연구』 46 (국립민속박물관, 2020).

현길언, 「역사적 사실과 문학적 인식 - 이형상 목사의 신당 철폐에 대한 설화적 인식」, 『탐라문화』 2 (제주대 탐라문화연구소, 1983).

현용준, 「내왓당」, 『한국민족문화대백과사전』(http://encykorea.aks.ac.kr) (1997).

홍만종·황윤석, 신해진·김석태 역주, 『증보 해동이적』(경인문화사, 2011).

薄田斬雲, 『暗黒なる朝鮮』(1908) [이시준 옮김, 『암흑의 조선』(박문사, 2016)].

池上良正, 『悪霊と聖霊の舞台—沖縄の民衆キリスト教に見る救済世界』(東京: ど
うぶつ社, 1991)

浅野裕一, 『孔子神話 宗教としての儒教の形成』(1997) [신정근·함윤식·김종석·길 훈섭 옮김, 『공자신화: 종교로서 유교 형성 과정』(태학사, 2008)].

秋葉隆, 「家祭の行事」, 赤松智城, 秋葉隆 編, 『朝鮮巫俗の研究』(1938) [심우성 옮 김, 『조선무속의 연구』(동문선, 1991)].

黄进兴, 「道统与治统之间:从明嘉靖九年(1530)孔庙改制论皇权与祭祀礼仪」, 『优入 圣域: 权力、信仰与正当性』(陕西师范大学出版社, 1998).

Boyer, Pascal, *Religion Explained: The Evolutionary Origins of Religious Thought* (2002) [이 창익 옮김, 『종교, 설명하기』(동녘사이언스, 2015)].

Geertz, Clifford, *Negara: The Theatre State in Nineteenth Century Bali* (1980) [김용진 옮김, 『극장국가 느가라』(눌민, 2017)].

Lincoln, Bruce, *Holy Terrors: Thinking about Religion after September 11* (2002) [김윤성 옮 김, 『거룩한 테러』(돌베개, 2005)].

Sommer, Deborah, "Destroying Confucius", in Thomas A. Wilson ed., *On sacred grounds: culture, society, politics, and the formation of the cult of Confucius*, London: Harvard University Asia Center, 2002.

Stark, Rodney, *Acts of Faith: Explaining the Human Side of Religion* (2000) [유광석 옮김, 『종교경제행위론』(북코리아, 2016)].

Thomas, Keith, *Religion and the Decline of Magic* [이종흡 옮김, 『종교와 마술, 그리고 마술의 쇠퇴』(나남, 2014)].

Walraven, Boudewijn, "Popular religion in a Confucianized society", *Harvard East Asian Monographs* 182 (1999).

Wolfe, J. R., "A Visit to Korea," *The Foreign Missionary* 44 (1885).